21世纪全国高等院校艺术设计系列实用规划教材

室内设计工程制图

主　编　李　一
副主编　薛　侠
参　编　崔　波　许　慧
　　　　李士太　陈　华

北京大学出版社
PEKING UNIVERSITY PRESS

内 容 简 介

本书研究的主要对象是室内设计工程图的绘制方法和规范。

第1章讲述了工程制图工具的选择和使用方法；第2章讲述了基本体与组合体的基本投影及轴测图，使读者了解了空间的表达方法；第3章讲述了工程制图的基本规范；第4章讲述了建筑施工图的绘制方法；第5章为本书的重点，讲述了室内设计施工图的绘制方法；第6章简要讲述了室内设计透视图的形成原理及画法；附录为案例欣赏。

本书对室内设计装饰企业的施工图绘制具有实用价值，对施工图表达方式的统一和规范有很大的作用，可供设计单位使用，也可供室内设计、环境艺术设计等专业高等院校师生作为教材使用。

图书在版编目(CIP)数据

室内设计工程制图/李一主编. —北京：北京大学出版社，2013.1
(21世纪全国高等院校艺术设计系列实用规划教材)
ISBN 978-7-301-21727-6

Ⅰ.①室… Ⅱ.①李… Ⅲ.①室内装饰设计—建筑制图—高等学校—教材 Ⅳ.①TU238

中国版本图书馆CIP数据核字(2012)第295242号

书　　名：室内设计工程制图
著作责任者：李　一　主编
策 划 编 辑：孙　明
责 任 编 辑：卢　东
标 准 书 号：ISBN 978-7-301-21727-6/J·0485
出 版 发 行：北京大学出版社
地　　址：北京市海淀区成府路205号　100871
网　　址：http://www.pup.cn　新浪官方微博：@北京大学出版社
电 子 信 箱：pup_6@163.com
电　　话：邮购部62752015　发行部62750672　编辑部62750667　出版部62754962
印　刷　者：三河市博文印刷有限公司
经　销　者：新华书店
787毫米×1092毫米　16开本　13印张　291千字
2013年1月第1版　2017年7月第2次印刷
定　　价：30.00元

前　　言

室内设计工程制图是设计人员和工程施工技术人员的共同语言。了解并掌握工程制图的绘制规范，是广大室内设计人员应掌握的基本技能。

当今社会，虽然计算机辅助设计技术的发展、应用将设计师从繁重的手工绘图中渐渐解放出来，但计算机绘图也是要由人来操作的，因此，作为一个设计者只有了解和掌握了制图的一般规定、规范，熟悉平面图、立面图、剖视图、节点详图等画法，才能绘制出符合标准的图样；才能更好、更快、更准确地制作出室内设计工程图。

本书是为艺术类院校环境艺术设计专业学生学习制图这一课程而编写的。本着适用性、实用性原则，本书的编写紧扣新版建筑工程制图标准，以建筑制图和投影规律为基础，详细阐述了室内设计工程图的组成、表示方法、怎样绘制工程图及工程图的编排顺序，并增加了室内设计透视制图原理及画法等方面的内容。

本书是编者在总结长期的教学实践及科研工作经验的基础上，并参考有关设计制图的规范及材料而编写的。本书重视从实用角度出发，基础知识与应用并重，循序渐进，重在把握制图要点和规范。本书旨在提高学生的空间想象力，实际应用能力和专业技能，为学生学习专业课打好基础。希望本书能对各类艺术设计院校的学生和广大业余爱好者学习室内设计施工图画法有所帮助。

本书第 1、4 章由安阳工学院薛侠编写，第 2 章由安阳工学院李一和李士太编写，第 3 章由安阳工学院陈华编写，第 5 章由安阳工学院许慧编写，第 6 章由安阳工学院崔波编写，附录由编者共同完成。本书由李一统稿。

1. 课程研究的对象及目的

本课程研究的主要对象是室内设计工程图的绘制方法和规范。

室内设计工程图纸是根据建筑物内部的空间使用性质和所处的环境，运用物质技术及艺术手段，创造出功能合理、舒适美观，符合人的生理、心理要求，让使用者心情愉快，便于生活、工作、学习的理想场所。室内设计图就是表达这种设计意图和施工依据的图样。

2. 课程研究的意义

本课程是针对国内许多室内设计施工单位的施工图绘制方式不一，提供施工图绘制的规范标准，它的编制具有行业代表性及指导意义。本书参考国内建筑设计制图规范及国外专业设计机构的绘图方式，在制图标准基础上总结、规范、扩充而成。让学生从身边的建筑装饰图纸中认识到掌握室内工程图的规范，不仅是绘制图纸的需要，同时也是读懂通用设计图纸的基础，有利于技术的交流。

3. 课程的内容及体系

本课程属于工科实用科学，体系结构合理，章节的先后顺序安排符合学生学习工程制图的认知规律。

首先为工具的准备及其使用方法、注意事项，这是工程制图的前提条件，“工欲善其事，必先利其器”，工具的选择和使用尤为重要。

然后就是培养学生的空间感即三维空间的想象能力，学习怎样将三维实体在二维图纸上表达出来。

之后学习工程制图的基本规范，使大家能共同遵守这个规范，才能读懂行业内的图纸。

在学习室内设计施工图的画法之前，首先要了解形成室内空间的界面——建筑是怎样用图纸表达出来的。学习怎样认读建筑施工图才能为今后的室内空间设计施工图的绘制打下基础。

接着进入本书的重点，室内设计施工图的绘制方法，包括室内平面布置图、地面铺装图、室内天花布置图、室内立面图、室内剖面图。

然后再学习一些简单的室内透视原理，用以表达室内效果图。

最后是一些制图的图例和一些施工图的绘制案例欣赏。

学习本课程还需运用一些相关边缘知识，如立体几何、画法几何和比例的缩放等。通过本书的系统学习，相信所有学生都能成为一名合格的制图员。

4. 课程的学习方法

学习本课程要注意以下 4 个问题。

1）重视投影原理的熟练掌握

正投影原理主要解决点、线、面的空间形象（形状、大小、方位）和它们的平面图像（形状、大小、方位）的对应关系，以及同一空间形象的各个平面图像之间的关系问题，具有简单、容易理解的特点。但由点、线、面构成的形体却是千变万化的，具有复杂的空间形象。所以本课程有这样一个特点，就是用简单的理论解决复杂的实际问题。因此，对于投影原理，切不可以为简单而掉以轻心，只有对这些简单的理论深入理解和熟练掌握，才有可能运用自如。

2）注意培养空间想象力

这里所指的空间想象力是将形体（包括感知过的和创造出来的）的空间形象和平面图像在头脑中建立起来，并使之相互转化的能力。它是图像和读图能力的基础，但它不是天生的，要通过本课程的学习逐步建立起来。要培养空间想象力，必须做到以下方面。

(1) 多想象。多联系见物想图，以及图和物的综合想象，并且以投影原理为指导建立图与物之间的联系。

(2) 多画。为了帮助想象以及检查想象的结果是否正确，要边想边画，将想象的结果绘画出来，并通过想象进行修正。

(3) 多看。要注意扩大视野，多观察不同的形体及其图像，在头脑中多积累图、物表象。

这样，就可以在培养空间想象力的同时，提高画图、读图的能力，而画图、读图能力的提高，又促进空间想象力的提高。

3）认真完成练习和作业

本课程的实践内容分为练习和作业，目的是帮助学生加深理解所学内容，运用所学知识解决问题，以及培养相应的技能。作业是使用绘图仪器、工具在标准图幅上进行绘图，除了对作图技巧作全面系统的训练外，更着重对所学知识的综合运用。

由于画图、读图能力只有通过大量的实践才能逐步培养起来，所以练习和作业是本课程的重要组成部分，做好练习、作业是评价课程学习质量的重要标志。在练习、作业的实践过程中，不但要用投影原理和作图方法，做到手脑并用，画想结合；而且要学会正确使用绘图仪器、工具；严格执行制图标准和有关的技术标准，以高度的责任感和严谨细致的作风确保完成的作业达到投影正确、表达清楚、尺寸齐全、符合标准、画面整洁、读图方便的要求。

4）充分利用每章节的课前训练提高自学能力和学习效果

每学习新的一章，首先要阅读该章前面的“课前训练”，了解课前训练的要求和目标，本章的学习目的、要求、注意事项和学习方法，做到心中有数，并明确该章内容在课程中的地位以及与前后内容之间的关系。

由于编者水平有限，书中不足之处在所难免，欢迎广大读者批评指正。

编　者

2012 年 10 月

目　　录

第1章 制图工具及其使用方法

课前训练

● **训练内容**：在课前让每位学生使用普通铅笔、钢笔、普通直尺在普通白纸上临摹本书的图 4－5，从中自己体会、总结绘图过程中使用普通工具出现的问题和存在的不足。为本章内容的学习进行铺垫，引起学生学习本章内容的兴趣。

● **训练注意事项**：建议每位同学都要动手参与绘图，体会工具在绘图中的重要性。

训练要求和目标

● **要求**：学生在画图的过程中尽量做到所画图线横平竖直、所绘图纸尽可能精确、符合尺寸要求。

● **目标**：了解普通钢笔、直尺等工具在绘制工程图纸中的不足之处，让学生感受到“工欲善其事，必先利其器”的道理。

本章要点

- 制图工具的种类
- 制图工具的使用要领
- 制图工作环境
- 简析计算机制图

本章引言

工程施工的依据是图纸，为了保证绘图质量，提高绘图的准确性和效率，必须了解各种制图工具和仪器的种类，并了解其特性，学会其使用方法。熟练掌握制图工具的使用方法及有序地布置绘图工作室及自己的绘图桌，将对今后的制图学习起到事半功倍的作用，并为今后工作中高效率地制图打下基础。

学会工程制图，了解制图规范也是今后学习计算机制图的必要前提。

1.1 制图工具的使用方法

本节引言

了解各种制图工具和仪器的特点，并掌握其使用方法，可以保证绘图质量，提高绘图效率。熟练掌握制图工具的使用方法是正确制图的基础，对今后的制图学习起到重要作用。

1.1.1 制图工具的种类

常用的制图工具有图板、丁字尺、三角板、圆规、分规、曲线板、铅笔和针管笔等，本章主要介绍常用的制图工具和仪器的使用方法。常用的制图工具及工具种类分别如图 1-1、图 1-2 和图 1-3 所示。

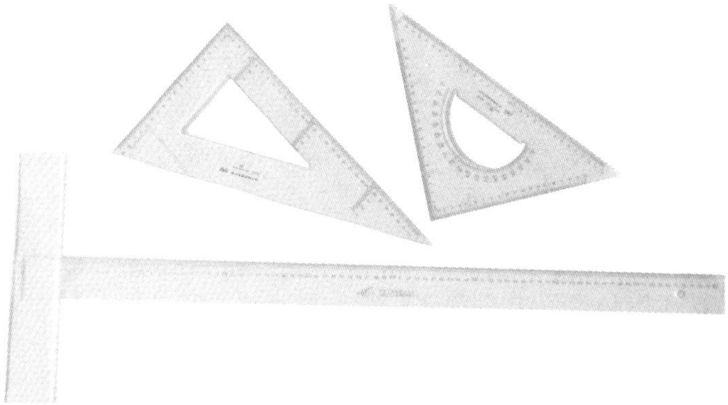

图 1-1　丁字尺与三角板

1.1.2 工具的使用要领

1. 图板

1）图板的规格及选择

图板是制图时用于固定图纸的长方形木板，作为制图的垫板来使用，因此图板要求板

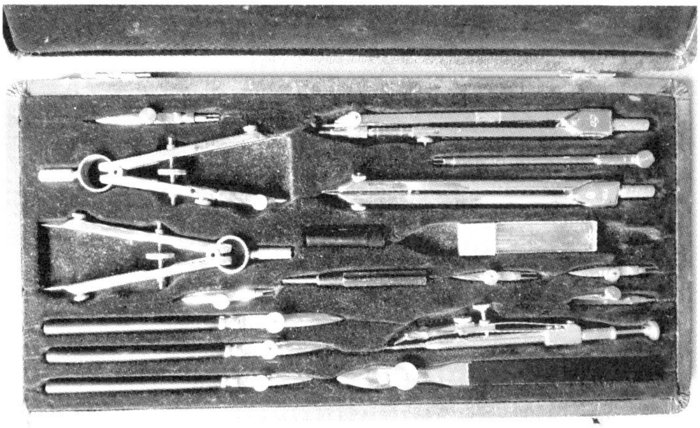

图 1－2　各种圆规

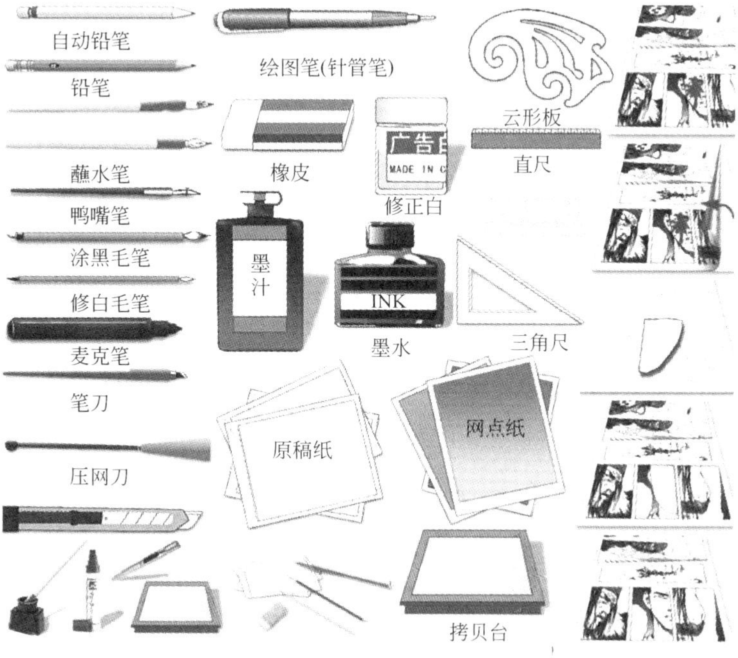

图 1－3　绘图工具种类

面平整，板边平直。

图板一般用平整的胶合板制作，四边镶有木制边框。图板的规格一般有 0 号(900mm×1200mm)、1 号(600mm×900mm)和 2 号(400mm×600mm)三种规格，可根据需要选定。0 号图板用于绘制 A0 号图纸，1 号图板适用于绘制 A1 号图纸。

2）图板的使用要领

图板放在桌面上，板身宜与水平桌面成 10°～15°倾角，以保证绘图员眼睛与图纸中心垂直，以免绘图时产生透视。图板不要用水刷洗，也不要在阳光下曝晒，以免产生变形。制图作业通常选用 1 号图板。丁字尺丁头所卡图板的一边要求平直，这样才能使丁字尺上下滑动时保持水平。

图板、图纸与丁字尺、三角板形成如图 1－4 所示的位置关系。

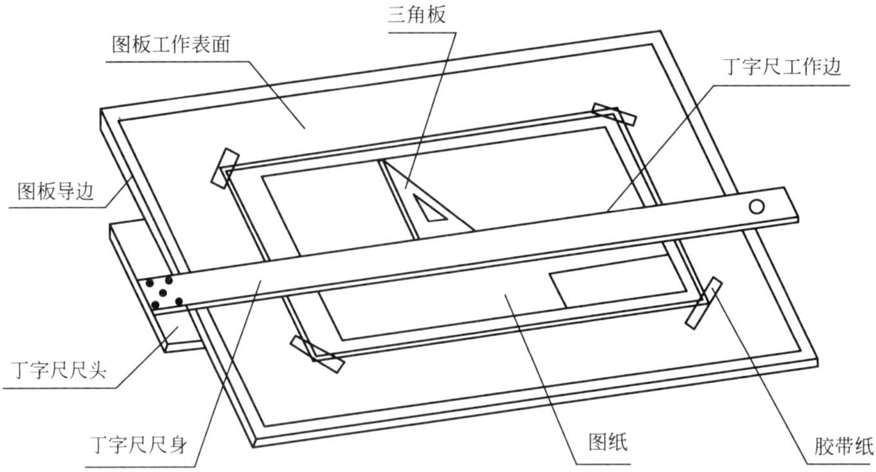

图 1－4　图板、图纸与丁字尺、三角板的位置关系

2. 尺

1）丁字尺的使用要领

丁字尺由尺头和尺身两部分组成，主要用于画水平线。

使用时左手握住尺头，使尺头内侧紧靠图板的左侧边，上下移动到位后，用左手按住尺身，即可沿丁字尺的工作边自左向右画出一系列水平线。当需画较长的水平线时，可把左手滑过来按住尺身，以防尺尾翘起和尺身摆动(图 1－5)。应该注意，在画同一张图纸时，尺头不可以紧靠图板的其他边缘滑动，以避免图板各边不成直角时，画出的线不准确。

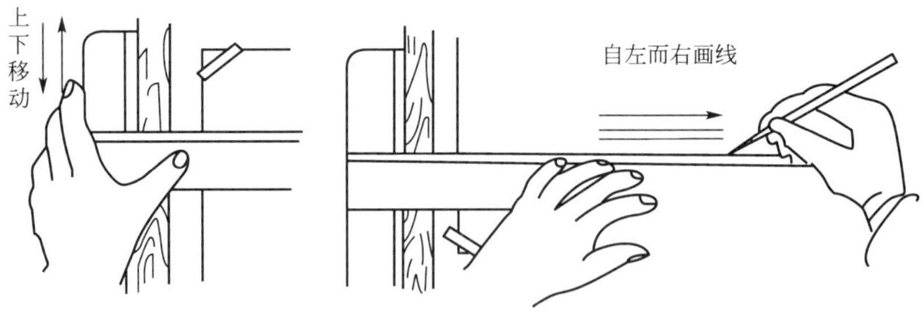

(a) 上下移动丁字尺　　(b) 画水平线的手势

图 1－5　丁字尺的使用要领

2）三角板的使用要领

一副三角板由两块组成，其中一块是两锐角都等于 45°的直角三角形，另一块是两锐角分别为 30°和 60°的直角三角形，前者的斜边等于后者的长直角边。三角板除了直接用来画直线外，还可与丁字尺配合使用，可以画出竖直线及 15°、30°、45°、60°、75°等倾斜直线，以及它们的平行线，如图 1－6 所示。

画铅垂线时，先将丁字尺移动到所绘图线的下方，尺头紧靠图板导边，把三角板放在

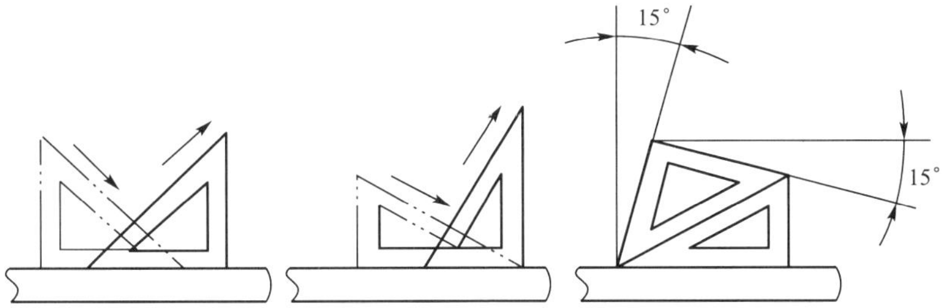

(a) 画45°斜线　(b) 画30°、60°斜线　(c) 画15°、75°斜线

图 1-6　用三角板与丁字尺配合画斜线

应画线的右方，并使一直角边紧靠丁字尺的工作边，然后移动三角板，直到另一直角边对准要画线的地方，再用左手按住丁字尺和三角板，自下而上画线，如图 1-7 所示。在画线时应时刻注意丁字尺是否水平，这将直接关系到所画铅垂线是否垂直。

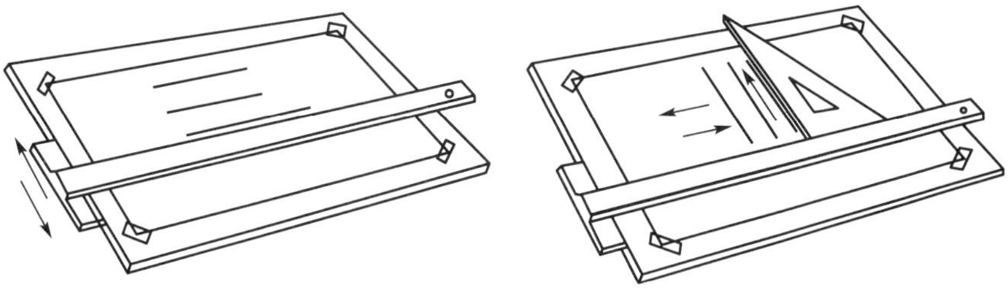

(a) 作水平线　(b) 作铅垂线

图 1-7　画水平线与铅垂线

3）比例尺的使用要领

比例尺是绘图时用于放大或缩小实际尺寸的一种常用尺子，在尺身上刻有不同的比例刻度。常用的百分比例尺有 1∶100、1∶200、1∶500；常用的千分比例尺有 1∶1000、1∶2000、1∶5000，如图 1-8 所示。

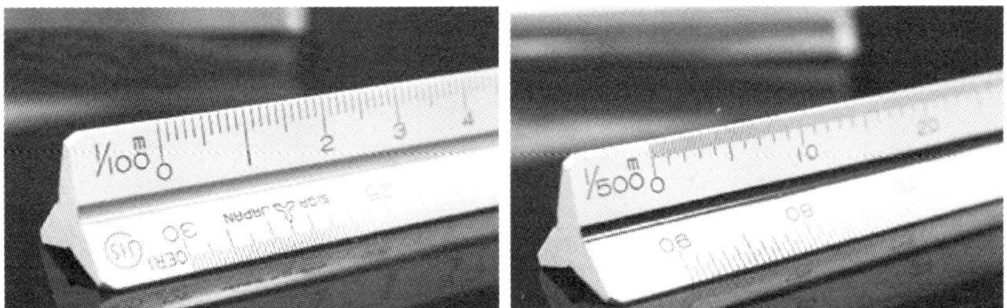

图 1-8　比例尺

比例尺的使用方法是：首先，在比例尺上找到画图时所需的比例，然后，看清尺端每单位长度所表示的相应长度，就可以根据所需要的长度，在比例尺上找出相应的长度作图。例如，要以 1∶100 的比例画实际长度为 2.7m 的线段，如图 1-9 所示，只要找到比例尺上 1∶100 的刻度边，并量取从 0 到 2.7m 刻度点的长度（刻度长度 1m 仅是 10mm），就可用这段长度绘图了。

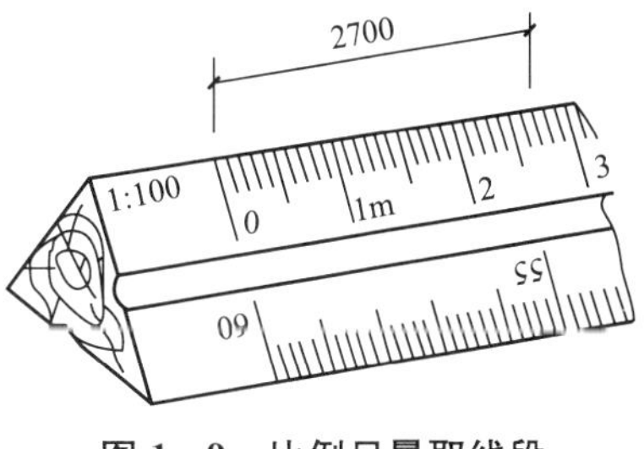

图 1-9　比例尺量取线段

4）各种模板的使用

模板主要用来画各种建筑标准图例和常用符号，如注器、污水盆、详图索引符号、轴线圆圈等，使用各种类型模板能提高作图效率。使用时要注意与其他工具配合，否则易产生错位和墨水渗洇。

模板的类型很多，有建筑模板、室内设计模板、曲线板等，如图 1－10 所示。

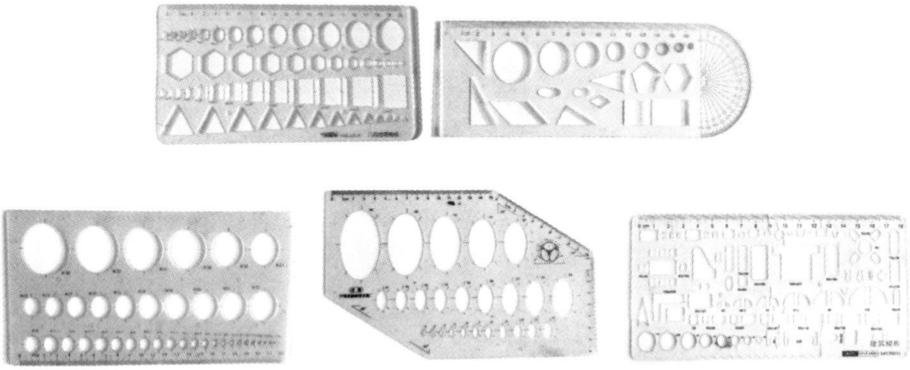

图 1－10　各种模板

模板的制作类型有三种，如图 1－11(a)所示，2 型和 3 型比较实用，墨水不宜渗洇。3 型以点状接触图面，不宜污损。运笔时笔尖与纸面垂直成 90°，紧贴模板内沿均匀画线。画圆形时，应在图面上先画好十字线，然后将模板上的坐标线对准十字线就位后，再行画线，如图 1－11(b)所示。

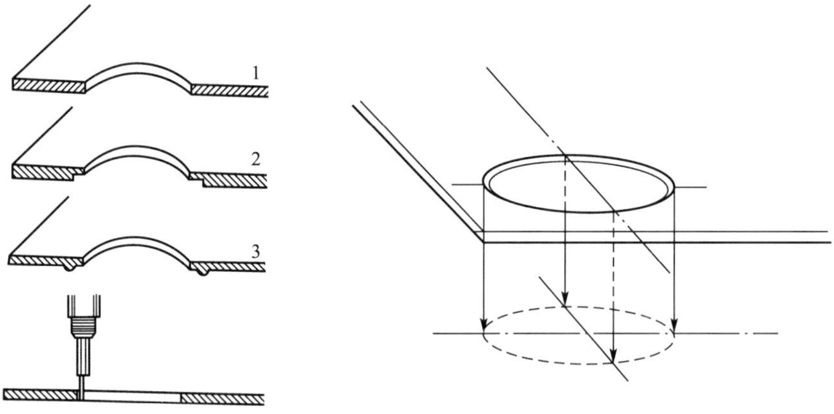

(a) 模板制作类型　　(b) 利用模板画线

图 1－11　模板使用要领

曲线板是描绘各种曲线的专用工具，如图 1－12 所示，曲线板的轮廓线是以各种平面数学曲线（椭圆、抛物线、双曲线、螺旋线等）相互连接而成的光滑曲线。描绘曲线时，先徒手用铅笔把曲线上一系列的点顺次地连接起来，然后选择曲线板上曲率合适的部分与徒手连接的曲线贴合。每次连接应通过曲线上 3 个点，并注意每画一段线，都要比曲线板边与曲线贴合的部分稍短一些，这样才能使所画的曲线光滑地过渡。

(a) 所画曲线

(b)描绘前几个点的曲线　　(b)描绘中间几个点的曲线

图 1－12　曲线板的使用方法

3. 圆规、分规

1）圆规的使用要领

圆规是画圆或圆弧的主要工具。使用时，定圆心的一条腿的钢针应选用有台肩肋一端放在圆心处，并按需要适当调节长度；另一条腿的端部则可按需要装上有铅芯的插腿、有墨线笔头或鸭嘴笔的插腿、有钢针的插腿，分别用来绘制铅笔线的圆、墨线圆或当作分规用。在画圆或圆弧前，应将定圆心的钢针的台肩调整到与铅芯的端部平齐，铅芯应伸出芯套 6～8mm，并将铅芯切削成一定角度，如图 1－13 所示。在一般情况下画圆或圆弧时，应使圆规按顺时针方向转动，并稍向画线方向倾斜，如图 1－14 和图 1－15 所示。

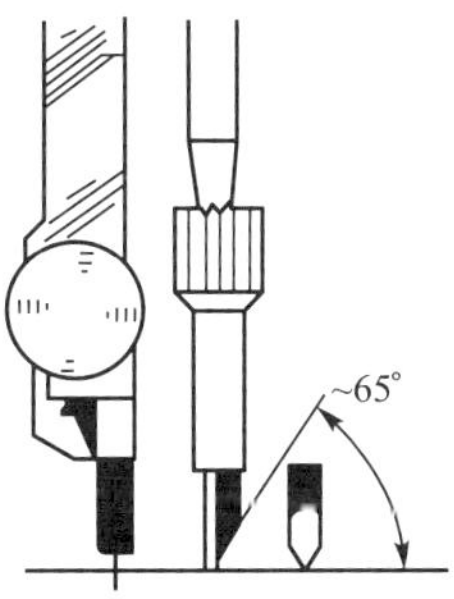

图 1－13　圆规钢针与铅芯

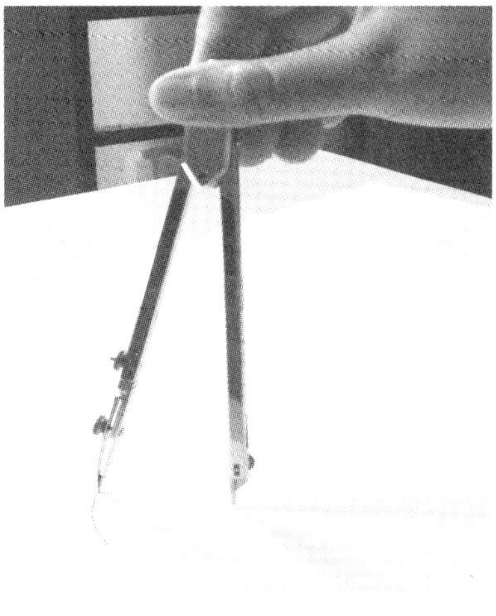

图 1－14　用圆规绘制墨线弧

图 1－15　圆规使用要领

在画较大的圆或圆弧时，可将圆规两插杆弯曲，使它们仍然保持与纸面垂直，如图 1－16所示。也可在圆规插脚上接大延长杆，如图 1－17 所示。画时要使针尖与铅芯都垂直于纸面，左手按住针尖，右手转动带铅芯的插脚画图。

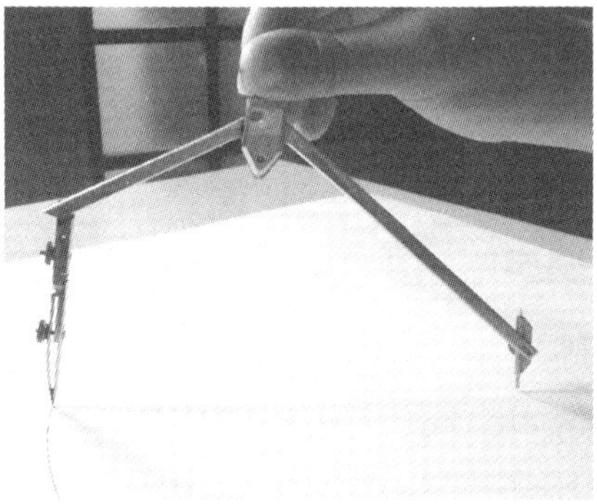

图 1－16　绘制大圆的方法

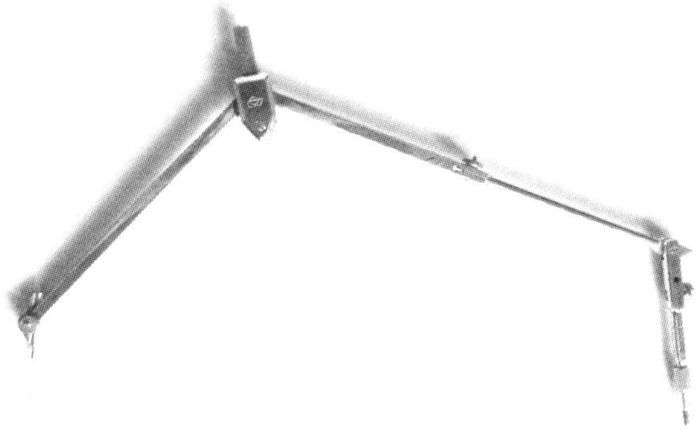

图 1－17　接大延长杆圆规

绘直径在 10mm 以下的圆，一般用点圆规来画。使用时，右手食指按顶部，大拇指和中指按顺时针方向迅速地旋动套管手柄，画出小圆，如图 1－18 所示。需要注意的是，画圆时必须保持针尖垂直于纸面，画出圆后，要先提起套管，然后拿开圆规。

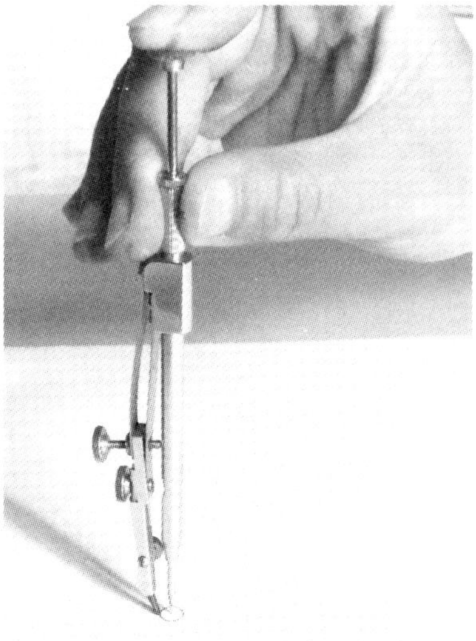

图 1－18　点圆规绘圆

2）分规的使用要领

分规的形状与圆规相似，但两腿部都装有钢针，如图 1－19 所示。分规可用来量取线段长度，也可用来等分直线段或圆弧。

图 1－20 所示是用试分法三等分已知线段 AB 的示例，具体作法是：先按目测估计，使两针尖的距离调整到大约是 AB 的 1/3，在线段上试分，若图中的第三等分点恰巧落在 B 点上，说明试分准确；若第三等分点落在 AB 之内，则应将分规针尖间的距离目测放大 $3B$ 的 1/3，再重新试分，这样继续进行，直到准确

等分为止。如试分后，第 3 点在 AB 线段之外，则应将分规针尖间的距离目测缩小 $3B$ 的 1/3，再重新试分。上述试分直线段的方法也可用于等分圆周或圆弧。

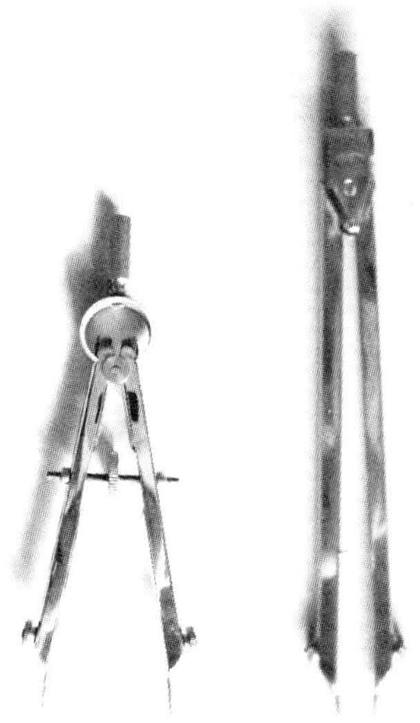

图 1-19　各种分规

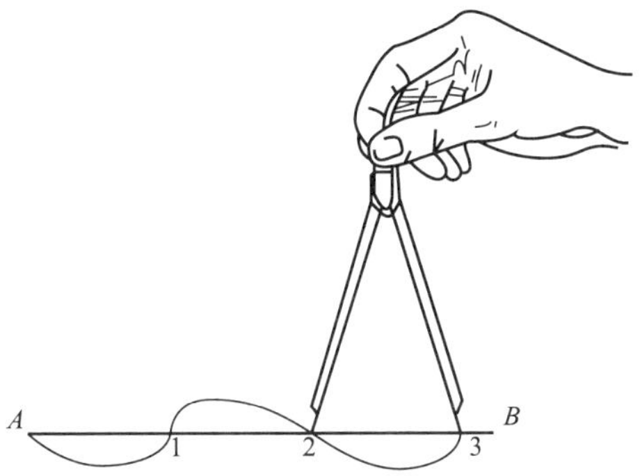

图 1-20　用分规等分直线段

4. 笔

1）铅笔绘图的要领

铅笔线条是一切制图的基础，通常多用于起稿和方案草图。现代新型的无反光铅芯，可直接在描图纸上作图翻晒。铅笔线条要求画面整洁、线条光滑、粗细均匀、交接清楚。画图时转动铅笔，可使所画线条粗细均匀、浓淡一致。

绘图铅笔按铅芯的软硬程度可分为 B 型和 H 型两类。B 表示软，H 表示硬，HB 介于两者之间。B 或 HB 用于画粗线；H 或 2H 用于画细线或底稿线；HB 或 H 用于画中线或书写字体。画图时，可根据使用要求选用不同的铅笔型号。

铅芯磨削长度及形状如图 1-21 所示。写字或打底稿用锥状铅芯［图 1-21(a)］，加深图线时宜用楔状铅芯［图 1-21(b)］。

2）擦图片的使用要领

擦图片又称擦线板，是为擦去铅笔制图过程不需要的稿线或错误图线，并保护邻近图线完整的一种制图辅助工具，如同名片大小，厚度约为 0.3mm。擦图片多采用塑料或不锈钢制成，由不锈钢制成的擦图片因柔软性好，使用相对比较方便。

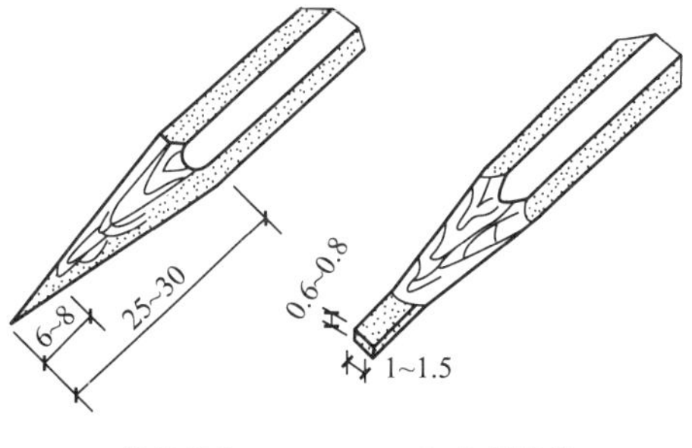

(a) 锥状铅芯　(b) 楔状铅芯

图 1-21　铅芯的长度及形状

在绘图中使用擦图片可范围擦图，尽量缩小擦拭的面积，并保持图面清洁。擦图片上有许多不同形状的槽孔，包括长条形、方形、三角形、圆弧条形、圆形等，如图 1-22 所示。除擦除直线外，也适用于各种曲线和转角。在线条密集的情况下，因有擦图片的遮挡，避免了把不该擦去的部分一并擦去。

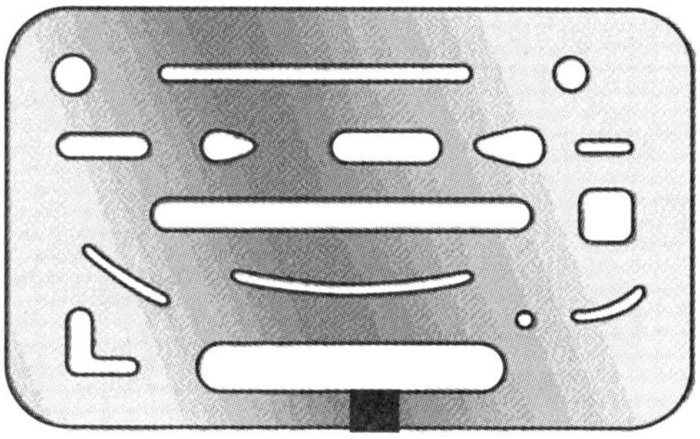

图 1-22　擦图片

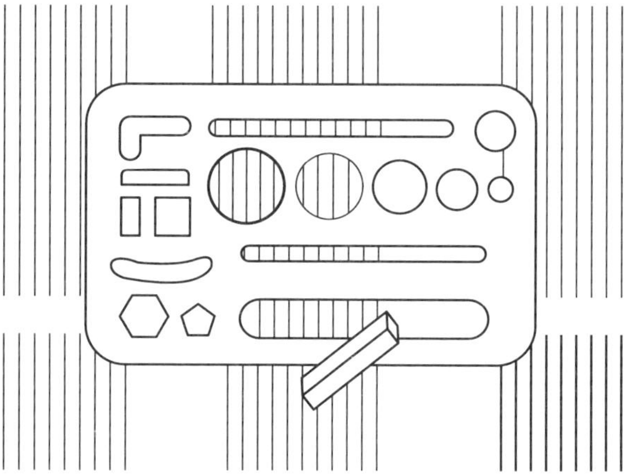

图 1-23　擦图片的使用

使用擦图片时需注意的事项如下(图 1-23)。

(1) 根据待擦线条的形状，擦线条时用擦图片上适宜的孔洞对准需擦除的图线，并将不需擦除的部分盖住，然后将擦图片压紧，并用橡皮擦去位于孔洞中的线条。

(2) 用擦图片擦去稿线时，应尽量用最少的次数将其擦净，以免将图纸表面擦毛，影响制图质量甚至损坏图纸。

3) 针管笔的使用要领

针管笔是上墨、描图的基本工具之一，能绘制出均匀一致的线条，也称自来水直线笔，是目前广泛使用的一种描图工具。针管笔用碳素墨水，使用较方便，线条色较淡。质量较高的针管笔，线条基本上可达到直线笔的水平，但必须与专用墨水配套使用。

针管笔笔身是钢笔状，笔头是长约 2cm 的中空钢制圆环，里面藏着一条活动细钢针，上下摆动针管笔，能及时清除堵塞笔头的纸纤维，如图 1-24 所示。针管直径从 0.1～1.2mm 分成多种型号，可画出不同线宽的墨线。在设计制图中至少应备有细、中、粗(通常为 0.3mm、0.6mm、0.9mm)三种不同粗细的针管笔，如图 1-25 所示。

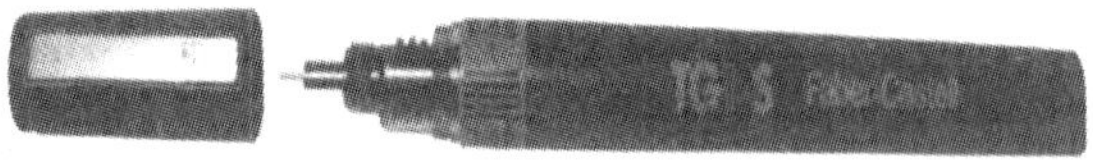

图 1-24　针管绘图笔

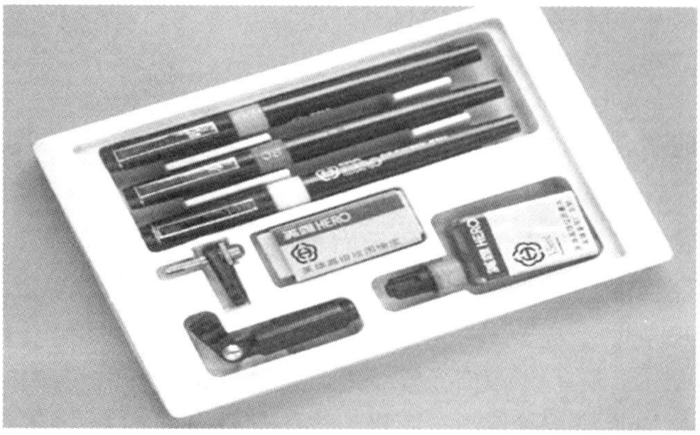

图 1-25　粗中细针管笔套装

针管笔绘制线条需注意事项如下。

(1) 绘制线条时，针管笔身应尽量保持与纸面垂直，以保证画出粗细均匀一致的线条。

(2) 针管笔作图顺序应依照先上后下，丁字尺一次平移而下；先左后右、三角板一次平移；先曲后直，用直线可以准确地连接曲线；先细后粗，粗墨线不易干，要先画细线才不影响进度的原则，运笔速度及用力应均匀、平稳。

(3) 用较粗的针管笔作图时，落笔及收笔均不应有停顿。

(4) 针管笔除用来作直线段外，还可以借助圆规的附件和圆规连接起来作圆周线或圆弧线。

(5) 平时应正确使用和保养针管笔，必须使用碳素墨水或专用绘图墨水，以保证使用时墨水流畅，这样才能使针管笔保持良好的工作状态及较长的使用寿命。

(6) 针管笔在不使用时应随时套上笔帽，以免针尖墨水干结，并应定时清洗针管笔，以保持用笔流畅。

另外，近年来出现了一次性针管笔，又称草图笔，如图 1－26 所示，笔尖端处是尼龙棒而不是钢针，晃动里面没有重锤作响，使用较为方便。

4) 直线笔的使用要领

直线笔又称鸭嘴笔，是传统的上墨、描图仪器，如图 1－27 所示。直线笔用墨汁或绘图墨水绘图，色较浓，所绘制的线条也较挺。

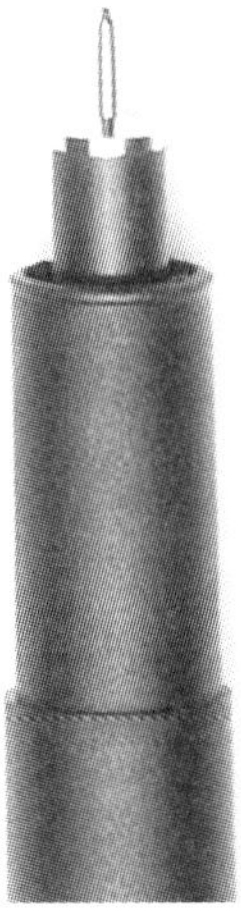

图 1－26 一次性针管笔

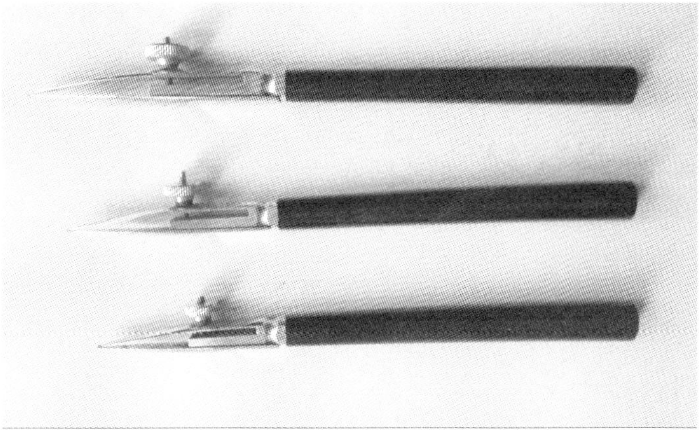

图 1－27 直线笔

画线前，根据所画线条的粗细，旋转螺钉调好两叶片的间距，如图 1－28 所示。用吸墨管把墨汁注入两叶片之间，墨汁高度以 5～6mm 为宜，过量易滴墨，过少易使线条干湿不均匀，如图 1－29 所示。此外，还要注意笔尖上墨后要擦干净，以保持笔尖内外侧无墨迹，以免洇开。画线时，要注意笔杆的角度，执笔不能内外倾斜，笔尖正中要对准所画线条，并与尺边保持一微小的距离。入笔不要太重，行笔要流畅、匀速，不能停顿、偏转和晃动，否则会影响图线质量。图 1－30 为直线笔的使用方法，图 1－31 为各种不当的使用方法，应多加注意。

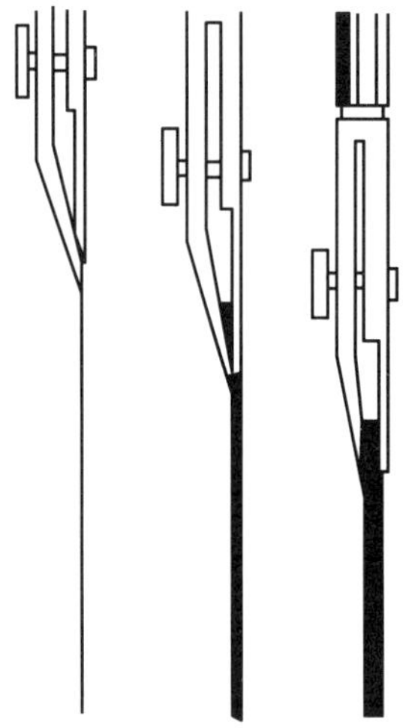

图 1－28　调节两叶片间距，可画出不同宽度的线段

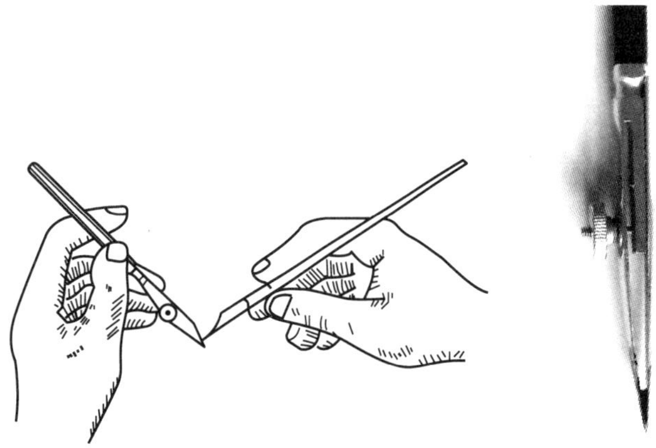

图 1－29　向直线笔内加墨水

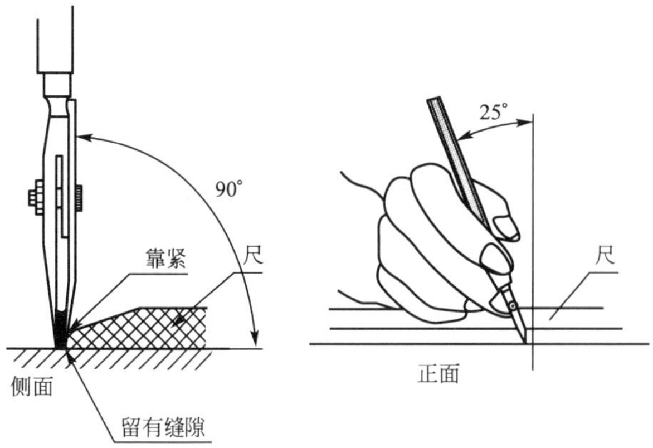

图 1－30　直线笔的使用方法

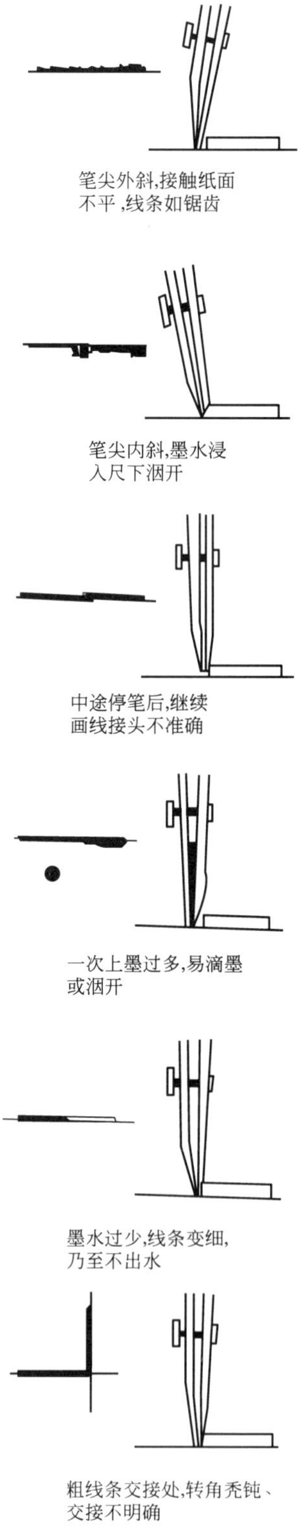

图 1－31　直线笔不当的绘图方法

直线笔装在圆规上可画出墨线圆或圆弧。

直线笔与针管笔作图顺序一致。

5）墨水的种类与选择

一般情况下使用碳素墨水即可，如图 1－32 所示。但也有专业绘图墨水可用，效果都很好。

图 1－32 墨水

1.2 制图工作环境

本节引言

作为专业的室内设计师，不仅要配备全套的制图工具，更需建立功能合理、实用舒适的制图环境(绘图室或绘图工作台面)。

1.2.1 绘图工作室

绘图工作室按使用功能，分为制图空间和图纸资料存放空间两个部分。两部分应有机联系，以工作顺手、拿取方便为宜。制图空间以制图桌为中心，设置各类附属设备。图纸资料存放空间，以能存放各种规格的图纸及资料的储存架为主。绘图工作室布置如图 1－33 所示。

1.2.2 常用绘图工具及其在作图时的放置

绘图工作台及常用绘图工具的放置如图 1－34 所示。

图 1-33　绘图工作室

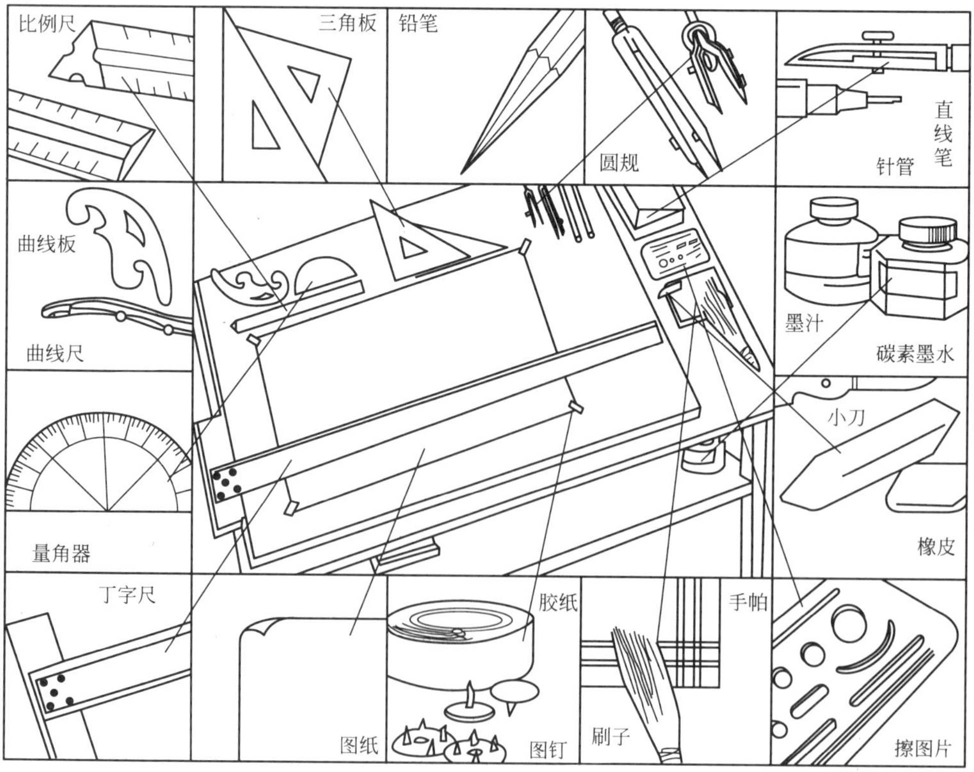

图 1-34　绘图工作台面

1.3 简析计算机制图

本节引言

伴随着计算机技术的迅猛发展，其应用正快速地向社会各个领域渗透。在室内设计行业，计算机辅助设计软件已得到空前的发展和广泛的普及，并日益成为提高作图效率、缩短设计周期、提升设计品位、加强市场竞争力的重要工具。

1.3.1 计算机制图的概况

计算机绘图是由绘图软件来实现的。在国内外工程上应用较为广泛的是 AutoCAD。它是美国 Autodesk 公司开发的一个交互式图形软件系统，既可以绘制二维图形，也可以进行三维实体设计，是目前最流行的计算机工程制图软件之一。该软件版本在不断地更新，功能也随之进一步完善。用户可以使用它来创建、浏览、管理、打印、输出、共享及准确复用富含信息的设计图形。该系统功能强大，命令繁多。由于本书重点介绍室内工程制图的基本绘图方法和制图规范，篇幅所限，AutoCAD 制图软件的使用方法将不再详细介绍。

1.3.2 计算机制图与手工制图的优势对比

计算机绘图是室内设计专业学生必须掌握的基本技能之一。计算机绘图与手工绘图相比，具有很大的优势。显示器屏幕相当于图纸，各种命令相当于绘图工具，熟练应用这些命令就可以快速地绘制出所需要的图形。

计算机绘制的图形便于保存、修改，能以不同的比例出图打印，且可以快速复制图形，极大地提高了工作效率，减轻了绘图工作强度。尽管计算机绘图具有如此大的优势，但操作者还必须在学会工程制图，了解制图规范的前提下才能进行绘制，因此手工制图还是一门必须要掌握的基础课程。

习　题

1. 简述制图工具的种类及使用要领。
2. 简述制图工具对手工制图的重要性。
3. 简述手工制图和计算机制图的对比。

第2章 基本体与组合体的基本投影及轴测图

课前训练

·训练内容：课前每3人准备2～5个基本体和组合体模型(可以是纸质、木制等)，纸张若干，铁丝2m长，用铁丝绕成几何体的形状。在20min内，根据所看到的形状画出几何体的三视图，注意看不见的线可以虚线表示。

·训练注意事项：建议每位同学都动手实际操作，并在操作过程中注意几何体形状的变化。

训练要求和目标

·要求：学生在操作中，要注意平面和空间几何体的区别与联系，并建立空间概念，注意3个投影图的区别。

·目标：了解投影的基本规律，逐步建立完善的空间感，形成对投影知识的基本认识，并为后续章节及以后的专业学习建立一种严谨的学习态度。

本章要点

- 中心投影与平行投影
- 几何元素的投影规律(点、线、面、体)
- 几何体三视图的画图方法及读图方法
- 正等轴测图的基本画法

本章引言

几何体的投影规律是认识和学习制图的基本知识。只有掌握了几何体的投影规律和三视图的画法，才能够学习和绘制室内设计中的各种图纸。室内设计中很重要的一项内容是空间结构的表达，三视图在室内设计中可以类推为平面图、立面图、顶面图和剖面图，这些图纸的绘制都离不开投影的基本规律。轴测图是表现空间更直观的一种方法，在很多室内外设计中，对于表现整体空间效果，轴测图是比较理想的一种表达方法。

2.1 投影法概述

本节引言

物体和光线是产生投影的两个前提条件。光线照射物体时，可在预设的面上产生影子。利用这个原理在平面上绘制出物体的图像，以表示物体的形状和大小，这种方法称为投影法。工程上应用投影法获得工程图样方法，是从日常生活中自然界的一种光照射投影现象抽象出来的。

由投影中心、投射线和投影面三要素所决定的投影法可分为中心投影和平行投影。

2.1.1 中心投影法

如图 2-1 所示，投射线自投射中心 S 出发，将空间$\triangle ABC$投射到投影面 P 上，所得$\triangle abc$即为$\triangle ABC$的投影。这种投射线自投射中心出发的投射法称为中心投射法，所得投射称为中心投影。

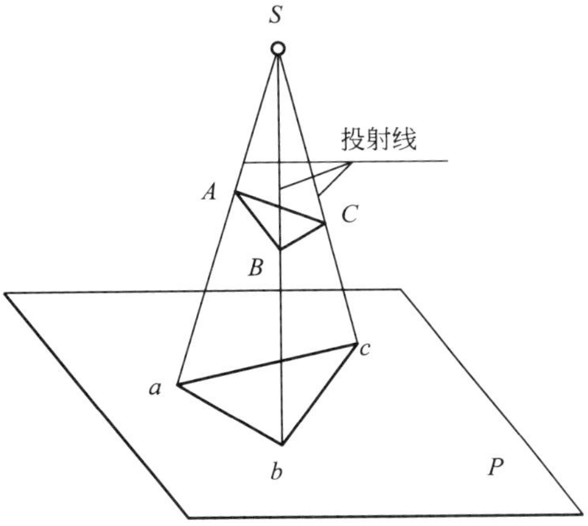

图 2-1　中心投影法

中心投影主要用于绘制建筑物或室内空间富有真实感的立体图，也称透视图。

2.1.2　平行投影法

若将投射中心 S 移到离投影面无穷远处，那么所有的投射线都相互平行。这种投射线相互平行的投影方法，称为平行投影法，所得投影称为平行投影。平行投影法中以投射线是否垂直于投影面可分为正投影和斜投影。若投射线垂直于投影面，称为正投影法，所得投影称为正投影，如图 2-2(a)所示。若投射线倾斜于投影面，称为斜投影法，所得投影称为斜投影，如图 2-2(b)所示。

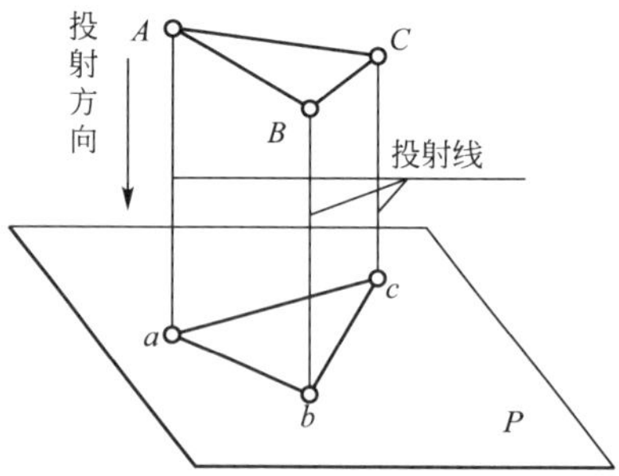

(a) 正投影

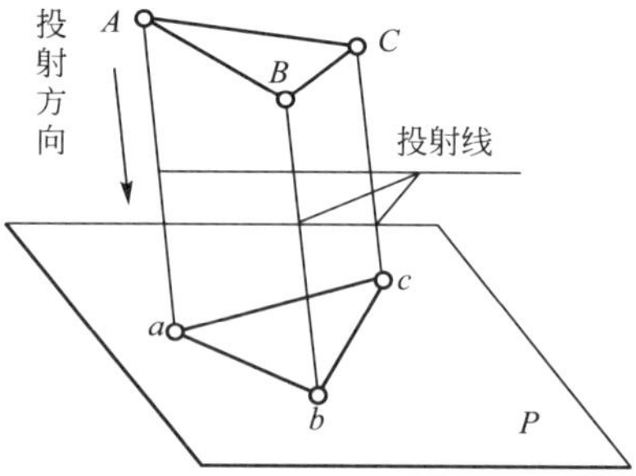

(b) 斜投影

图 2-2　平行投影法

正投影法主要用于绘制工程图样；倾斜投影法主要用于绘制有立体感的图形，如轴测图。

2.2 几何元素的投影

本节引言

组成物体的基本元素是点、线、面。为了顺利表达各种室内空间或建筑空间的结构，必须首先掌握几何元素的投影特性。

要唯一确定几何元素的空间位置及形状大小，乃至物体的形状和大小，必须采用多面正投影的方法。通常选用三个互相垂直的投影面，建立一个三投影面体系。三个投影面分别为正立投影面 V、水平投影面 H、侧立投影面 W。它们将空间分为八个部分，每个部分为一个分角，其顺序如图 2-3(a)所示。我国国家标准中规定采用第一角画法，本教材重点讨论第一角画法，三投影面体系的立体图在后文中出现时，都画成图 2-3(b)的形式。

三个投影面两两相互垂直相交，得三个投影轴 OX、OY、OZ，其交点 O 为原点。画投影图时需要将三个投影面展开到同一平面上，展开的方法是 V 面不动，H 面和 W 面分别绕 OX 轴和 OZ 轴向下和向右旋转 90°与 V 面重合。展开后，画图时去掉投影面边框。

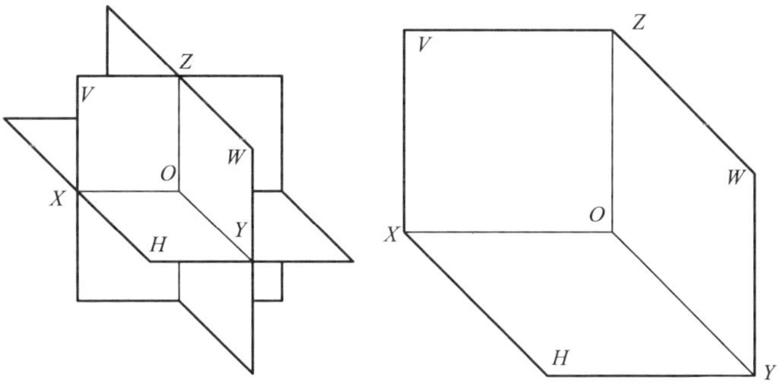

(a) 八分角投影体系　　(b) 三投影面立体图

图 2-3　三投影面体系

2.2.1　点的投影

1. 点在投影面体系中的投影

为了统一起见，规定空间点用大写字母表示，如 A、B、C 等；水平投影用相应的小写字母表示，如 a、b、c 等；正面投影用相应的小写字母加撇表示，如 a'、b'、c'；侧面投影用相应的小写字母加两撇表示，如 a''、b''、c''，如图 2-4(a)所示。

如图 2-4(b)所示，三投影面体系展开后，点的三个投影在同一平面内，得到了点的三面投影图。应注意的是，投影展开后，同一条 OY 轴旋转后出现了两个位置。

由于投影面相互垂直，所以三投影线也相互垂直，8 个顶点 A、a、a_y、a'、a''、a_x、O、a_z 构成六面体，根据六面体的性质可以得出三面投影图的投影特性如下。

(1) 点的正面投影和水平投影的连线垂直于 OX 轴，即 $aa' \perp OX$；点的正面投影和侧面投影的连线垂直于 OZ 轴，即 $a'a'' \perp OZ$；同时 $aa_{yh} \perp O_{YH}$，$a''a_{yw} \perp O_{YW}$。

(2) 点的投影到投影轴的距离，反映空间点到以投影轴为界的另一投影面的距离，即：

$a'a_z = Aa'' = a\,a_{yh} = x$ 坐标；$a\,a_x = A\,a' = a''a_z = y$ 坐标；$a'a_x = A\,a = a''a_{yw} = z$ 坐标。

为了表示点的水平投影到 OX 轴的距离等于侧面投影到 OZ 轴的距离，即 $aa_x = a''a_z$，点的水平投影和侧面投影的连线相交于自点 O 所作的 45°角平分线，如图 2-4(c)所示方法。

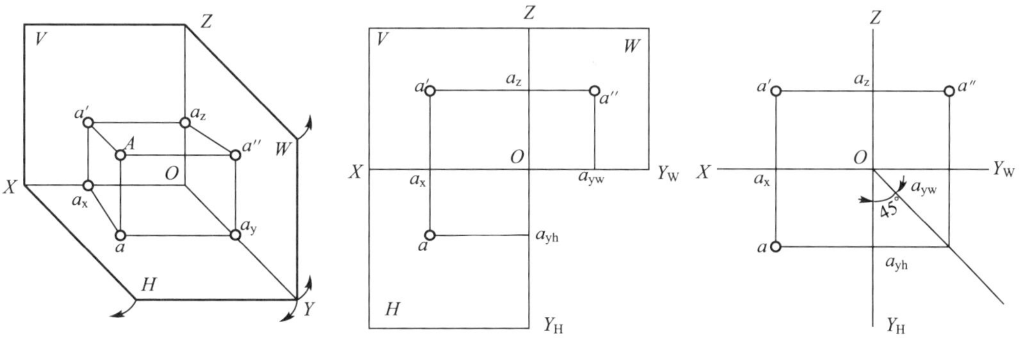

(a) 空间状况　　(b) 展开图　　(c) 投影图

图 2-4　点的三面投影

2. 两点之间的相对位置关系

观察分析两点的各个同面投影之间的关系，可以判断空间两点的相对位置。根据 x 坐标值的大小可以判断两点的左右位置。根据 z 坐标值的大小可以判断两点的上下位置。根据 y 坐标值的大小可以判断两点的前后位置。

重影点需判别可见性。根据正投影特性，可见性的区分应是前遮后、上遮下、左遮右。如图 2-5(a)中的重影点应是 A 遮挡点 B，点 B 的 H 面投影不可见。规定不可见的投影点加括号表示，如图 2-5(b)所示。

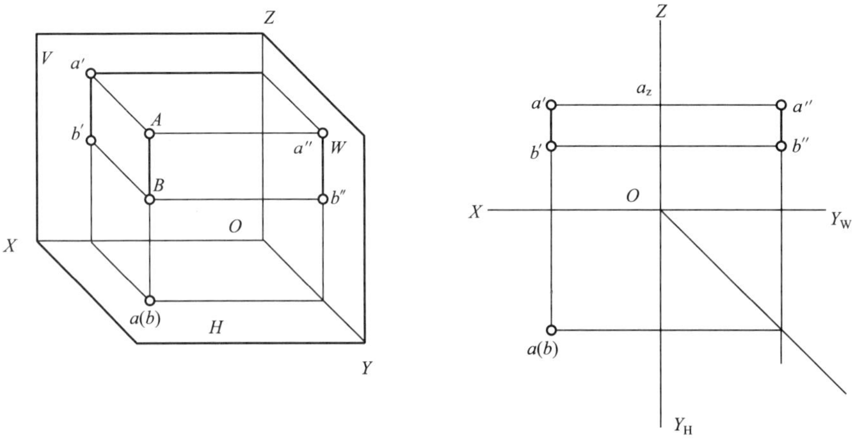

(a) 空间状况　　(b) 投影图

图 2-5　重影点

2.2.2　直线的投影

1. 直线的投影形成

一般情况下，直线的投影仍是直线，如图 2-6(a)中的直线 AB。在特殊情况下，若直线垂直于投影面，直线的投影可积聚为一点，如图 2-6(a)中的直线 CD。

直线的投影可由直线上两点的同面投影连接得到。如图 2-6(b)所示，分别作出直线上两点 A、B 的三面投影，将其同面投影相连，即得到直线 AB 的三面投影图。

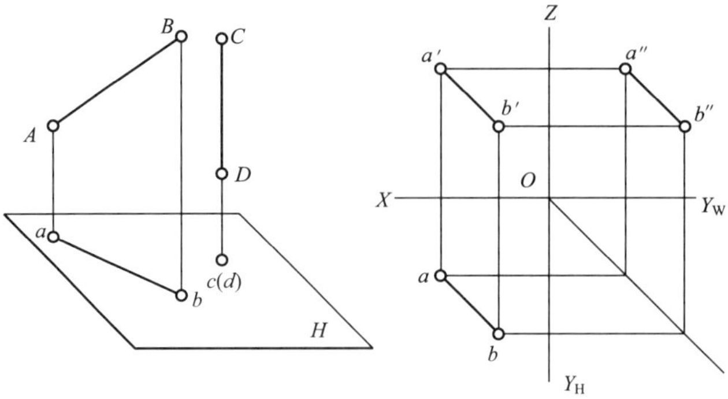

(a) 直线投影图　　(b) 直线投影的作法

图 2-6　直线的投影

2. 各种位置直线的投影特性

在三投影面体系中，直线对投影面的相对位置可以分为 3 种：投影面平行线、投影面垂直线、投影面倾斜线。前两种为投影面特殊位置直线，后一种为投影面一般位置直线。

(1) 投影面平行线。与投影面平行的直线称为投影面平行线，它与一个投影面平行，与另外两个投影面倾斜。与 H 面平行的直线称为水平线，与 V 面平行的直线称为正平线，与 W 面平行的直线称为侧平线。它们的投影图及投影特性见表 2-1。规定直线(或平面)对 H、V、W 面的夹角分别用 α、β、γ 表示。

表 2-1 投影面平行线的投影特性

<table>
<tr><th>名称</th><th>水平线</th><th>正平线</th><th>侧平线</th></tr>
<tr><td>立体图</td><td>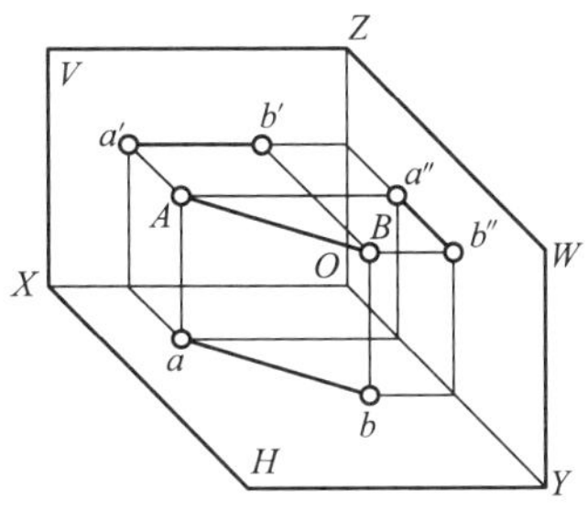
</td><td>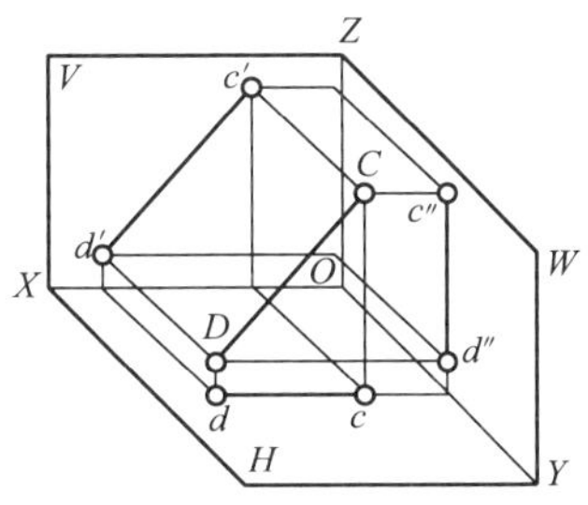
</td><td>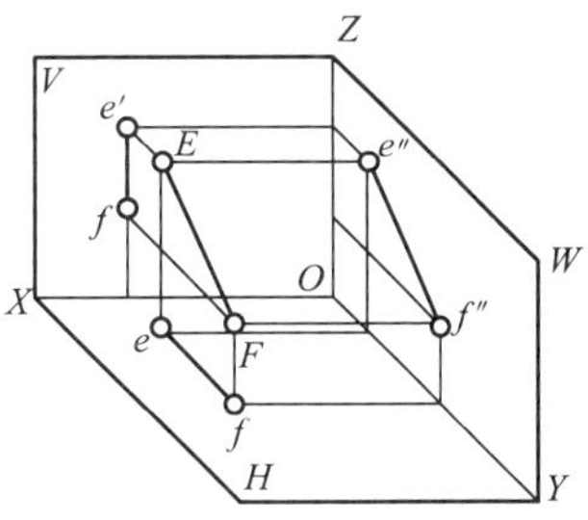
</td></tr>
<tr><td>投影图</td><td>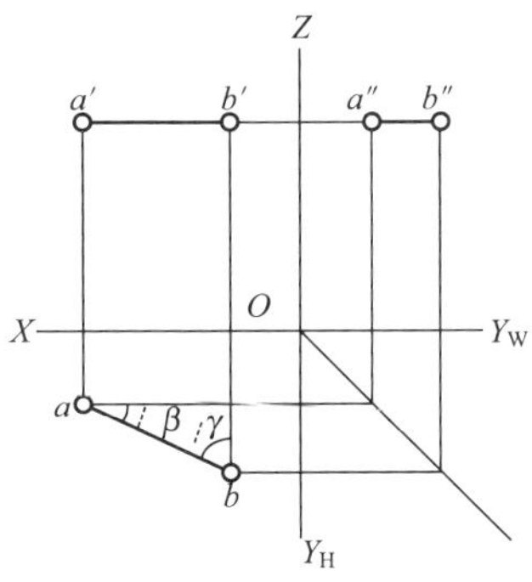
</td><td>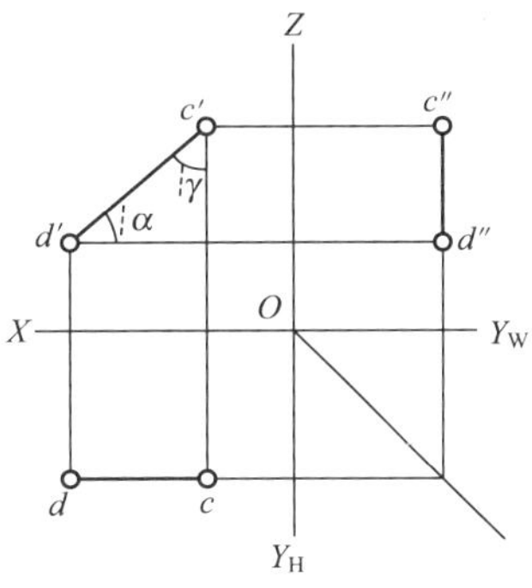
</td><td>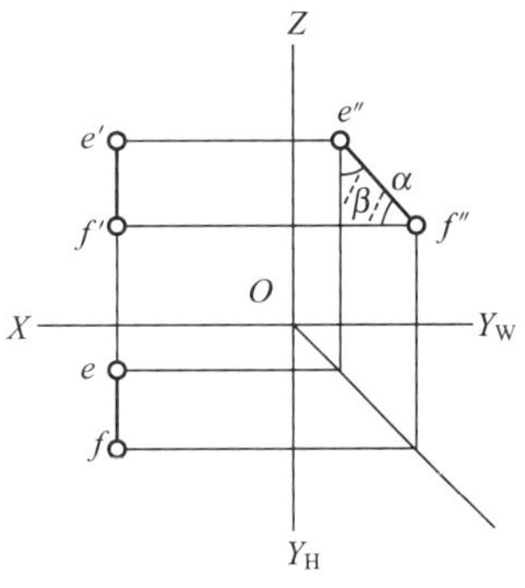
</td></tr>
<tr><td>投影特性</td><td>(1) 水平投影反映实长，与 X 轴夹角为 β，与 Y 轴夹角为 γ
(2) 正面投影平行 X 轴
(3) 侧面投影平行 Y 轴</td><td>(1) 正面投影反映实长，与 X 轴夹角为 α，与 Z 轴夹角为 γ
(2) 水平投影平行 X 轴
(3) 侧面投影平行 Z 轴</td><td>(1) 侧面投影反映实长，与 Y 轴夹角为 α，与 Z 轴夹角为 β
(2) 正面投影平行 Z 轴
(3) 水平投影平行 Y 轴</td></tr>
</table>

(2) 投影面垂直线。与投影面垂直的直线称为投影面垂直线，它与一个投影面垂直，与另外两个投影面平行。与 H 面垂直的直线称为铅垂线，与 V 面垂直的直线称为正垂线，与 W 面垂直的直线称为侧垂线。它们的投影图及投影特性见表 2-2。

表 2-2　投影面垂直线的投影特性

名称	水平线	正平线	侧平线
立体图	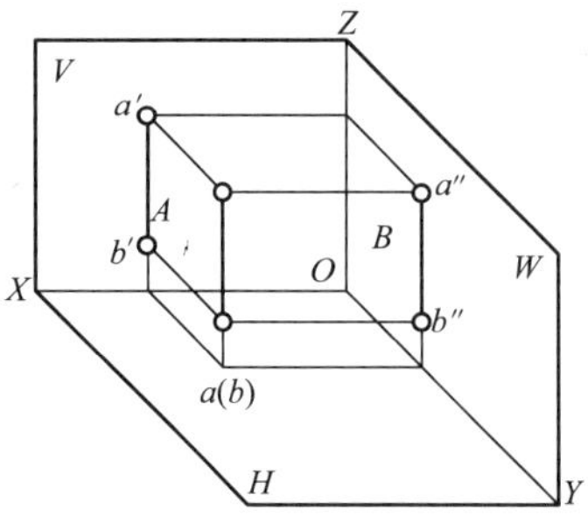	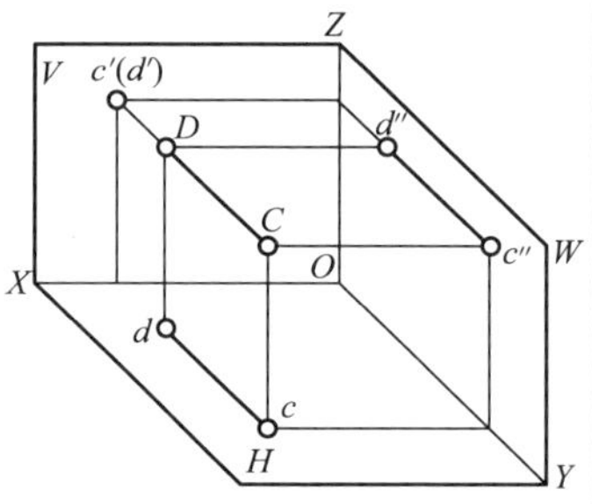	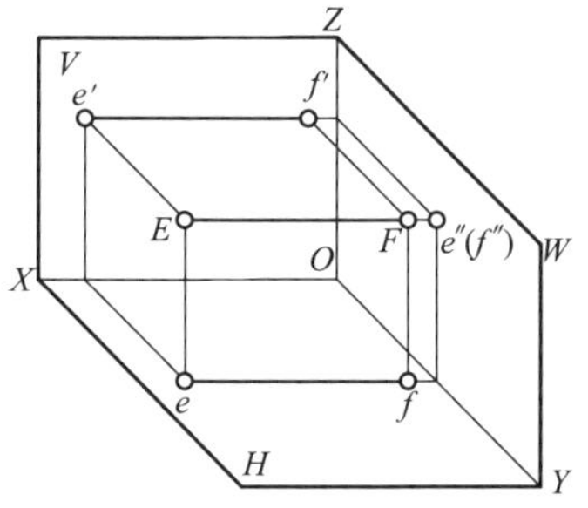
投影图	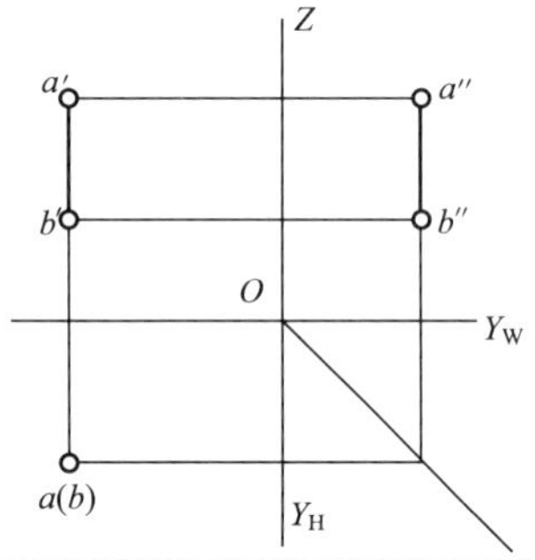	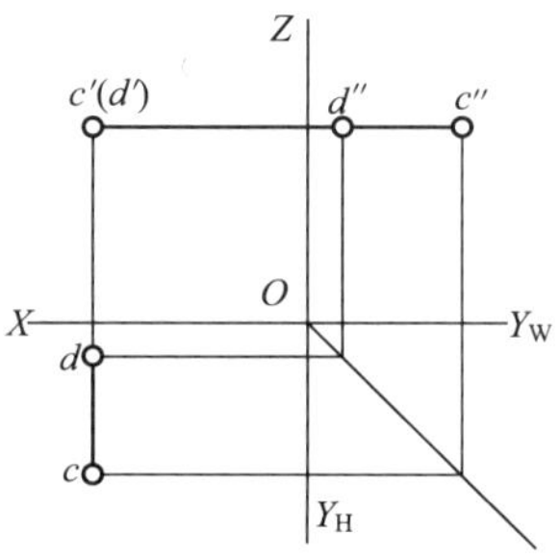	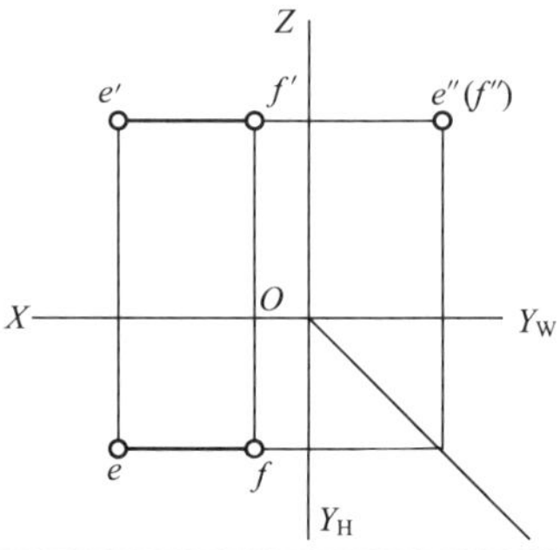
投影特性	(1) 水平投影积聚为一点 (2) 正面投影和侧面投影都平行于 Z 轴，并反映实长	(1) 正面投影积聚为一点 (2) 水平投影和侧面投影都平行于 Y 轴，并反映实长	(1) 侧面投影积聚为一点 (2) 正面投影和水平投影都平行于 X 轴，并反映实长

(3) 一般位置直线。一般位置直线的空间状况如图 2-7(a)所示。一般位置直线与三个投影面都倾斜，因此在三个投影面上的投影都不反映实长，投影与投影轴之间的夹角也不反映直线与投影面之间的夹角，如图 2-7(b)所示。

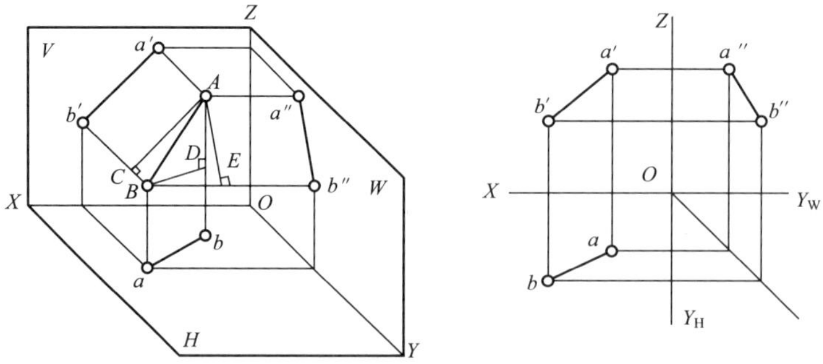

(a) 空间状况　　(b) 投影图

图 2-7　一般位置直线的投影

2.2.3　曲线的投影

1. 曲线的分类

一般情况下，曲线是指一动点在空间作连续非直线运动时形成的轨迹。

按动点的运动有无规则，曲线可分为规则曲线和不规则曲线两类。规则曲线可以用代数方程式或投影图表示；不规则曲线可以用计算几何方法来描述，也可以用投影图来表示。

按曲线上所有点是否在同一平面上曲线又可分为平面曲线和空间曲线。平面曲线指曲线上所有点都在同一个平面上的曲线；空间曲线指曲线上的点不在同一平面上的曲线。如图 2-8(a)所示。

2. 曲线的投影形成

一般情况下，曲线至少需要两个投影才能确定其在空间的形状和位置。按照曲线形成的过程，依次画出曲线上一系列点的投影，然后把这些点的同面投影依次光滑连接起来，即可得到曲线的投影，如图 2-8（b）所示。

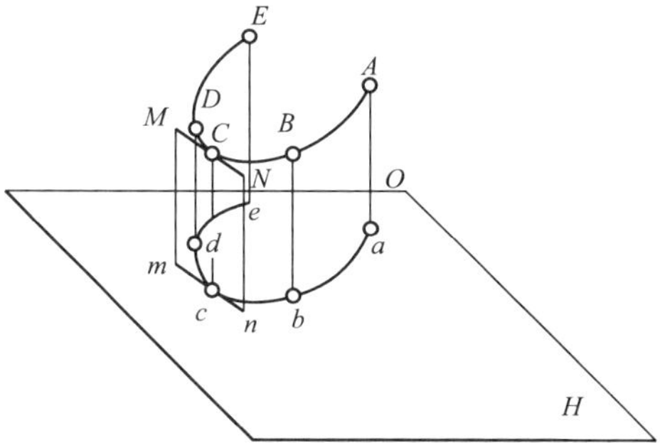

(a) H面投影

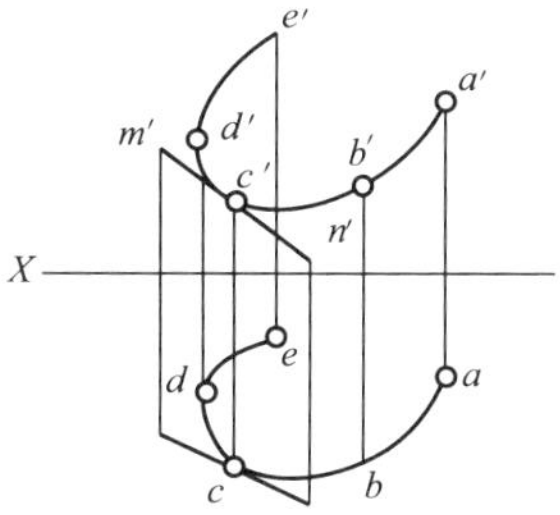

(b) V面与H面投影

图 2-8　曲线的投影

为了保证曲线投影的准确和清晰，在绘制曲线投影图时，通常是先做出曲线上一些特殊点的投影，如曲线的端点、最高点、最低点，最左点、最右点和转向点(图 2-9(a)中的 M 点)、回折点(图 2-9(b)中的 N 点)、自交点(图 2-9(c)中的 L 点)等，然后求出适当数量的一般点的投影，以便用曲线板光滑连接成曲线。

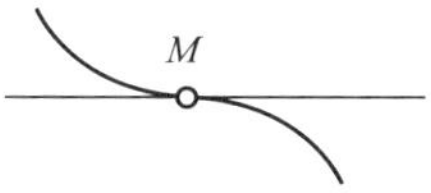

(a) 转回点

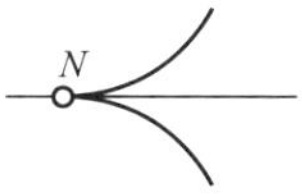

(b) 回折点

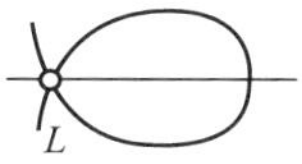

(c) 自交点

图 2-9　曲线上的特殊点

3. 曲线的投影特性

曲线投影有如下特性。

(1) 曲线的投影一般仍为曲线，如图 2-8(a)所示。只有平面曲线所在的平面垂直于某投影面时，曲线的投影才积聚为一条直线。

(2) 曲线的投影是该曲线上所有点的同面投影的集合，因此，曲线上任一点的投影必在曲线的同面投影上。如图 2-8(a)中曲线上的点 D，它的水平投影 d 在曲线的水平的投影上。

(3) 曲线切线的投影仍是该曲线同面投影的切线，并且切点的投影仍是曲线投影上的切点，如图 2-8(a)中的切线 MN 和切点 C。

(4) 曲线上的特殊点在其投影图中一般仍保持其特殊点的性质。如圆和椭圆的中心点在投影图上仍为中心点，双曲线和抛物线的顶点投影后仍为其投影的顶点。此外，曲线上的转向点、回折点和自交点投影后仍为曲线的转向点、回折点和自交点。

2.2.4 平面的投影

1. 平面的表示法

由几何学可知，平面的中间位置可由下列几何元素确定：不在同一直线上的3个点如图2-10(a)；一直线和直线外一点如图2-10(b)；两相交直线如图2-10(c)；两平行直线如图2-10(d)；任意的平面图形如图2-10(e)，如三角形、圆等。图2-10是用上述各几何元素所表示的平面的投影图。

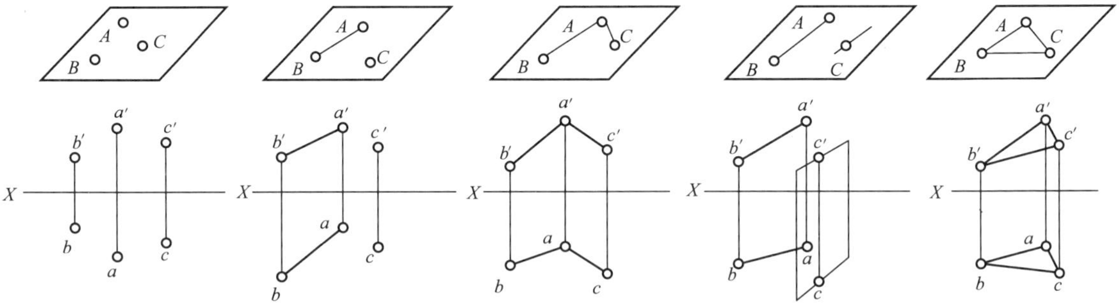

(a) 平面上任意3个点的投影 (b) 线段与点的投影 (c) 相交直线的投影 (d) 平行直线的投影 (e) 任意平面的投影

图2-10 用几何元素的投影表

上面的5种平面表示法是可以相互转化的，其中以平面图形表示平面最为常用。

2. 各种位置平面的投影特性

平面的投影有3种情况。

(1) 类似性。平面倾斜于投影面时，它在该投影面的投影是一个比实形小的平面图形，如图2-11(a)所示。

(2) 积聚性。平面垂直于投影面时，它在该投影面的投影积聚成一直线，如图2-11(b)所示。

(3) 实形性。平面平行于投影面时，它在该投影面的投影反映实形，如图2-11(c)所示。

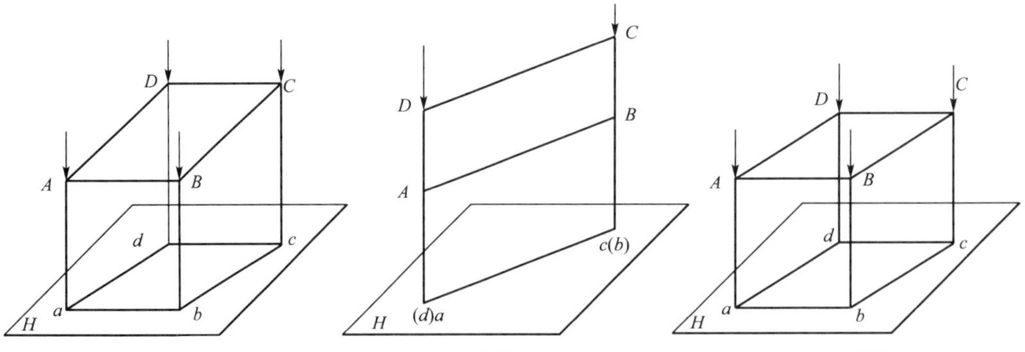

(a) 类似性 (b) 积聚性 (c) 实形性

图2-11 平面投影的基本特性

3. 各种位置平面的投影

在三投影面体系中，根据平面对投影面所处的不同位置，可将平面分为3类：一般位置平面、投影面垂直面和投影面平行面。后两类平面又称为特殊位置平面。平面对 H、

V、W 三个投影面的倾角分别用 α、β、γ 表示。

1）一般位置平面

一般位置平面对 3 个投影面都倾斜如图 2－12(a)所示，因此它的三面投影均为小于实形的类似图形，如图 2－12(b)所示。

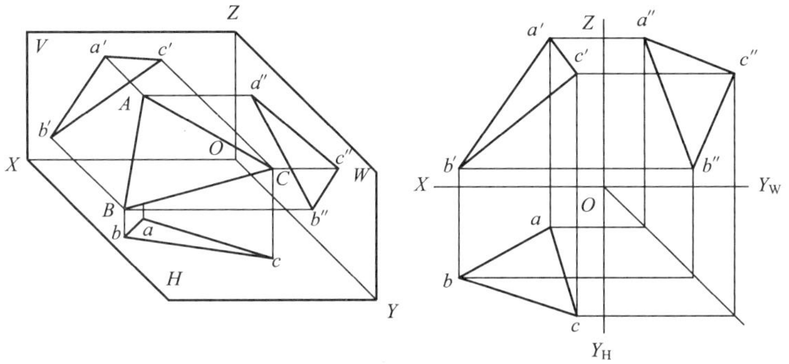

(a) 空间状况　　(b) 投影图

图 2－12　一般位置平面的投影

2）投影面垂直面

垂直一个投影面，且倾斜于另外两个投影面的平面称为投影面垂直面；当其垂直 V 面时称为正垂面；当其垂直 H 面时，称为铅垂面；当其垂直 W 面时，称为侧垂面。

表 2－3 列出了这 3 种投影面垂直面的投影图和它们的投影特性。

表 2－3　投影面垂直面

名称	轴测图	投影图	投影特性
正垂面	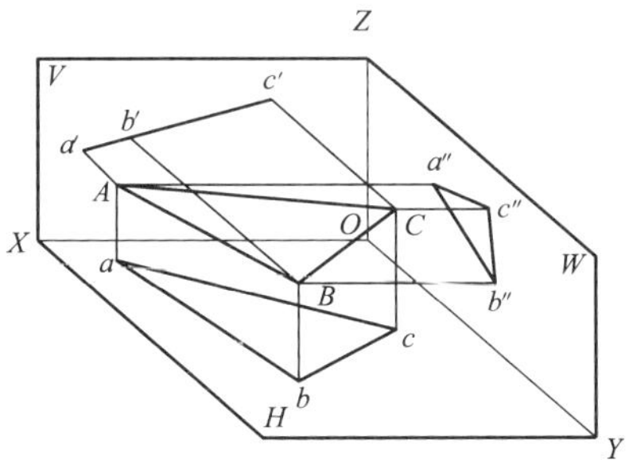	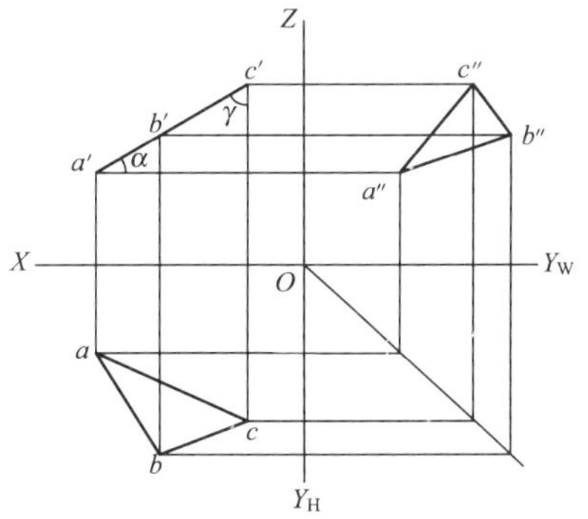	(1) 正面投影积聚为一直线且反映 α、γ 实角 (2) 水平投影及侧面投影均为类似形
铅垂面	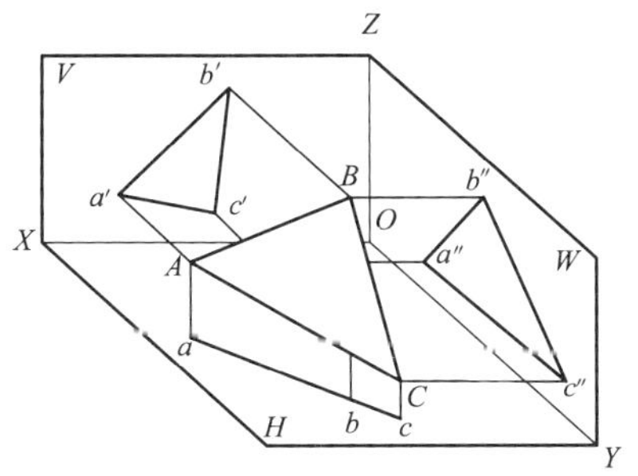	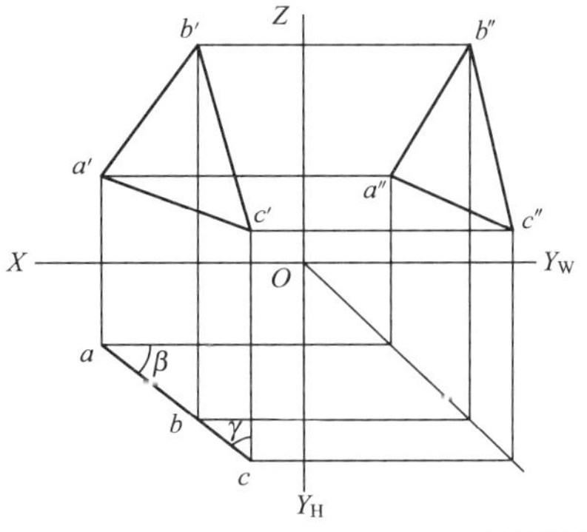	(1) 水平投影积聚为一直线且反映 β、γ 实角 (2) 正面投影及侧面投影均为类似形

（续）

名称	轴测图	投影图	投影特性
侧垂面	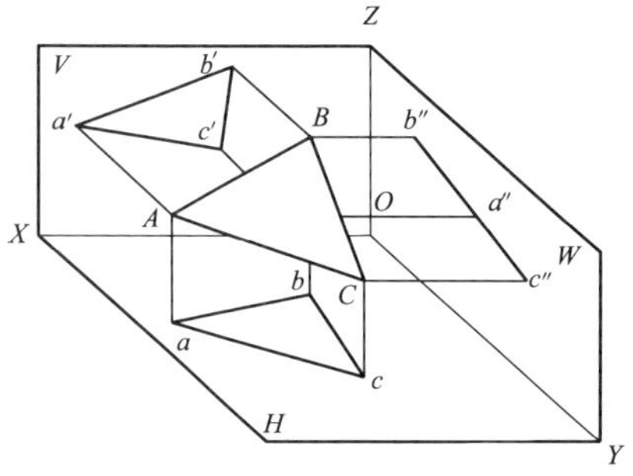	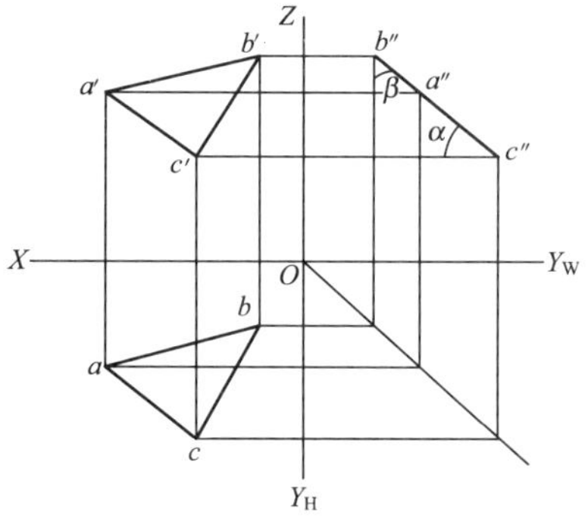	（1）侧面投影积聚为一直线且反映 α、β 实角 （2）正面投影及水平投影均为类似形

3）投影面平行面

平行于一个投影面(必垂直于另外两个投影面)的平面称为投影面平行面，当其平行 V 面时，称为正平面；当其平行 H 面时，称为水平面；当其平行 W 面时，称为侧平面。

表 2-4 列出了这 3 种投影面平行面的投影图和它们的投影特性。

表 2-4　投影面垂直面

名称	轴测图	投影图	投影特性
正平面	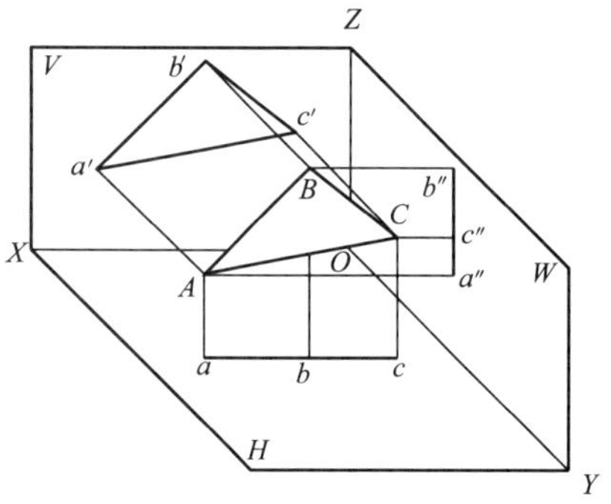	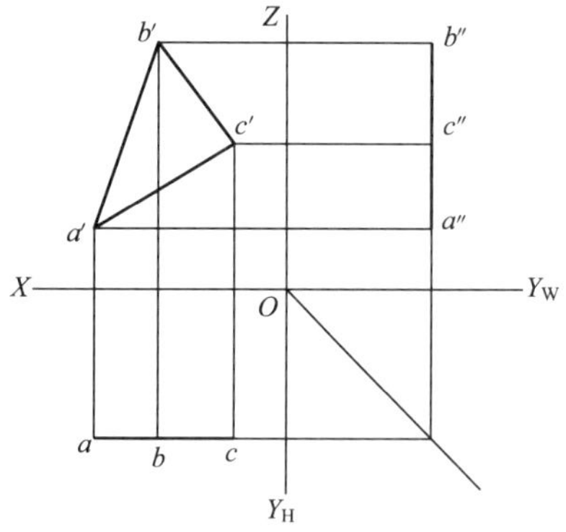	（1）正面投影反映实形 （2）水平投影及侧面投影积聚为直线并分别平行于 OX 及 OZ 轴
水平面	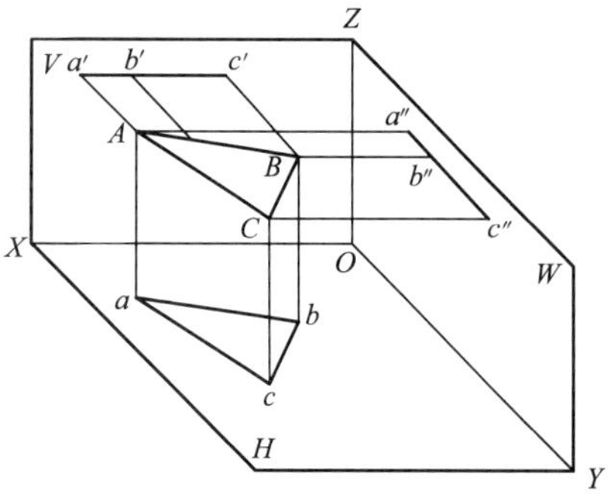	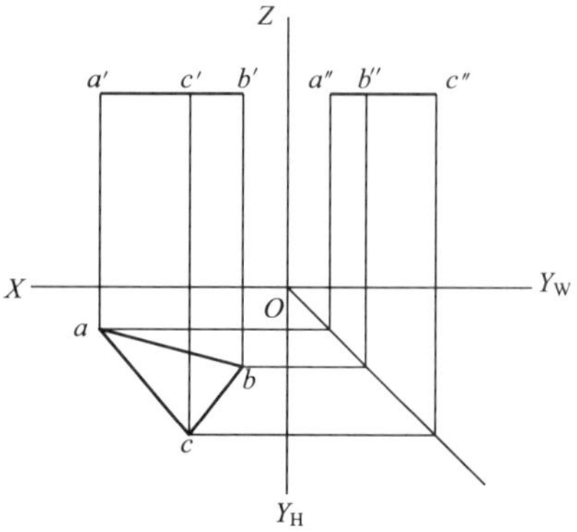	（1）水平投影反映实形 （2）正面投影及侧面投影积聚为直线并分别平行于 OX 及 OY_W 轴

（续）

名称	轴测图	投影图	投影特性
侧平面	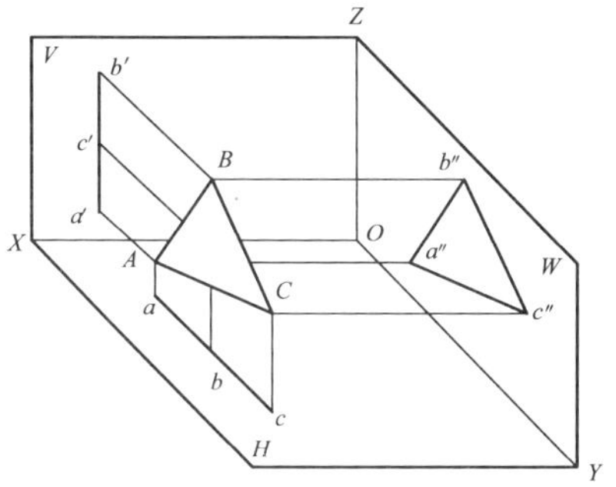	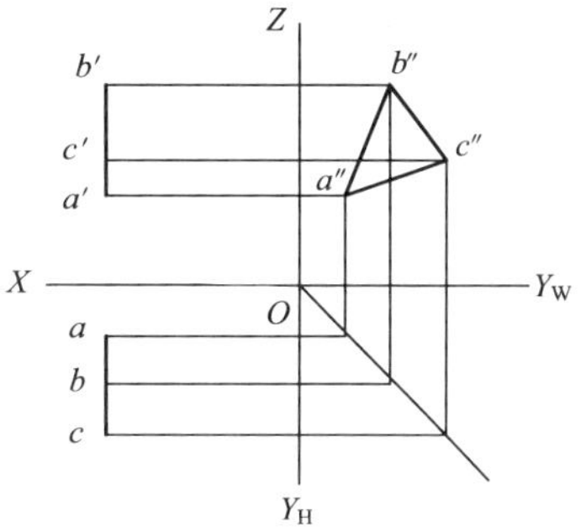	（1）侧面投影反映实形 （2）正面投影及水平投影积聚为直线并分别平行于 OZ 及 OY_H 轴。

4. 平面上的点和直线

在平面上取点和取直线可根据点和直线在平面上的几何条件作出其投影。

点和直线在平面上的几何条件如下。

（1）如果一点位于平面上的一已知直线上，则此点必定在该平面上。

如图 2－13 所示，D、E 点分别在属于 P 平面的直线 AB、BC 内，则 D、E 两点在 P 平面上。

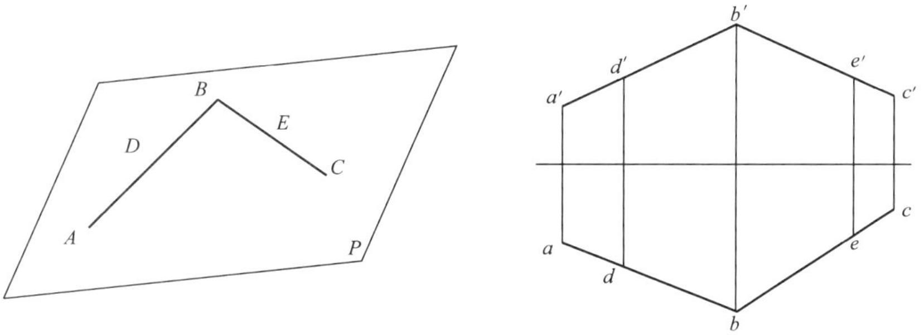

(a) 取属于平面内点的示意图　　(b) 取属于平面内点

图 2－13　平面内的点

（2）一直线通过平面内的两个点，则此直线必定在该平面内，如图 2－14(a)所示。

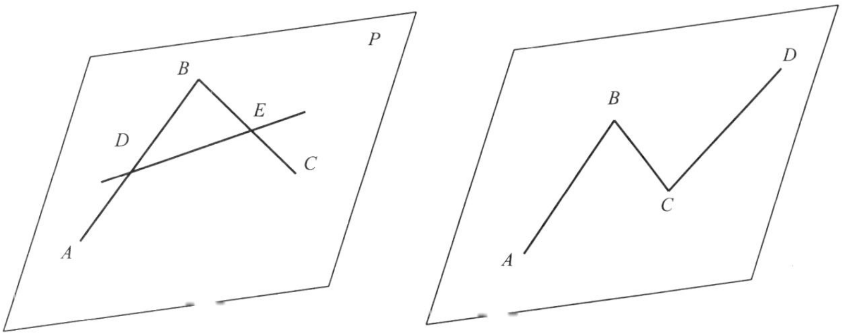

(a) 经过两点　　(b) 经过一点且平行于一直线

图 2－14　取属于平面的直线示意图

(3) 一直线通过平面内的一个点，且平行于平面内的另一直线，则此直线必定在该平面内，如图 2-14(b)所示。

2.2.5 曲面的投影

1. 曲面的形成及分类

曲面可以看成是一动线在空间运动的轨迹，该动线称为母线，母线的每一位置称为曲面的素线。而控制母线运动的一些不动的线或面称为导线或导面。

如图 2-15 中的圆柱面，可看成是由直线 AA 绕轴线 OO 回转而成。直线 AA 称为母线，直线 OO 称为导线，母线在曲面上的任何一个位置都称为曲面的素线。

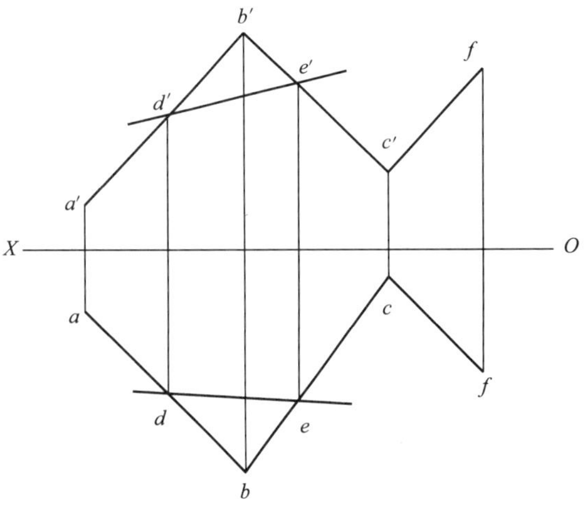

图 2-15 取属于平面的直线

曲线的分类有多种形式。按动线运动有无规律可分为：①规则曲面，动线按一定规则运动时得到的曲面；②不规则曲面，动线作不规则运动时得到的曲面。按母线的形状不同可分为：①直线面，母线为直线的曲面；②曲线面，母线为曲线的曲面。

凡是由一直线或一曲线绕一轴线回转而成的曲面，统称为回转面。

2. 曲面的投影要求

在投影图上表示一个曲面时，应满足两个要求：①根据投影图能作出曲面上任意点和任意直线的投影；②能够清晰地表达出该曲面的形状。

因此，在画曲面的投影图时应注意：①画出决定该曲面的几何要素(如母线、导线、导面等)的投影；②画出曲面的投影轮廓线，确定曲面的投影范围；③对于复杂的曲面，还应画出曲面上一系列的素线。

2.3 立体的投影

本节引言

立体的投影无非是点、线、面投影的组合，是前一节内容的深化。重点是三视图的画法及标注方法。

2.3.1 三视图的形成及特性

1. 三视图的形成

如图 2-16 所示，两个不同形状的物体，在同一投影面上的投影却是相同的。这说明在正投影法中，只有一个投影一般不能反映物体的真实形状和大小，因此，工程图中采用多面正投影来表达物体。多面正投影图又称为视图。基本的表达方法是三视图。

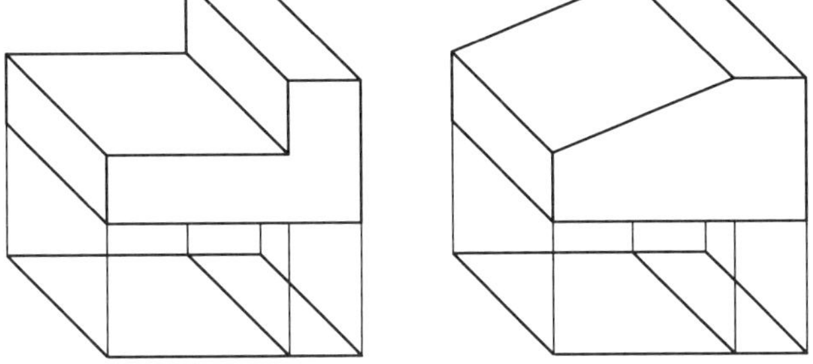

图 2－16　单一投影不能确定物体的形状和大小

为了唯一地确定物体的结构形状，需要采用多面投影。工程上通常采用互相垂直相交的投影面(即正面投影面 V，水平投影面 H 以及侧立投影面 W)，以此建立一个三投影面体系。再采用正投影法将物体向各投影面投影，所得图形称为视图。如图 2－17 所示，物体的正面投影，即物体由前向后投影所得图形，通常反映物体的主要形状特征，称为主视图；物体的水平投影，即物体由上向下投影所得图形，称为俯视图；物体的侧面投影，即物体由左向右投影所得的图形，称为左视图。

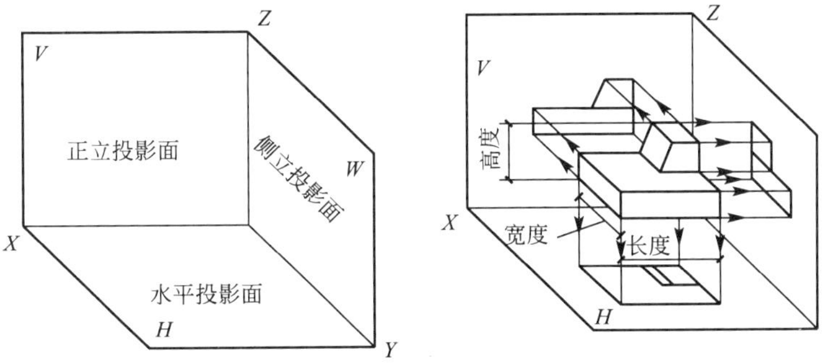

图 2－17　三投影面体系的建立及三面

要把三视图画在一张图纸上，就必须把三个投影面展开成一个平面。其方法如图 2－18(a)所示。规定 V 面不动，将 H 面与 W 面沿 OY 轴分开，W 面绕 OZ 轴向右旋转 90°，H 面绕 OX 轴向下旋转 90°，使 H 面、W 面与 V 面展开在同一个平面上。这时 OY 轴分为两条，随 H 面的部分标记为 OY_H，随 W 面的部分标记为 OY_W。

展开后三视图的排列位置是；H 面投影在 V 面投影的下方，W 面投影在 V 面投影的右方。由于视图与投影面的大小无关，因此在画三视图时可不画出投影面的边界，如图 2－18(b)所示。

2. 三视图的特性

从图 2－18 可以看出，每个视图都表示物体的 4 个方位和两个方向。

V 面投影反映了物体上下、左右的相互关系，即物体的高度和长度。

H 面投影反映了物体左右、前后的相互关系，即物体的长度和宽度。

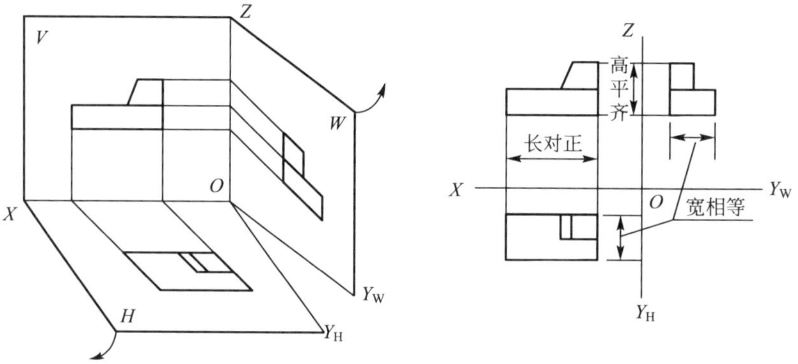

(a) 三投影的展开方法　　(b) 三视图之间的投影规律

图 2－18　三面投影的展开

W 面投影反映了物体上下、前后的相互关系，即物体的高度和宽度。

应当注意：H 面投影和 W 面投影中，远离 V 面投影的一边是物体的前面，靠近 V 面投影的一边是物体的后面。

三视图的投影规律如下。

(1) H 面投影和 V 面投影——长对正。

(2) W 面投影和 V 面投影——高平齐。

(3) H 面投影和 W 面投影——宽相等。

“长对正、高平齐、宽相等”是画图和看图必须遵循的投影规律，无论是整个物体还是物体的局部，其三个视图之间都必须符合这条规律。

2.3.2　基本体的投影

基本形体按其表面性质的不同，可分为平面立体和曲面立体两类。

1. 平面立体的投影

任何建筑形体都可看作由基本形体叠加、切割、相交而形成。常见的基本形体分为平面体和曲面体两大类。其中平面基本形体又分为棱柱体和棱锥体。它们的表面均由若干平面多边形围成。当底面为多边形，棱线垂直于底面时称为棱柱体，其名称以底面的形状而命名，如底面为三角形、四边形、五边形、…、n 边形，分别称为三棱柱、四棱柱、五棱柱、…、n 棱柱。图 2－19(a)所示为三棱柱。当底面为多边形，棱线相交于一点时称为棱锥体，如底面为三角形、四边形、五边形、…、n 边形，称为三棱锥、四棱锥、五棱锥、…、n 棱锥。图 2－19(b)所示为四棱锥。除底面外，棱柱和棱锥

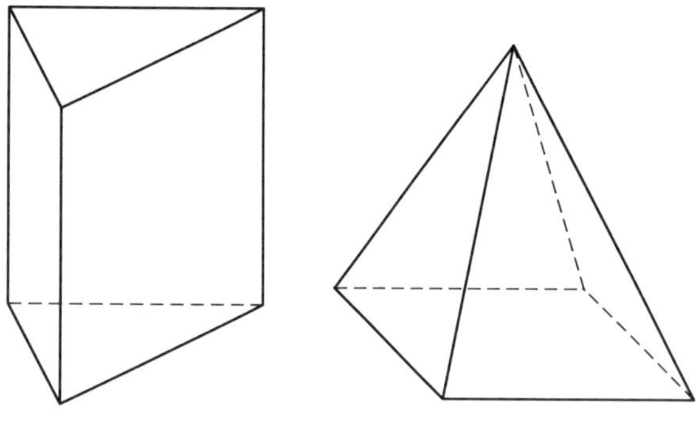

(a) 三棱柱　　(b) 四棱锥

图 2－19　平面立体

的其他表面都叫棱面，棱面与棱面的交线称为棱线。

由于棱柱体和棱锥体是由封闭的平面图形围成，因此绘制它们的投影时，就可转化为绘制其各表面投影得到的图形；或是绘制组成其各棱线及各顶点的投影，即得它们的投影图。绘制投影图的步骤是：第一应分析形体特征；第二选择安放位置，尽可能使其底面平行于某一投影面，使底面在该面上的投影反映实形；第三选择合适比例，布置图样；第四绘制投影图底稿线；第五检查无误后加粗加深线型。

1）棱柱

当棱柱体底面为正多边形时，则称为正三棱柱、正四棱柱、…。图 2－20(a)所示为横放的三棱柱向 3 个投影面投影。三棱柱的棱线 AD、BE、CF 垂直于 W 面，两底面等腰三角形 ABC 与 DEF 平行于 W 面，棱面 $ADFC$ 平行于 H 面，另两棱面 $ABED$ 与 $BCFE$ 则为侧垂面。

如图 2－20(b)是该三棱柱的三面投影图。由投影面平行面的投影特性可知：左、右底面的 W 面投影反映等腰三角形的实形，即投影为$\triangle a''b''c''$与$\triangle d''e''f''$(不可见)重影在一起；而在 V 面与 H 面上投影积聚为直线段 $b'a'(c')$ 与 $e'd'(f')$ 及 abc 与 def；棱面 $ADFC$ 的 H 面投影 $adfc$ 反映实形，V 面与 W 面的投影则积聚为直线段 $a'(c')d'(f')$ 与 $a''(d'')c''(f'')$；前后两棱面因对称，且垂直于 W 面，因而在 W 面的投影积聚为直线段 $a''(d'')b''(e'')$ 与 $c''(f'')b''(e'')$，与底面实形投影等腰三角形两腰重合，而 V 面投影重影为一个矩形，H 面投影则为两个相同的矩形。

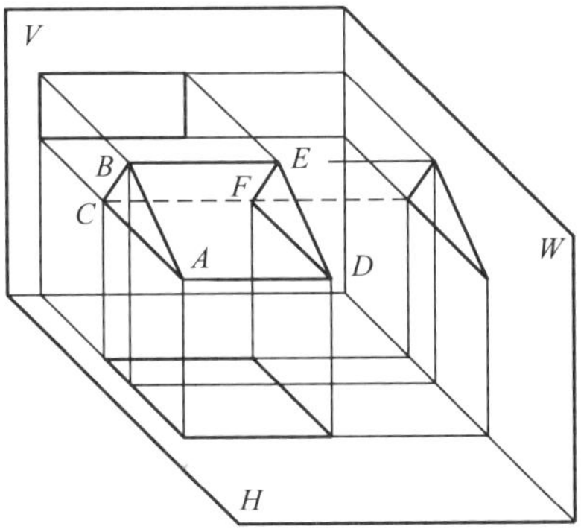

(a) 正三棱柱向投影面投影立体图

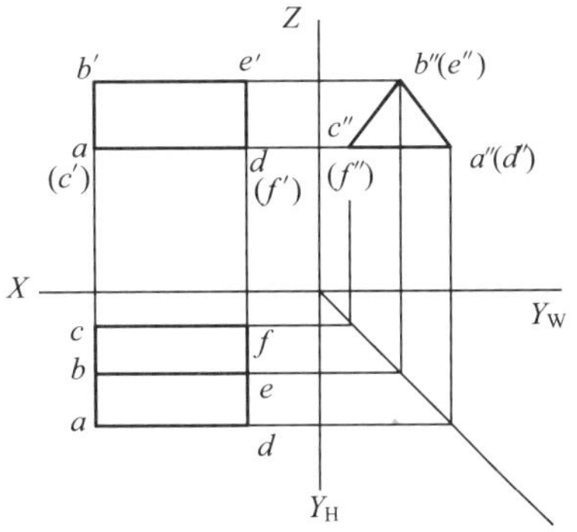

(b) 投影图

图 2－20 横放正三棱柱

由以上分析可以得到棱柱体的投影特征是：在底面平行的投影面上投影反映底面实形，即三角形、四边形、五边形、…、n 边形；另两投影为一个或 n 个矩形。

2）棱锥

当棱锥体底面为正多边形时，则称为正三棱锥、正四棱锥、…。图 2－21(a)所示为一个正三棱锥向 3 个投影面投影。三棱锥的底面正$\triangle ABC$ 放置在 H 面上，棱线 SA、SB、SC 汇交于一顶点 S，棱面 SAC 垂直于 W 面。

图 2－21(b)是该三棱锥的三面投影图。棱锥底面$\triangle ABC$ 的水平投影$\triangle abc$ 反映实形，另两投影积聚为直线段 $a'(b')c'$ 与 $a''(c'')b''$；求得锥顶 S 的三面投影和底面顶点 A、B、C

的同面投影相连，则得各棱面的三面投影：水平投影为 3 个三角形线框$\triangle sab$、$\triangle sbc$、$\triangle sca$；棱面 SAC 的 W 投影积聚为一直线段 $s''a''(c'')$，V 投影 $s'a'c'$与棱面 SAB、SBC 的 V 投影 $s'a'b'$、$s'b'c'$重合，因此三棱锥的 V 投影为两个三角形；由于棱面 SAB 与 SBC 左右对称、SAC 垂直于 W 面，因此其 W 面投影重合为一个三角形 $s''a''(c'')b''$。

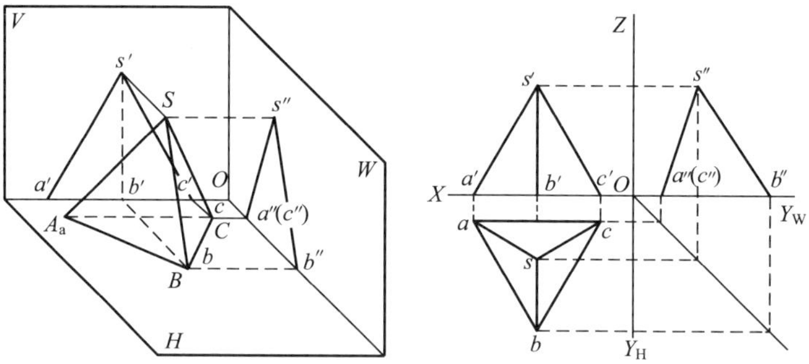

(a) 投影面　　(b) 投影图

图 2－21　正三棱锥的投影

由此可得正棱锥体的投影特征为：当底面平行于某一投影面时，在该面上投影为实形正多边形及其内部的 n 个共顶点的等腰三角形；另两个投影为 1 个或 n 个三角形。图 2－22所示为正六棱锥的立体图和投影图。

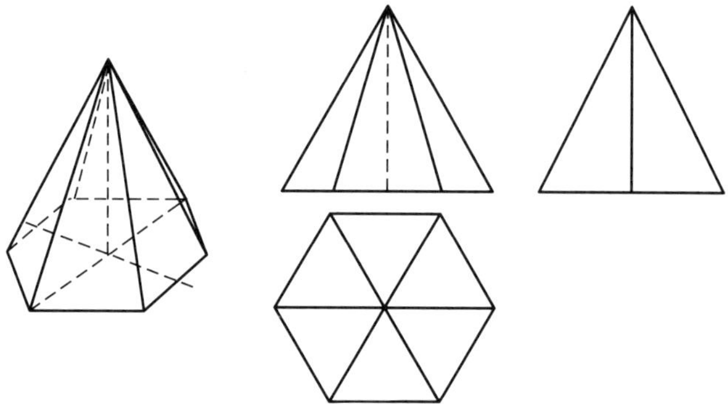

(a) 立体图　　(b) 投影图

图 2－22　正六棱锥的投影

3）棱台

棱锥的顶部被平行于底面的平面切割后形成棱台。棱台的两个底面为相互平行的相似的平面图形。所有的棱线延长后仍应汇交于一公共顶点即锥顶。图 2－23 所示为一个以矩形为底面的四棱台及其三面投影图。

由上、下底面和各棱面与投影面的相对位置可知：上、下底面为水平面，因而 H 投影反映实形(两个大小不等但相似的矩形)，V 面与 W 面的投影积聚为上、下两条水平直线段；左右棱面为正垂面，根据投影面垂直面的投影特性可知，它们的 V 投影积聚为左、右两条直线段，H 投影呈左右两对称的梯形，由于左右对称，其 W 投影呈等腰梯形(左右重合为一)；前、后棱面为侧垂面，同理，在 W 面投影中积聚为前、后两条直线段，H 面

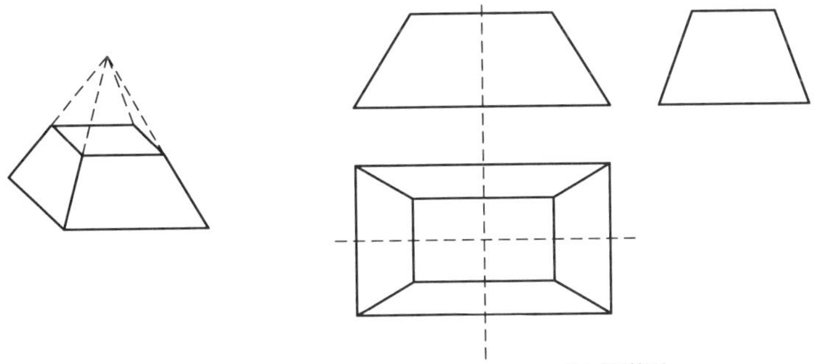

(a) 立体图　　(b) 投影图

图 2-23　正四棱台

与 V 面投影呈等腰梯形(V 投影前后重合为一)。各棱线均处于一般位置，其延长线交汇于一点。

当表达空间形体时，因其到投影面的距离大小，并不影响它的形状表达，所以，在画投影图时，为了使作图简便，可将投影轴省略不画，但三投影之间仍必须保持“长对正、高平齐、宽相等”的投影关系。上述六棱柱、六棱锥和四棱台的三面投影就是按投影关系而画的。

2. 曲面立体的投影

由曲面或曲面与平面所围成的几何体称为曲面立体。常见的曲面立体是回转体，在这里将主要讲解回转体的投影以及在回转体表面上的点和线的投影。

回转体是由回转面或回转面与平面所围成的立体，常见的回转体有圆柱、圆锥、球和环等。因为曲面立体由其曲面表面或曲面表面和平面表面所决定，所以曲面立体的投影就是围成它的表面的所有曲面或所有曲面和平面的投影。在曲面立体表面上作点和线，也就是在它的曲面表面或曲面表面和平面表面上作点和线，因此，回转体的投影就是围成它的回转面或回转面和平面的投影。在回转体表面上作点和线，也就是在围成它的回转面或回转面和平面上作点和线。只要知道在回转体表面上的点和线的一个投影，如果不是积聚在回转面或平面表面的积聚性投影上的投影，就可作出它在其他的投影面上的投影。

1）圆柱

圆柱由圆柱面和顶面、底面所形成，它的投影图就由圆柱面、顶面、底面的投影所组成，如图 2-24 所示。

图 2-25(a)所示为已知圆柱表面上的点 M、N 的一个投影 m'、(n'')，求作它们的另两个投影。

作图过程如图 2-25(b)所示。作图步骤如下。

已知 m'，求作 m 和 m''

由于 m'可见，故 M 点一定在前半圆柱面上，由于 m' 引 V 面投影与 H 面投影之间的投影连线，与前半圆柱面的有积聚性的投影交得 m；按图中的箭头所示，由于 M 点的两个投影 m'、m，即可作出它的第三投影 m''。由于

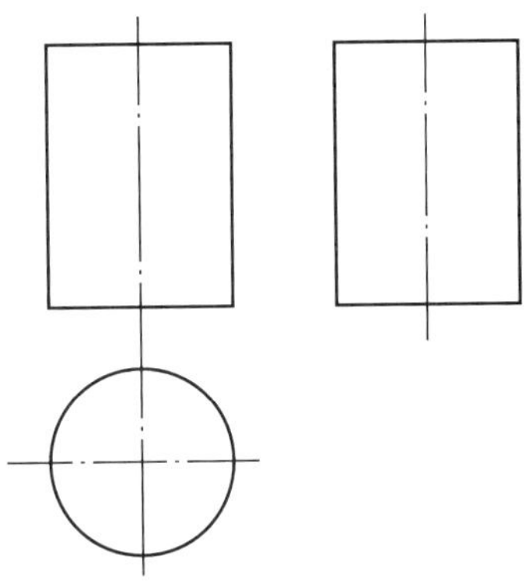

图 2-24　圆柱的三视图

在 V 面和 H 面投影中都已显示 M 点在左半圆柱面上，所以 M 点的 W 面投影 m'' 可见。

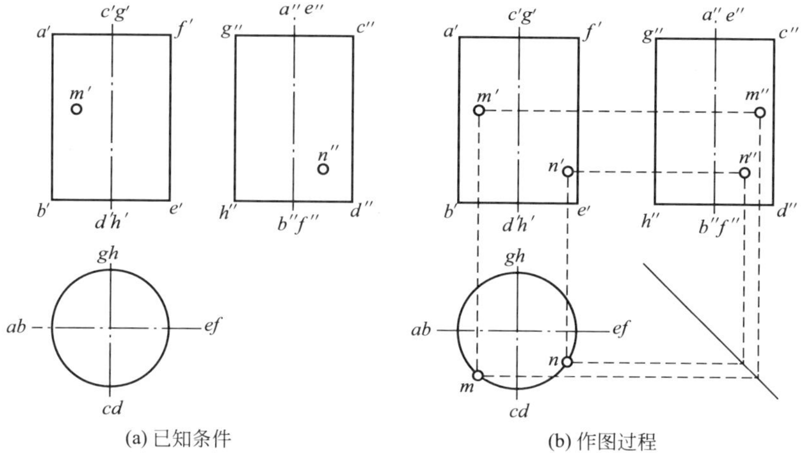

图 2－25　作圆柱表面上的点

2）圆锥

圆锥由圆锥面和底面所围成，它的投影图就由圆锥面和底面的投影所组成，如图 2－26 所示。

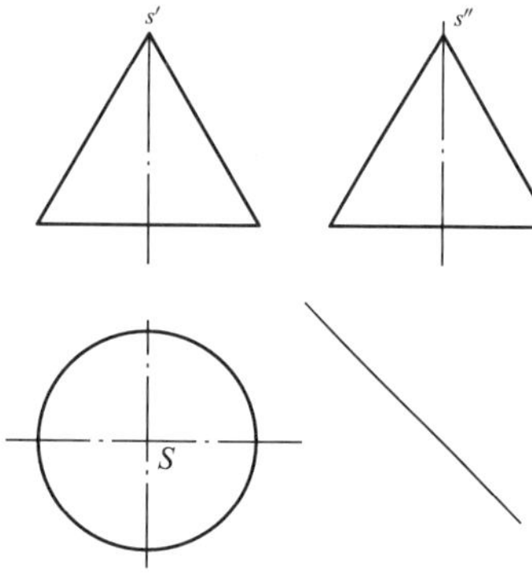

图 2－26　圆锥

图 2－27(a)所示为已知圆锥的 V 面投影和 H 面投影，求作其 W 面投影；并知圆锥表面上的 K 点的 V 面投影，求作它的 H 面投影和 W 面投影。

作图过程如图 2－27(b)和(c)所示。作图步骤如下。

作圆锥的 W 面投影。

从已知条件可知，这是一个轴线垂直于 H 面的圆锥。如图 2－27(b)和(c)所示，按“长对正”和“宽相等、前后对应”的关系，利用 45 度辅助线，作出锥顶 S 的 W 面投影 s″和底面的有积聚性的 W 面投影，将 s″与底面的有积聚性的 W 面投影的端点相连，即为圆锥面的最前素线

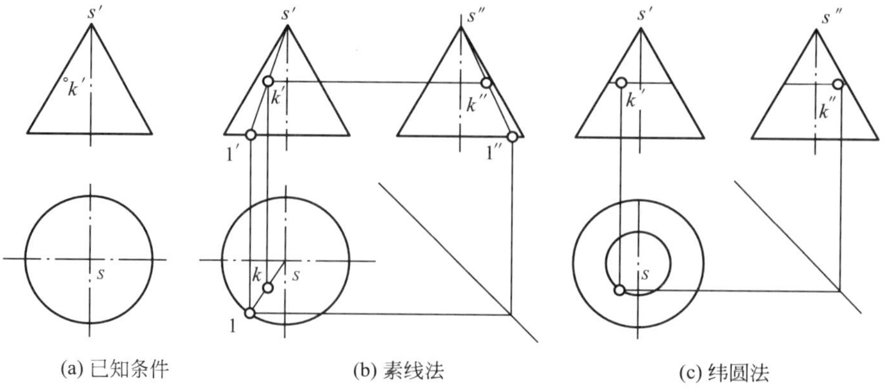

图 2－27　作圆锥及其表面上 K 点的投影

和最后素线的 W 面投影，也就是圆锥面的 W 面投影的外形线。于是就作出了这个圆锥的 W 面投影。

3）球

球是由球面围成的回转体，它的投影图就是球面的投影图，如图 2－28 所示。

图 2－29(a)为已知球的 V 面投影和 W 面投影，求作其 H 面投影；并已知球体表面上的 A 点的 W 面投影 a''，求作它的 V 面投影和 H 面投影。

作图过程见图 2－29(b)、(c)、(d)、(e)中的任一解法，说明如下。

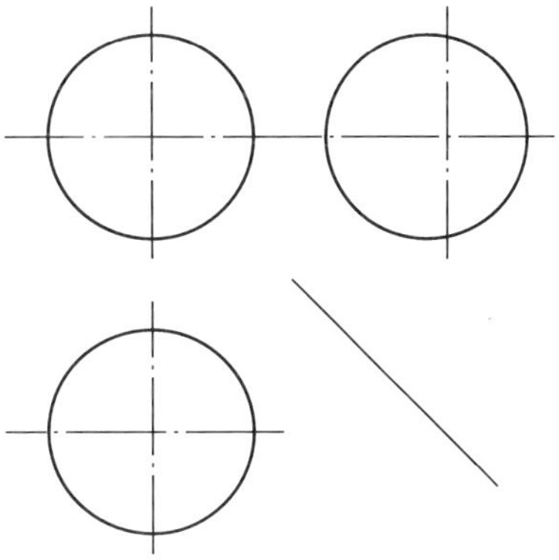

图 2－28　球的投影

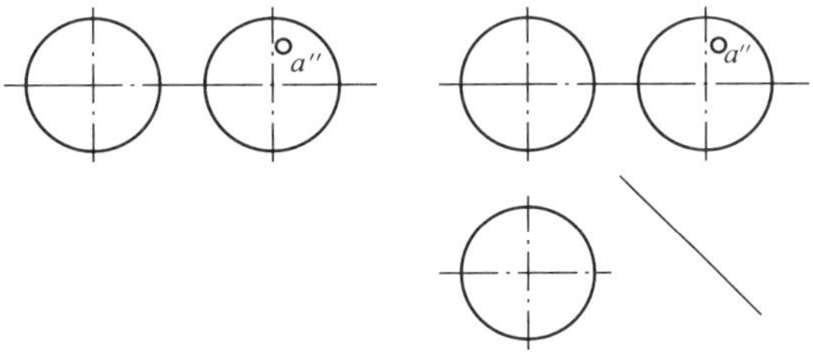

(a) 已知条件　　(b) 作球的H面投影

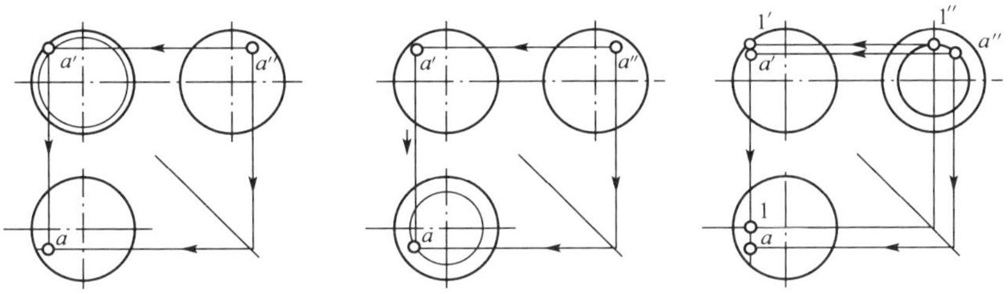

(c) 作a'和a(解法一)　　(d) 作a'和a(解法二)　　(e) 作a'和a(解法三)

图 2－29　作球以及球面上 A 点的投影

作球面上 A 点的 V 面投影 a' 和 H 面投影 a 。

作球面上的点的投影可用纬圆法，即利用通过该点在球面上所作的垂直于轴线的纬圆作图，但通过球心的直线都可看做球的轴线。为了作图方便，通常只用投影面垂直线作为轴线，使纬圆都能平行于投影面，因而可用图 2－29(c)、(d)、(e)所示的任一种解题方法作图。现着重讲述图 2－29(c)所示的解法一，以过球心的正垂线作为球的轴线。

过 a''作球面的 W 面投影外形线范围内的竖直线，即为过 A 点在球面上所作的正平纬圆的 W 面投影，显示出这个纬圆直径的实长。

由于正平纬圆的圆心的 V 面投影与球心的 V 面投影相重合，就可作出这个纬圆反映实形的 V 面投影。又由于在 W 面投影中 a''可见，所以 A 点在左半球面上，于是由 a''就可按“高平齐”的关系在纬圆的 V 面投影上作出 a'。

由纬圆的 W 面投影按“宽相等、前后对应”的关系，作出其 H 面投影，它是球面的 H 面投影外形线范围内的一段水平线。然后，再由 a'按“长对正”的关系在纬圆的 H 面投影上作出 a。a 也可由已知的 a''和已作出的 a'按三等关系直接作出。

如图 2－29(d)和 2－29(e)所示的解法二和解法三，分别以过球心的铅垂线和侧垂线作为球的轴线，也是用纬圆法作图，请读者自己识读。

4）环

环是由环面围成的回转体，它的投影图就是环面的投影图，如图 2－30 所示。

图 2－31(a)为已知环的 V 面投影和 H 面投影和环体表面上的点 A、B、C、D 的 V 面投影 a'、(b')、(c')、(d')，求作这 4 个点的 H 面投影和 W 面投影。由于这 4 个点位于同一条正垂线上，且点 A、B、C、D 是沿着从前向后的顺序排列的，所以它们的 V 面投影 a'、(b')、(c')、(d')重合成一点 $a'(b')(c')(d')$。

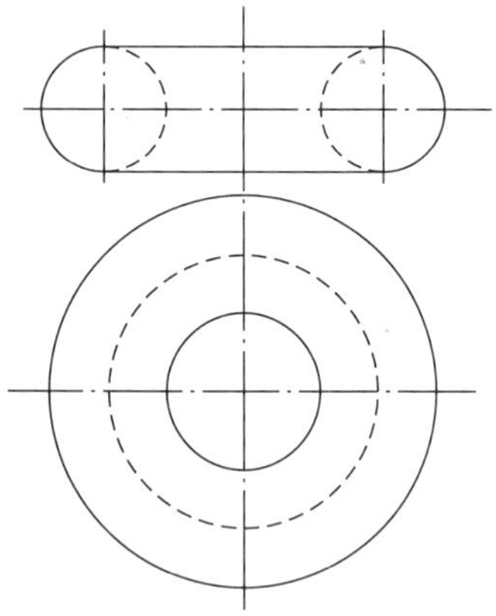

图 2－30　环的投影

作环面上的点 A、B、C、D 的 H 面投影和 W 面投影。

作环面上的点可用纬圆法，即利用通过该点在环面上所作的垂直于轴线的纬圆作图。从已知条件可知，点 A 和 D 在外环面上，点 B 和 C 在内环面上，因而过点 A 和 D 的水平纬圆在外环面上，而过点 B 和 C 的水平纬圆则在内环面上。

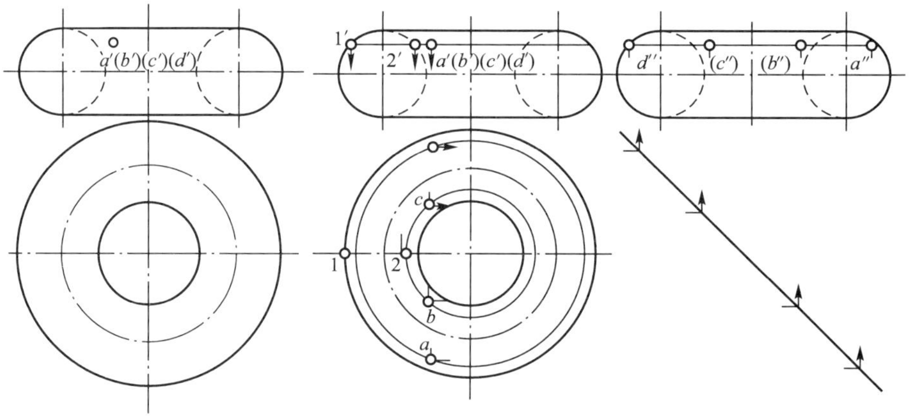

(a) 已知条件　　(b) 作图过程

图 2－31　作环以及环面上的点的投影

过这 4 个点的 V 面投影 $a'(b')(c')(d')$作水平线，在两实线半圆之间的一段是过点 A 和 D 的在外环面上的纬圆的 V 面投影，而在两虚线半圆之间的一段则是过点 B 和 C 的在内环面上的纬圆的 V 面投影，重合在过点 A 和 D 的在外环面上的纬圆的 V 面投影上。按“高平齐”的关系由这两个水平纬圆的 V 面投影作出它们的 W 面投影，同理，在环面的 W 面投影的两实线半圆之间的一段是过点 A 和 D 的在外环面上的纬圆的 W 面投影，而在两虚线半圆之间的一段则是过点 B 和 C 的在内环面上的纬圆的 W 面投影，重合在过点 A 和 D 的外环面上的纬圆的 W 面投影上。由这两个纬圆的 V 面投影与外环面、内环面的 V 面投影的左侧外形线的交点 $1'$、$2'$引 V 面投影与 H 面投影之间的投影连线，与环面的 H 面投影左侧的水平中心线交得 1、2，而环面的 V 面投影的左侧外形线和环面的 H 面投影左侧的水平中心线处于赤道圆和喉圆之间的一段分别就是环面的最左素线圆的 V 面投影和 H 面投影，所以过 1、2 就可分别作出外环面、内环面上的上述纬圆反映实形的 H 面投影。

由 $a'(b')(c')(d')$ 引 V 面投影与 H 面投影之间的投影连线，就可在这两个纬圆的 H 面投影上交得这 4 个点的 H 面投影，按从前往后的顺序分别是 a、b、c、d，由于这四个点 A、B、C、D 都位于上半环面上，所以它们的 H 面投影 a、b、c、d 都是可见的。由 a、b、c、d 分别利用 45°辅助线作 H 面投影与 W 面投影之间的投影连线，就可在这两个纬圆的 W 面投影上交得这 4 个点的 W 面投影，按从前往后的顺序分别是 a''、(b'')、(c'')、d''，由于点 A 和 D 位于左半外环面上，所以它们的 W 面投影 a''和 d''都可见，而点 B 和 C 位于内环面上，它们的 W 面投影(b'')、(c'')都不可见。

2.3.3 组合体的投影

组合体是指由若干基本体按不同形式组合而成的物体。任何复杂工程建筑物，都可以看成是由基本体组合而成，所以研究组合体的投影是绘制和阅读工程图样的重要基础。

1. 组合体的组合方式和分析方法

1）组合体的组合形式

组合体的组合形式一般可分为叠加、挖切、综合 3 种形式。叠加和挖切是组合的基本形式，多数组合体的组合形式既有叠加，又有挖切，属综合型。

(1) 叠加型。叠加型组合体是由各种基本体按堆砌、相交、相切等方式组合而成，如图 2-32 所示。

(2) 挖切型。挖切型组合体是由一个基本体经切割和穿孔等方式形成的，如图 2-33 所示。

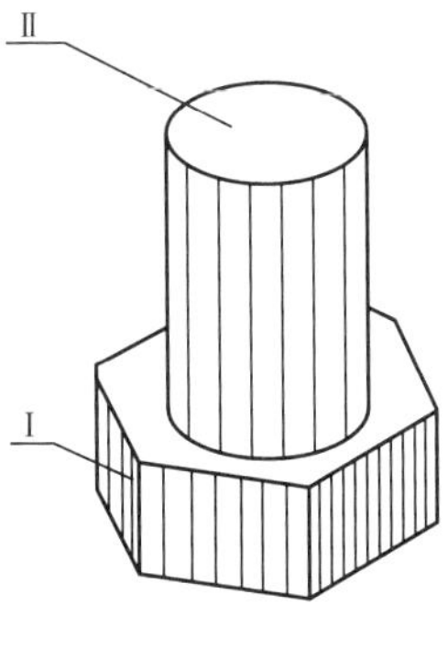

图 2-32 叠加型组合体

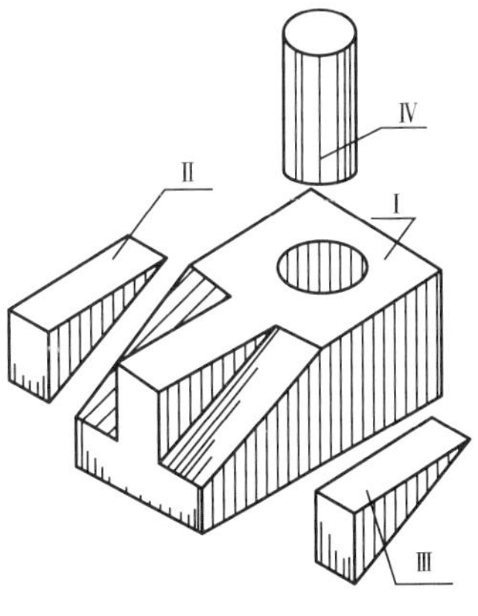

图 2-33 挖切型组合体

(3) 综合型。综合型组合体是由若干个基本体经叠加及挖切所形成的，如图 2-34 所示。

2）形体分析的基本概念

在对组合体进行画图、读图和尺寸标注时，通常假想把组合体分解成若干个基本体，并搞清各个基本体的形状、基本体间的组合方式、相对位置及其表面连接关系，最后综合起来了解整体，如图 2－35 所示。这种分析方法称为形体分析法。

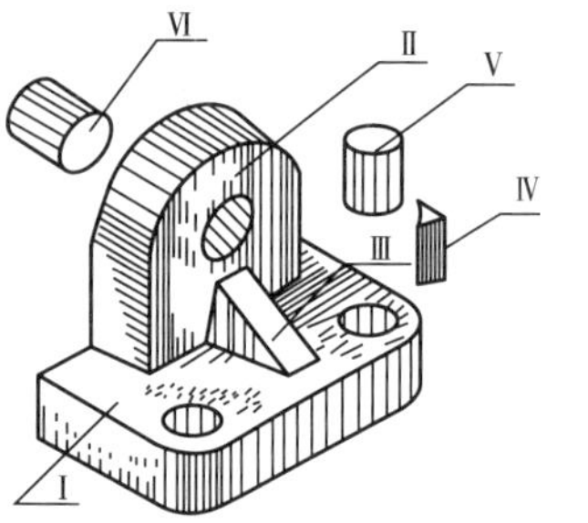

图 2－34　综合型组合体

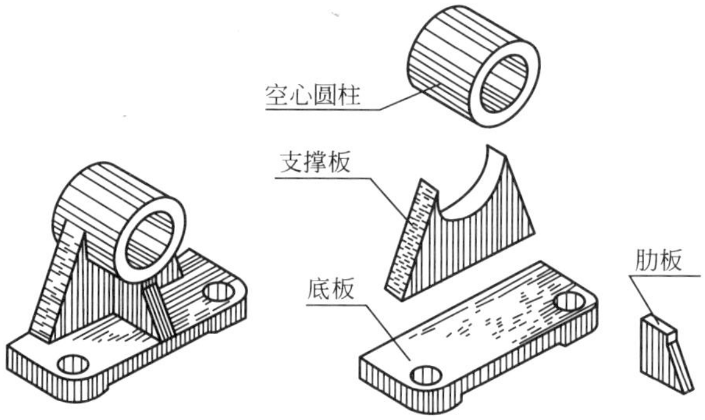

图 2－35　形体分析法

形体分析法为研究组合体提供了分析思路，使复杂问题分解为简单问题来解决，是画组合体三视图及读图、标注尺寸的基本方法。

3）组合体的表面连接方式

研究组合体的组合关系，一定要搞清相邻两形体间的连接形式，分析并正确画出连接处分界线的投影，做到不多线、不漏线，这是用形体分析法绘制组合体视图的关键所在。各基本体表面的连接关系，有平齐与不平齐、相切与相交等。

（1）平齐。当两个基本体的表面平齐时，两形体间不应该画线，如图 2－36(a)所示。

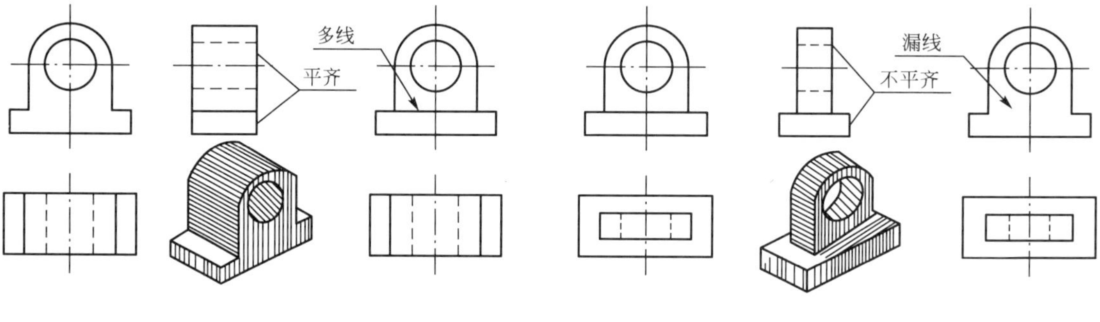

(a) 平齐　　(b) 不平齐

图 2－36　表面平齐与不平齐

应该注意，用形体分析法画组合体三视图时，画图一定要从整体出发，分解开来的各形体间的结合面在很多情况下实际是不存在的。

（2）不平齐。当两个基本体的表面不平齐时，两形体间应有线隔开，如图 2－36(b)所示。

（3）相切。当两个基本体的表面相切时，因为两个基本体的表面为光滑过渡，相切处不存在轮廓线，如图 2－37(a)所示。

（4）相交。当两个基本体的表面(平面与曲面或曲面与曲面)相交时，相交处必须画出交线，如图 2－37(b)所示。

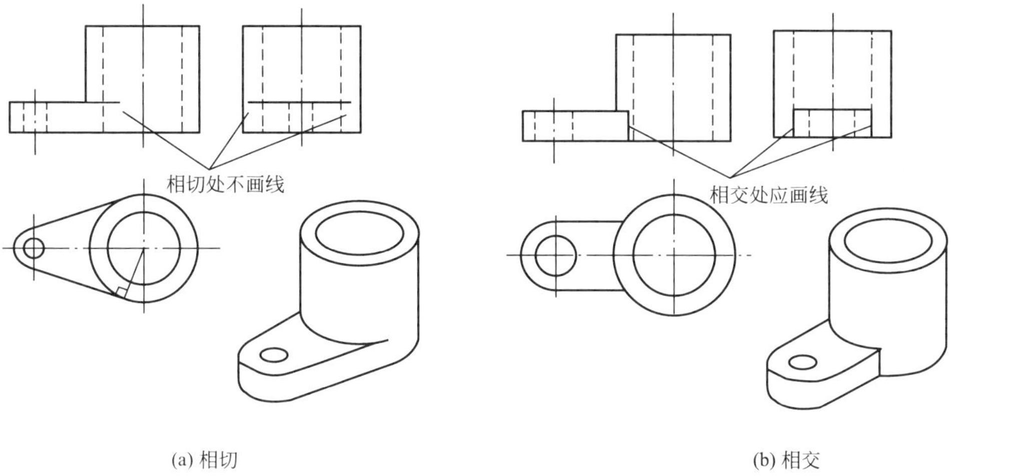

图 2-37　表面相切与相交

但有一种特殊情况必须注意，当两个圆柱面相切时，只有当两圆柱面的公共切平面垂直于投影面时，在该投影面上才需要画出两圆柱面之间的分界线(即切线)的投影。若它们的公共切平面倾斜或平行于投影面，则不画出相切的素线，即两圆柱面之间不画分界线，如图 2-38 所示。

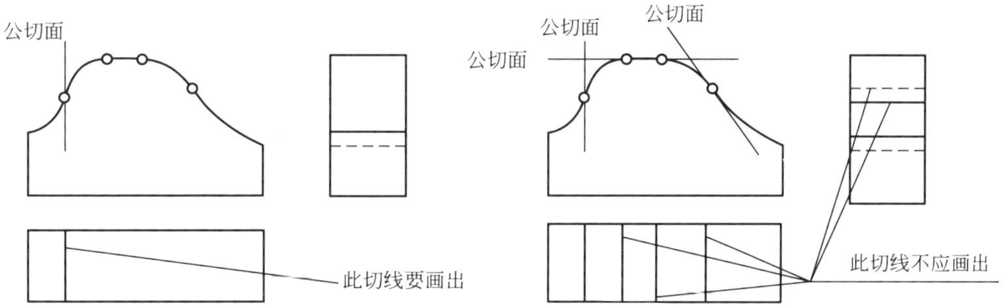

图 2-38　相切的特殊情况

2. 组合体的三视图画法

1）画组合体三视图的一般方法

（1）叠加型组合体的画法。

画叠加型组合体的三视图时，在形体分析的基础上，根据形体的主次和相对位置，逐个画出每一部分形体的三视图，再按其不同叠加方法(堆砌、相切、相交)叠加起来，即可得到整体三视图，如图 2-39 所示。

（2）挖切型组合体的画法。

画挖切型组合体的三视图时，在形体分析的基础上，先画出挖切前的基本形体，再分别画出被挖切部分，如图 2-40 所示。

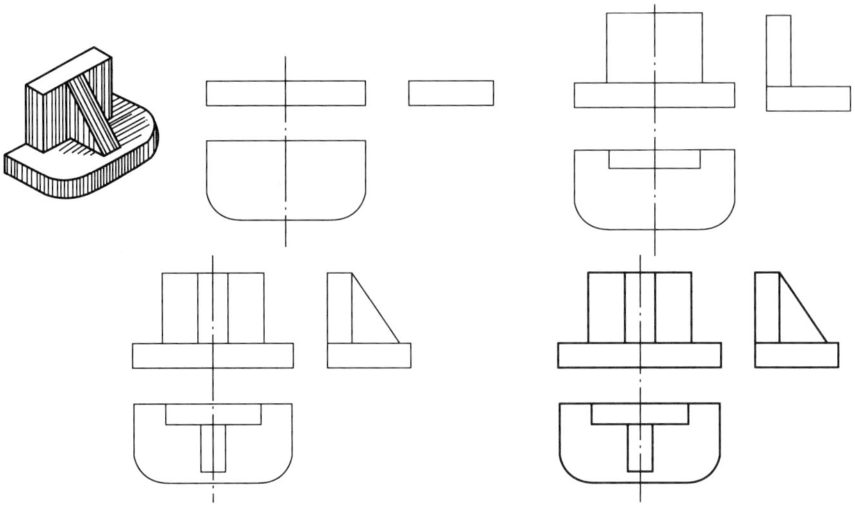

图 2－39　叠加型的组合体

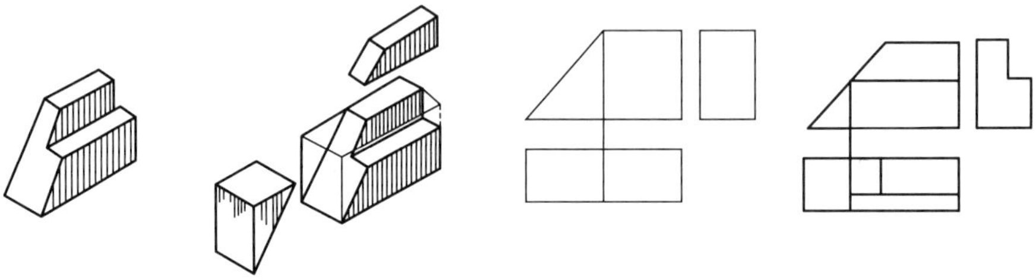

图 2－40　挖切型的组合体

(3) 综合型组合体的画法。

画综合型组合体的三视图时，一般先按叠加型组合体的分析方法画出各基本体的视图再按挖切型组合体的画法对各基本体进行挖切，如图 2－41 所示。

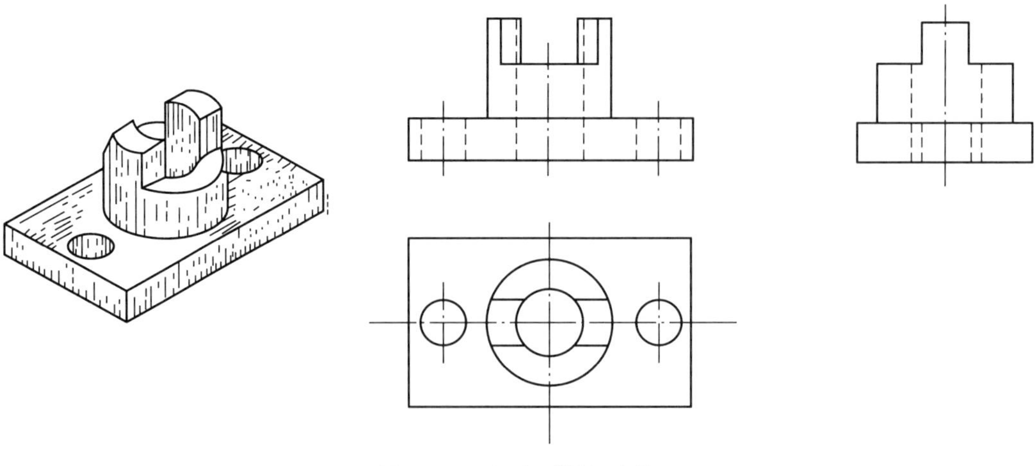

图 2－41　组合型的组合体

2) 画组合体三视图的步骤

现以图 2－42(a)所示的轴承座为例，说明绘制组合体三视图的方法和步骤。

（1）形体分析。

① 形状分析：分析组合体是由哪些基本体组成的。该轴承座可设想分解成图 2－42(b)所示形状的凸台、圆筒(轴承)、支承板、肋板和底座 5 部分。

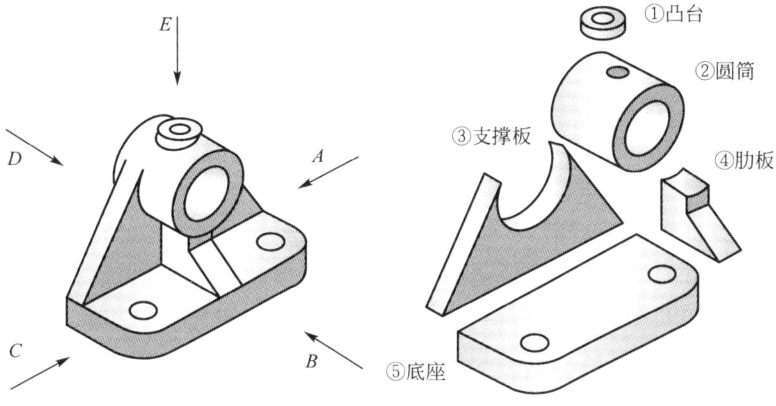

(a) 组合体　　(b) 分解

图 2－42　轴承座

② 位置分析：分析各基本体之间的相对位置。以底座为基准(应分别设定上下、左右、前后的具体基准)，具体分析上部的圆筒、中间的支承板、肋板相对于底座基准的位置。

③ 组合形式分析：轴承座的组合形式主要属于叠加型，其中的圆筒和底座由支撑板和肋板组成。

④ 连接方式分析：具体分析轴承座各部分在组合时各表面的连接关系。例如，支承板的左右侧面与圆筒的外圆柱面相切，其后表面与底座后表面平齐，肋板的上侧面与圆筒的外圆柱面相交，底座的上表面与支承板、肋板的底面相叠加等。

（2）选择主视图。

对画组合体三视图而言，选择主视图是关键。应使形体的主要平面和轴线平行或垂直于基本投影面，即形体要放正，使主要或多数的面、线的投影具有真实性或积聚性。在三视图中，主视图作为主要的视图应最能反映形体的特征，也就是应该把最能反映组合体形状和位置特征的方向，作为主视图的投射方向。此外，选择主视图还应综合考虑图面布局，并使其他两个视图尽量减少虚线。

如图 2－43 所示，将轴承座按自然位置放稳后，对由箭头表示的 A、B、C、D 4 个方向投影所得的视图进行比较(图 2－43)，最终应确定以 B 向作为主视图的投射方向。主视图确定以后，俯视图和侧视图的投射方向也就确定了(即图 2－43 中的 E 向和 C 向)。

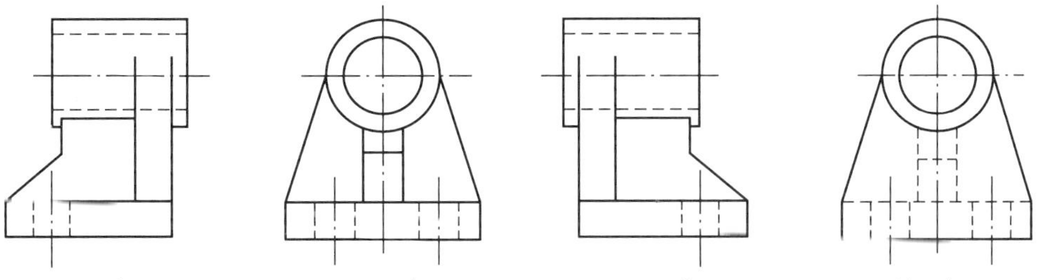

(a) A向　　(b) B向　　(c) C向　　(d) D向

图 2－43　分析主视图的投影方向

(3) 定比例、定图幅。

视图确定后，应根据组合体的大小和复杂程度，按标准确定绘图比例和图幅大小。比例尽可能选用 1∶15，图幅则根据视图面积大小、标注尺寸、标题栏所需要的空间来确定。

(4) 画底稿。

画底稿时应先布置视图。布图时，应将视图匀称地布置在图幅上。根据所选定的作图比例、图幅大小，定出各投影图的轴线、中心线及主要轮廓线，从而确定各投影图的位置。运用形体分析法，按照组合形式和相对位置，逐一画出组合体各部分的投影，并正确处理相邻两形体间的表面连接关系。

具体作图步骤如图 2－44 所示。

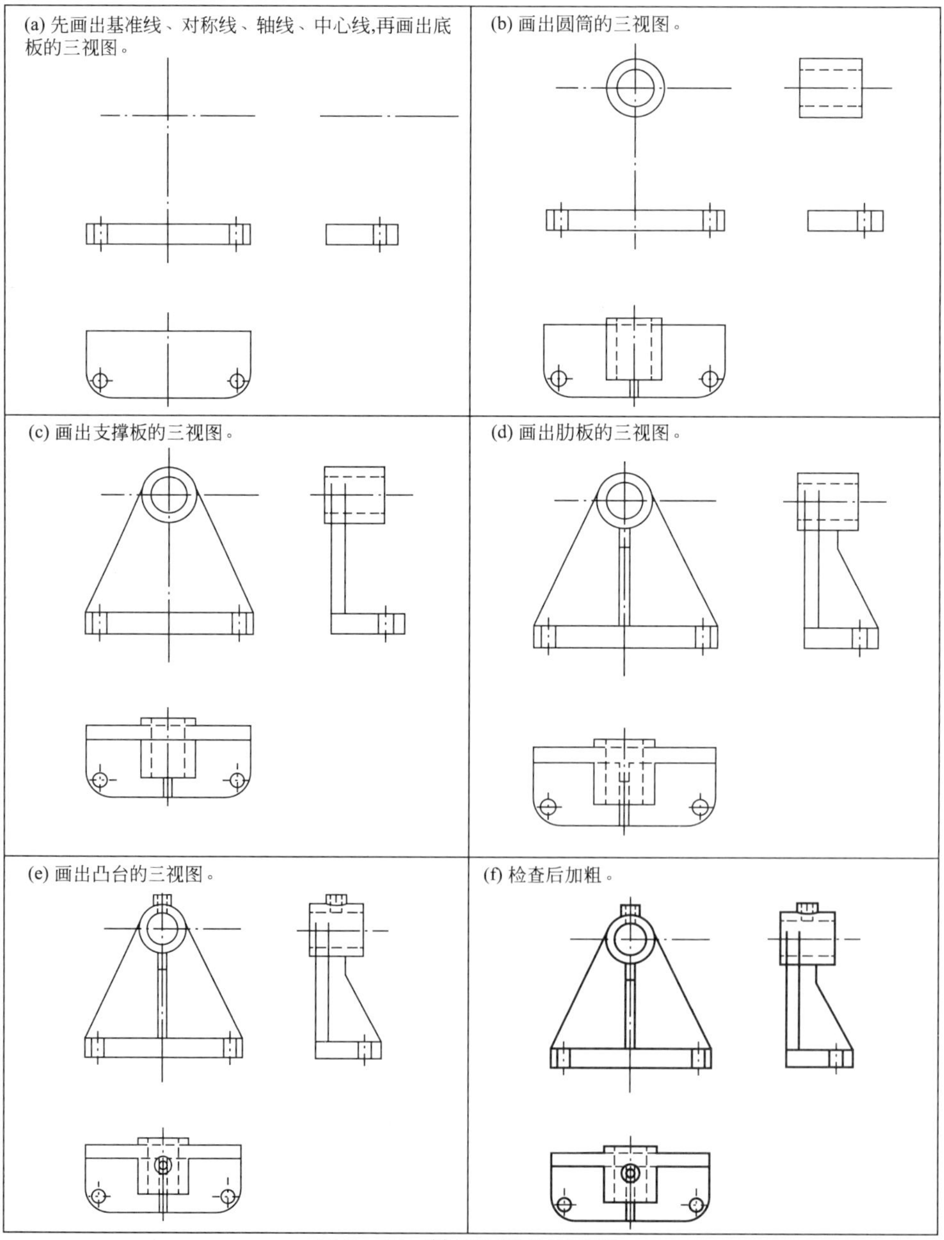

图 2－44　轴承座的作图步骤

作图时需要注意以下几个问题。

① 画图的顺序。应先画主要部分，后画次要部分。在画某一部分时，应先定位，再定形；从反映该部分形体特征的视图开始，先画基本轮廓，再画细部结构和表面交线；先画可见部分，后画不可见部分。

② 画图时，组合体的每一个组成部分，几个视图要配合着画，而且应该从反映该部分实形的视图先画。这样既能保证视图间的投影关系，又能提高绘图速度。

③ 画图时要做到不漏画、不多画、不画错。对于两形体间的表面交线，必须深入分析并正确画出。两形体间无论是叠加还是挖切，在它们的结合处，各自的原有轮廓大多要发生变化，有时还有新的交线产生，这是画组合体三视图的重点和难点所在。

(5) 检查和加深图线。

底稿完成后，要仔细检查，修正错误，擦去不要的作图线。确认无误后，按标准线型加深图线，完成全图。

3. 组合体的尺寸标注

要准确地表达组合体的形状和大小，视图上必须标注尺寸。本节是在标注平面图形尺寸的基础上，进一步学习基本体和组合体的尺寸注法。

1) 标注尺寸的基本要求

标注组合体的尺寸时，应满足以下基本要求。

(1) 正确——所标注的尺寸要按照国家标准的规定注写，尺寸数值不能写错和出现矛盾。

(2) 完整——所标注的尺寸必须能完全确定形体的形状和大小，既不遗漏各部分的定形和定位尺寸，也不重复标注，出现多余尺寸。

(3) 清晰——所标注的尺寸位置要安排在图形的明显处，便于查找，且标注清楚，布局整齐。

2) 基本体的尺寸注法

组合体是若干基本体的组合，基本体的尺寸是组合体尺寸的重要组成部分，因此必须首先掌握基本体的尺寸注法。

基本体一般要标注长、宽、高 3 个方向的尺寸。平面体应注出确定底面形状大小的尺寸和高度尺寸，如图 2-45 所示；回转体应注出确定母线形状大小以及确定母线与轴线之间相对位置的尺寸，如图 2-46 所示。例如，圆柱和圆锥应注出底圆直径和高度尺寸；圆

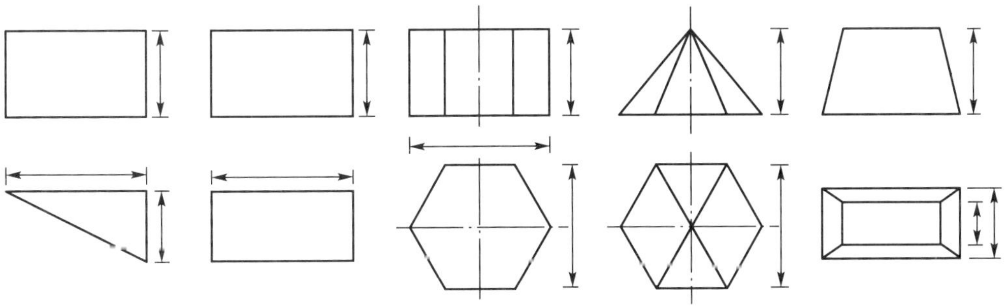

图 2-45 平面体的尺寸注法

球应注出直径(可只画出一个视图，只要在直径或半径符号前加注球面符号“$S\Phi$”即可)；圆环应注出母线圆直径和母线圆中心轨迹圆的直径。

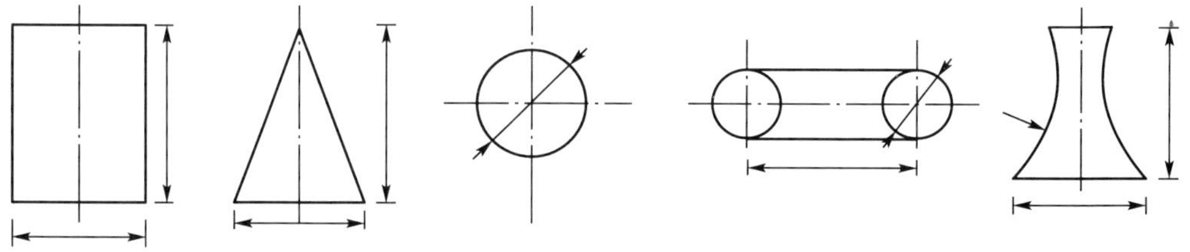

图 2-46　回转体的尺寸注法

带有切口、凹槽的基本体，除了注出基本体的大小尺寸外，还应注出切口、凹槽的大小和位置尺寸，如图 2-47 所示。

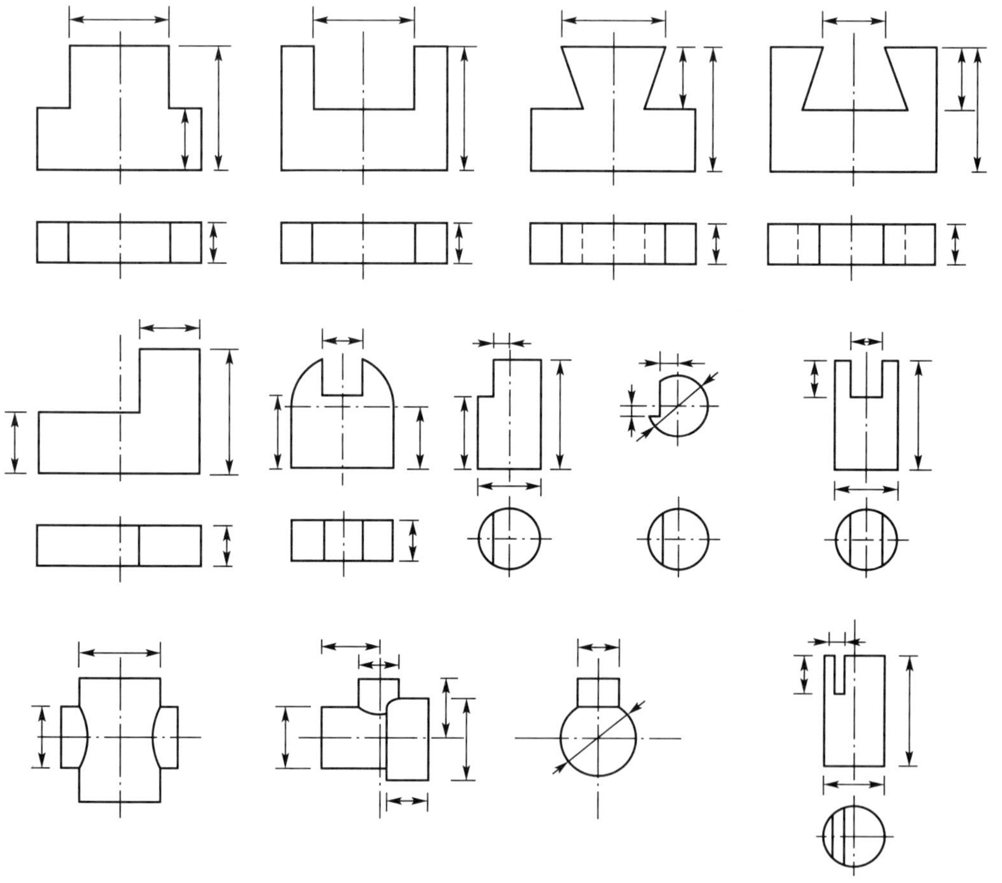

图 2-47　带有切口、凹槽立体的尺寸注法

3）组合体的尺寸注法

标注组合体尺寸时也要用形体分析法。为了确定组合体的形状和大小，应注出下列尺寸。

(1) 定形尺寸，确定组合体中各基本体形状大小的尺寸。

(2) 定位尺寸，确定组合体中各基本体之间相对位置的尺寸。所注尺寸的起点称为尺寸基准。通常以形体的对称平面、重要的底面或端面以及N转体的轴线作为尺寸基准。一般在长、宽、高方向要求至少各有一个尺寸基限。当某个方向的尺寸基堆多于一个时，其中有一个是主要基准，其余的为辅助基准，如图2-48所示。

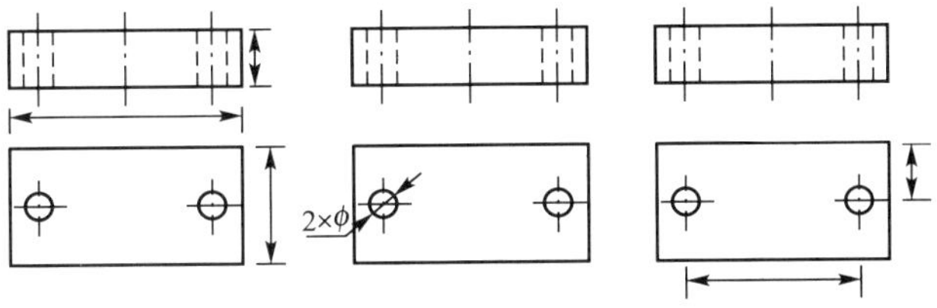

(a) 底板的定形尺寸　(b) 孔的定形尺寸　(c) 孔的定位尺寸

图2-48　组合体的尺寸分析

(3) 总体尺寸，直接确定组合体总长、总宽、总高的尺寸(图2-49)。

在组合体的尺寸中，有些尺寸既是定形尺寸，又是定位尺寸，标注时要注意分析，以免注出多余尺寸。如果总体尺寸中的尺寸与组合体内某个基本体的定形尺寸相同，则不再重复标注。

4) 标注组合体尺寸的注意事项

为了使标注的尺寸清晰，便于读图，标注尺寸对应注意做到以下几点。

(1) 尺寸应尽量标注在视图外面，与两视图有关的尺寸最好标注在两视图之间。

(2) 组合休中各简单形体的尺寸，应标注在反映该形体特征最明显的视图上，并尽量集中标注。

(3) 尽量避免在虚线上标注尺寸。

(4) 回转体的径向尺寸，一般标注在非圆的视图上，如图2-50所示。

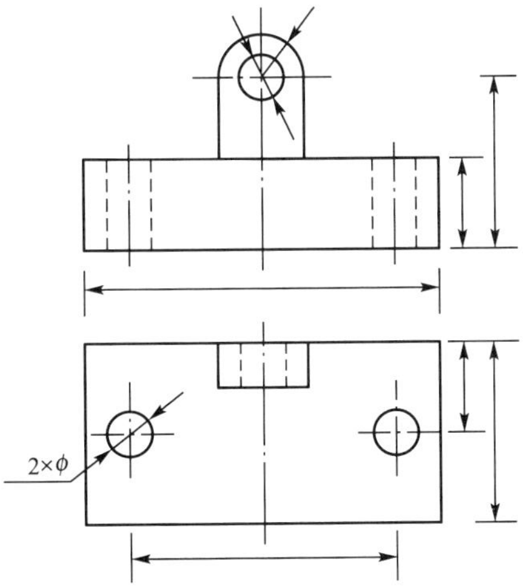

图2-49　组合体的尺寸注法

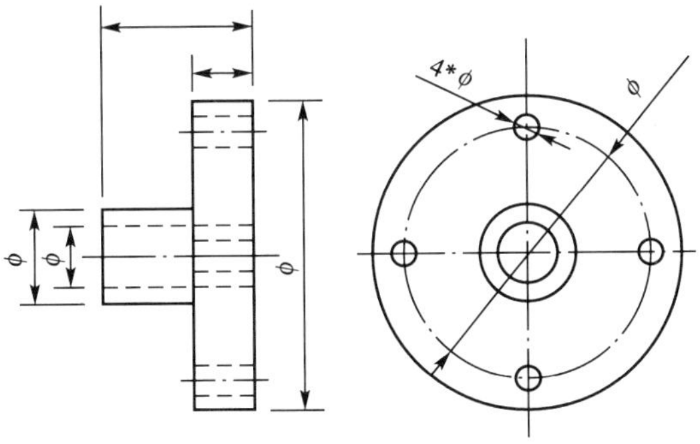

图2-50　径向尺寸和同一方向的并联尺寸注法

(5) 同一方向的并联尺寸，应使小尺寸靠近视图，大尺寸依次向外布置，间隔均匀避免尺寸线与尺寸界线相交，如图2-50所示。同一方向的并联尺寸线，要排在一条线上要错开。

4. 组合体投影图的读法

学习制图的主要任务就是培养画图和读图两方面的能力，两者相辅相成、互相促进。画图是将具有三维空间的形体画成只具有二维平面的投影图的过程，而读图则是运用正投影原理，通过对各投影图的联系和空间想象，使所表达的物体准确、完整地再现出来的过程。它是平面图形空间化、形象化的过程。由此可见，读图是画图的逆过程。看图时，要运用与画图相反的思维方法——投影的可逆性，即在头脑中形成投射的原始空间状态。这就需要培养空间想象力和形体构思能力，同时还必须掌握读图的基本要领和基本方法，并通过不断实践，逐步提高读图能力，为阅读工程施工图打下良好的基础。

1）读图的基本要领

（1）把几个投影图按投影关系联系起来看。

一般情况下，一个投影图不能完全确定物体的空间形状，这样读图时，必须要根据投影规律，将各个投影图联系起来进行分析，而不要孤立地看一个投影图。

图 2－51 所示的三组视图，它们的正立面图相同，但实际上是 3 个不同形状的物体。如果只看正立面图则无法区分它们，但若联系平面图一起看，其区别就明显了(见轴测图)。

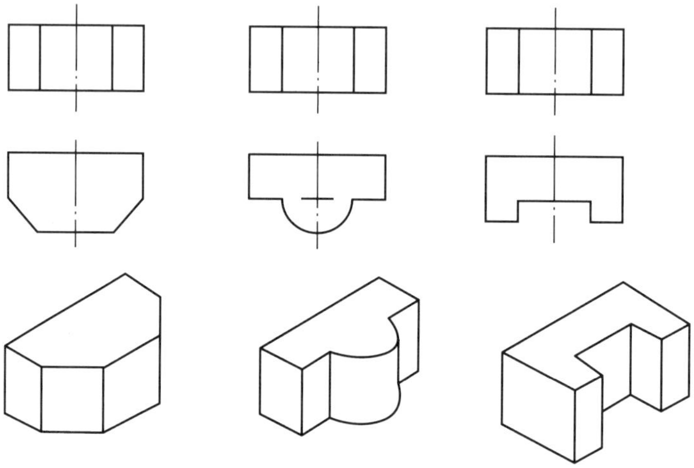

图 2－51　一个视图不能确定物体的形状

有时只看两个视图，也还无法确定物体的形状，如图 2－52 所示的两组视图，它们的正立面图和平面图都相同，这时只有结合左侧立面图一起看，才能区分它们的形状(见轴测图)。

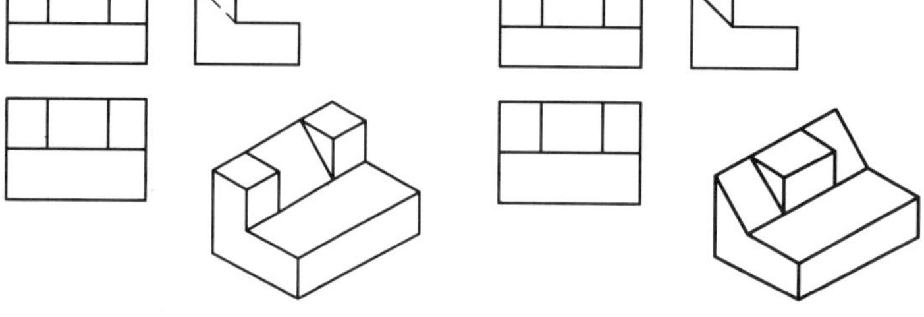

图 2－52　几个视图配合看图示例

(2) 找出反映组合体各部分形状特征投影图。

所谓特征投影图，就是把物体的形状特征及相对位置反映得最充分的那个投影图。找到这个投影图，再配合其他投影图，就能较快地看懂投影图，认清物体的形状。

通常，正立面图是反映物体形状特征的投影图，但是由于组合体的组合方式不同，组合体各部分的形状特征及相对位置并非总是集中在正立面图上，有时分散在各个视图上，如图 2－53 中所示的形体。它是由形体Ⅰ、形体Ⅱ两部分叠加而成，正立面图反映了组合体和形体Ⅱ的形状特征；而左侧立面图则主要反映形体Ⅰ的形状特征。在读图时，要抓住反映各组成部分形状特征较多的投影图。

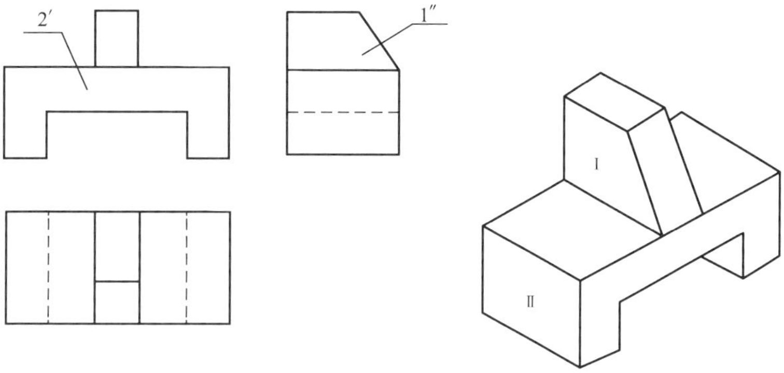

图 2－53　读图时应找出反映组合体各部分形状特征投影图

(3) 了解投影图中图线和线框的含义。

弄清投影图中图线和线框的含义，是看图的基础。

① 投影图上的每一条图线可以表示下列各种情况。

第一，具有积聚性表面的投影，如图 2－54(a)中 s''。

第二，表面与表面交线的投影，如棱线、截交线、相贯线等。图 2－54(a)正立面图中 $1'2'$即为两表面交线的投影。

第三，曲面转向轮廓线的投影，如图 2－54(b)正立面图中的 $a'b'$即为圆柱转向轮廓线的投影。

看图时，要判断投影图中某一图线属于上述哪一种情况的投影，需先找到该图线在其他投影图中相对应的投影，再将几个投影联系起来分析，才能得到正确的判断。

② 投影图上每一个封闭线框，一般表示物体上一个面的投影，可以有以下几种情况。

第一，平面的投影，如图 2－54(a)中的 s、s''。

第二，曲面的投影，如图 2－54(b)中的 p。

第三，孔洞的投影，如图 2－54(b)中的 m。

第四，曲面与平面的组合投影，如图 2－54(c)中的 k''。

看图时要判断某一个线框属于上述哪一种情况的投影，必须找到该线框在各个投影图中的相应投影，然后将几个投影联系起来进行分析。那么，图 2－54(a)平面图中的线框，表示上述哪种情况的投影呢？可先找到线框 s 在正立面图、左侧立面图上的相应投影。在正立面图上不难找到与 s 线框对应的线框 s'，而在左侧立面图上却找不到与之相应的类似形，但与它们对应的是一直线段 s''。这就说明，s 线框表示的是一个侧垂面的投影。

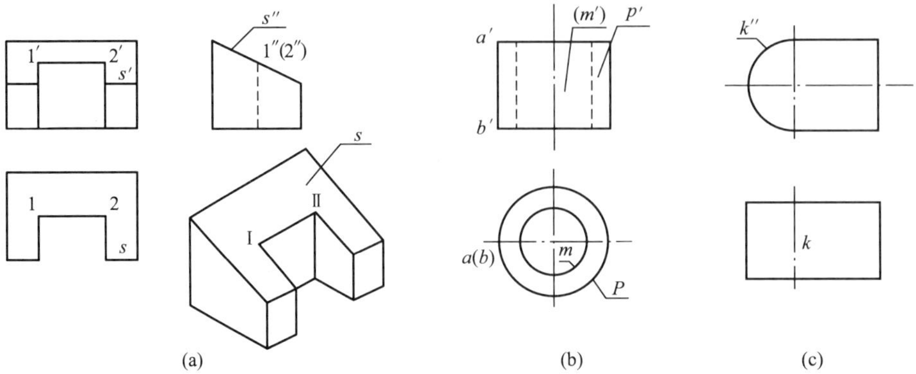

图 2-54　投影图中图线与线框的含义分析

③ 相邻两个线框代表两个面，一个线框代表一个面，那么相邻的两个线框(或线框里面套线框)，则必然是代表两个表面。既然是两个表面就会有上下、左右、前后和斜交之分。图 2-55 表示了判别方法。

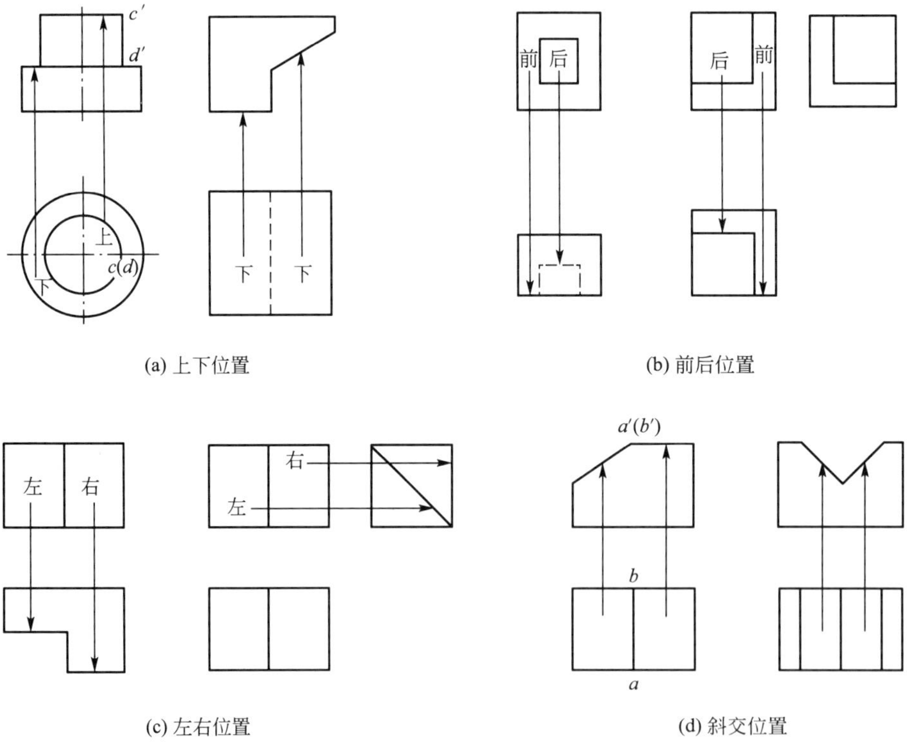

图 2-55　辨别表面之间相互位置的方法

2）读图的方法和步骤

在阅读组合体的投影图时，主要运用的方法有形体分析法和线面分析法。一般做法是将两种方法结合起来运用，以形体分析法为主，线面分析法为辅。

(1) 用形体分析法读图。

画图时，首先要对形体进行分析，把组合体分解为若干个基本形体(棱柱、棱锥、棱台、圆柱、圆锥、圆台和球等)，然后根据这些基本形体的空间形状和相对位置关系，分别画出各个基本形体的投影图，从而得到整个组合体的投影图。

读图时，一般是从反映物体形状特征的正立面图入手，根据投影图的对应部分，先将组合体假设分解成若干个基本形体，并想象出各基本形体的空间形状，再按各基本形体的相对位置，想象出组合体的空间形状，补出组合体投影图中的缺线，或根据组合体的两个投影补画第三个投影，达到读懂组合体投影图的目的。此法多用于叠加型组合体。

下面以图 2－56(a)投影图为例，来说明形体分析法读图的基本步骤。

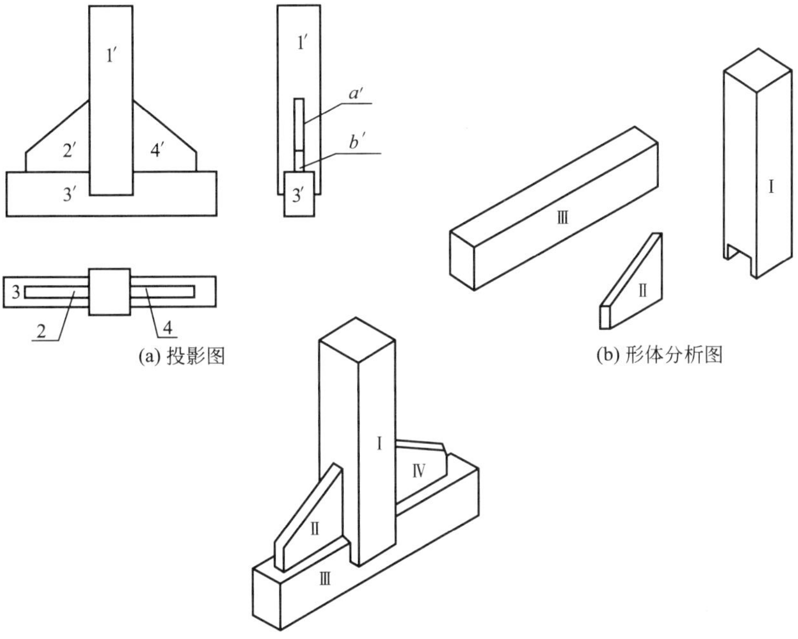

(c) 组合立体图

图 2－56　形体分析法读图

① 画分线框，将投影分成若干部分，按投影分析出各个部分的形状。

如图 2－56(a)所示，将正立面图分成 1′、2′、3′、4′四个线框，即将投影分解成 4 个组成部分。按照形体投影的三等关系和基本形体投影的特征可知，四边形 1′在平面图与左侧立面图中对应的是线框 1、1″，这就可以确定该组合体的正中间是一个如图 2－56(b)中所示的四棱柱Ⅰ；正立面图中的四边形 2′所对应的平面图是矩形 2 和侧面图的 a″、b″二线框，由此可知其空间形状是如图 2－56 (b)中所示的上顶面为斜面的四棱柱Ⅱ；同样可以分析出正立面图中四边形 4′所对应的其他两投影与四边形 2′的其他两投影是完全相同的，所以可知其空间形状与Ⅱ形状是完全相同的。再看正立面图中的线框 3′，在平面图中与之对应的是矩形 3，在侧立面图中与之对应的是矩形 3″，所以可知它的空间形状是如图 2－56(b)中所示的四棱柱Ⅲ。

② 根据投影确定各组成部分在整个形体中的相对位置。

由投影可知，V 面图反映了组合体各组成部分(基本形体)的上下左右位置；H 面图反映了各组合体各组成部分的上下前后关系。于是从各投影图中可知Ⅲ形体在最下面，形体Ⅰ在形体Ⅲ的中间上方，且形体Ⅲ从形体Ⅰ下方的方槽中通过。形体Ⅱ、Ⅳ对称地分放在形体Ⅰ的两侧，与形体Ⅲ前面、后面距离相等。

③ 综合以上分析，想象出整个形体的形状与结构。

由以上分析，知道组合体各组成部分的形状以及相对位置，最后只需将这些组成部分按投影图所示位置组合即可。组合后的形状如图 2－56(c)中的立体图所示。

(2) 用线面分析法读图。

当物体被多个平面切割，物体的形状不规则或一些局部结构比较复杂的物体，单用形体分析法显得不够时，需进一步用线面分析法进行分析。

所谓线面分析法，即是根据各种位置直线和平面的投影特征，分析出形体的细部空间形状，即某一条线、某一个面所处的空间位置，从而想象出组合体的总体形状。线面分析法是组合体读图的辅助方法，主要用于切割型组合体。

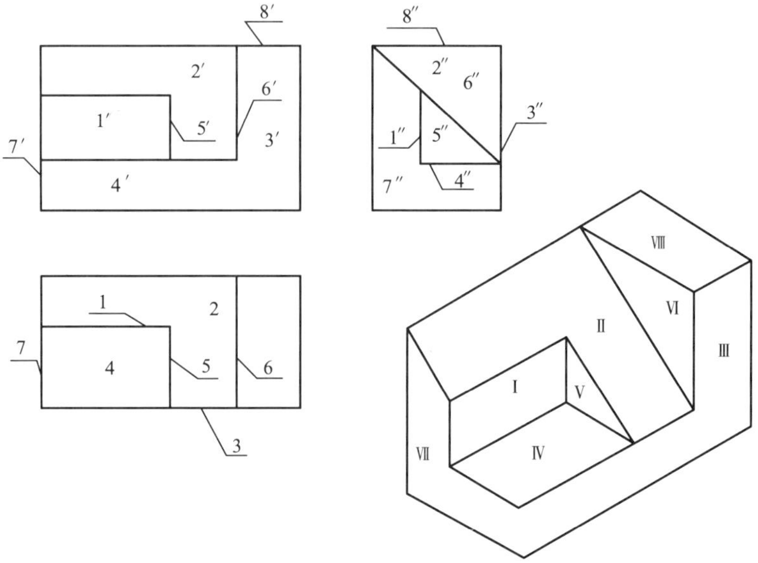

(a) 投影图　　(b) 线面分析后的立体图

图 2－57　线面分析法读图

现以图 2－57(a)所示形体的投影图为例，首先 V、H、W 三面投影的外轮廓均为矩形线框，可知其原始基本形体为长方体，再在长方体上进行切割。下面就用线面分析法读图，读懂细部形状。其步骤如下。

① 将投影分成若干部分，按投影分析出各个部分的形状。

首先，将正立面图中封闭的线框编上号并找出其对应投影确定其空间形状。

如图 2－57(a)正立面图中有 1′、2′、3′三个封闭线框，按“高平齐”的投影关系，线框 1′对应在 W 投影上的一条竖直线 1″。根据平面的投影规律可知平面Ⅰ是一个正平面，它的平面投影应为与之长对正的平面图中的水平线 1。正立面图中的 L 形线框 2′，按“高平齐”的投影关系，它的 W 投影为斜线 2″，因此平面Ⅱ应为侧垂面。根据平面的投影规律，它的水平投影不仅应与它的正面投影对正，而且应为正面投影的类似形，所以就可以确定平面图中的L形线框2是它的水平投影。根据“高平齐”，线框3′的W投影为竖线3″，说明平面Ⅲ为正平面，它的水平投影为平面图中的水平线3。

其次，将平面图中剩下的封闭线框编上号(4、8)，将侧面图中的封闭线框也编上号(5″、6″、7″)，并找出其对应投影，确定其空间形状。

同理可以分析出平面图中的线框4的对应投影为水平线段4′、4″，可确定它的空间形状为矩形的水平面；线框8的对应投影为线8′、线8″，可确定它为矩形的水平面；线框5″的对应投影为竖线5′、5″，可确定它为直角三角形的侧平面；线框6″的对应投影为竖线6′、6，可确定它为侧平面；线框7″的对应投影为竖线7′、7，可确定它为侧平面。

② 根据投影，分析各组成部分的相对位置，并综合起来想象出整体形状。

由投影图可知各组成部分的上、下、左、右、前、后关系，因此不难想象出其整体形状为在长方体的左上方切割去一个大的三棱柱，再在余下形体的左、上、前方又切割去了一个小的三棱柱，如图2-57(b)所示的立体。

(3) 读图步骤。

总的读图步骤可归纳为四先四后。即先粗看后细看，先用形体分析法后用线面分析法，先外部(实线)后内部(虚线)，先整体后局部。

例如图2-58(a)所示，根据组合体的V、H投影，补绘W投影，并想象(画出)形体的形状(立体图)。

分析：首先根据图中线框进行形体分析，然后根据形体的V、H投影、三等关系及方位关系，逐个补绘出各组成部分的W投影，进而将三投影图结合起来，想象出组合体的形状。解题步骤如下。

① 形体分析：通过对图中线框的分析可知，该组合体由形体Ⅰ(长方体)、形体Ⅱ(三棱柱)和形体Ⅲ(五棱柱)组成。

② 补形体Ⅰ的W投影为一矩形线框。

③ 补形体Ⅱ的W投影为三角形线框。

④ 补形体Ⅲ的W投影为上下两个矩形线框。上面的矩形线框为正垂面的投影，下面矩形线框为侧平面的投影，其结果如图2-58(b)所示。

⑤ 画出组合体的立体图，如图2-58(c)所示。

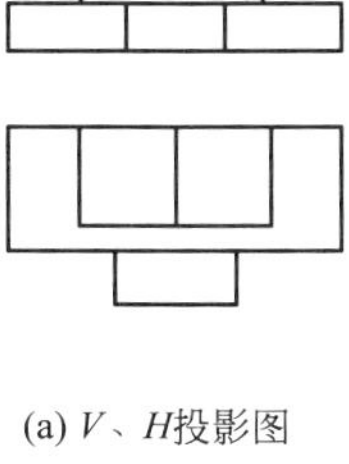

(a) V、H投影图

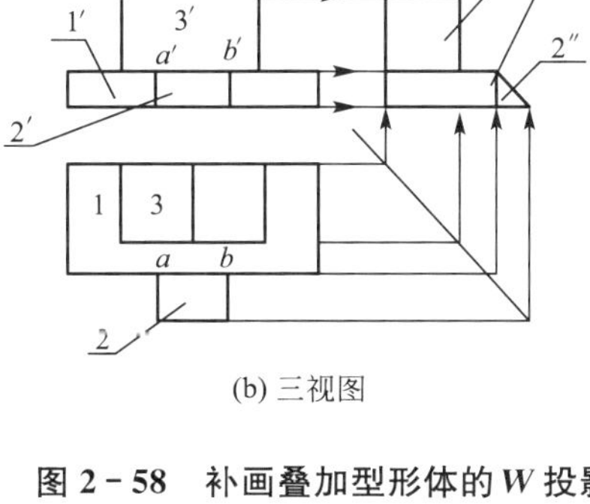

(b) 三视图

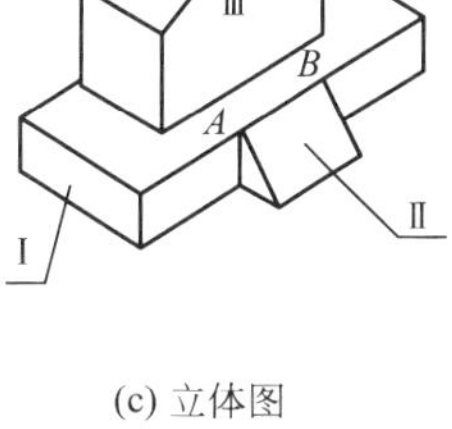

(c) 立体图

图2-58　补画叠加型形体的W投影

2.4 轴测图

本节引言

轴测图是在平行投影下形成的一种单面投影图，图中能同时反映物体的长、宽、高，具有较好的立体感，弥补多面正投影图的不足，是一种帮助识图的辅助图样。本节重点内容是正等轴测图和斜二轴测图的画法，主要介绍了以下3个方面。

(1) 轴测图的基本知识。

(2) 正等轴测图的画法。

(3) 斜二轴测图的画法。

2.4.1 轴测图的基本知识

1. 轴测图的形成

轴测图是用平行投影方法将形体连同其参考直角坐标系沿不平行于任一坐标面的方向将其投射在一个投影面上所得到的投影图，如图2-59所示。投影面P称为轴测投影面，空间直角坐标轴(O_1X_1、O_1Y_1、O_1Z_1)在轴测投影面上的投影(OX、OY、OZ)称为轴测轴。

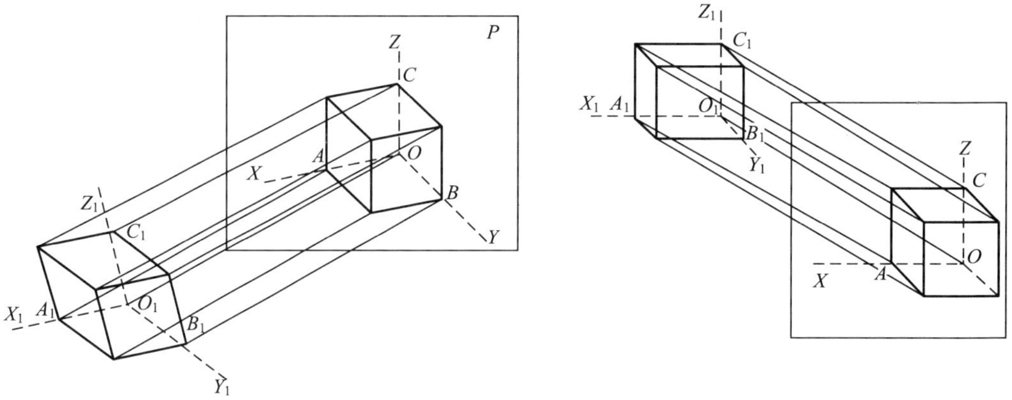

(a) 正轴测投影　　(b) 斜轴测投影

图2-59　轴测投影

在轴测图中，轴测轴之间的夹角称为轴间角。轴测轴上的单位长度与相应直角坐标轴上的单位长度的比值称为轴向伸缩系数。X、Y、Z轴向伸缩系数分别用p_1、q_1、r_1表示，如图2-59所示，即：

$$p_1 = OA/O_1A_1 \qquad q_1 = OB/O_1B_1 \qquad r_1 = OC/O_1C_1$$

2. 轴测图的分类

在一个轴测图上显示物体的两个向度，可采用两种方法。

(1) 将形体的三条坐标轴倾斜于投影面放置，利用正投影法所得的轴测图，称为正轴测图，如图 2-59(a)所示。

(2) 将形体一个方向的面及其两个坐标轴与轴测投影面平行，投射方向倾斜于轴测投影面，并与形体的外表面倾斜，所得轴测图称为斜轴测图，如图 2-59(b)所示。

在上述两类轴测图中，由于形体相对于轴测投影面的位置及投影方向不同，轴向伸缩系数也不同，因此，正轴测图和斜轴测图又各分为以下 3 种。

$p_1=q_1=r_1$，称为正(斜)等轴测图，简称正(斜)等测。

$p_1=q_1\neq r_1$(可任意两个系数相等)，称为正(斜)二等轴测图，简称正(斜)二测。

$p_1\neq q_1\neq r_1$，称为正(斜)三轴测图，简称正(斜)三测。

常用的轴测图为正等测和斜二测。本节主要讨论这两种轴测图的投影特性和作图方法。

3. 轴测图的特性

轴测图是用平行投影的方法所得的一种投影图，所以它具有平行投影的以下特性。

(1) 平行性。形体上互相平行的线段在轴测图中仍然互相平行。

(2) 定比性。形体上两平行线段的长度之比在轴测图中保持不变。形体上平行于坐标轴的线段，在轴测图中具有与相应轴测轴相同的轴向伸缩系数，因而可以度量，而不平行于坐标轴的线段都不能直接测量。这种可量性也是“轴测”两字的含义。

(3) 实形性。形体上平行于轴测投影图的平面在轴测图中反映实形。

2.4.2 正等轴测图

1. 轴间角及轴向伸缩系数

(1) 轴间角。

在正等轴测图中，3 个轴向伸缩系数相等，则 3 个直角坐标轴与轴测投影面的倾斜角度必然相同，所以投影后 3 个轴间角宜相等，均为 120°。根据习惯画法，OZ 轴成竖直位置，X 轴和 Y 轴的位置可以互换，如图 2-60 所示。

(2) 轴向伸缩系数。

正等测的轴向伸缩系数相等。从理论上可以推出 $p_1=q_1=r_1\approx0.82$，为了作图简便，常采用简化轴向伸缩系数 $p=q=r=1$。用简化轴向伸缩系数画出的正等轴测图与实际物体轴测图形状完全一样，只是放大了 1.22 倍，如图 2-60 所示。

2. 平面体正等轴测图的画法

画轴测图的方法主要采用坐标法，包括斜二测图。

坐标法是根据物体表面上各点的坐标，画出各点的轴测图，然后依次连接各点，即得该物体的轴测图。同时，在作图过程中利用轴测投影的特点，作图的速度将更快，更简捷。

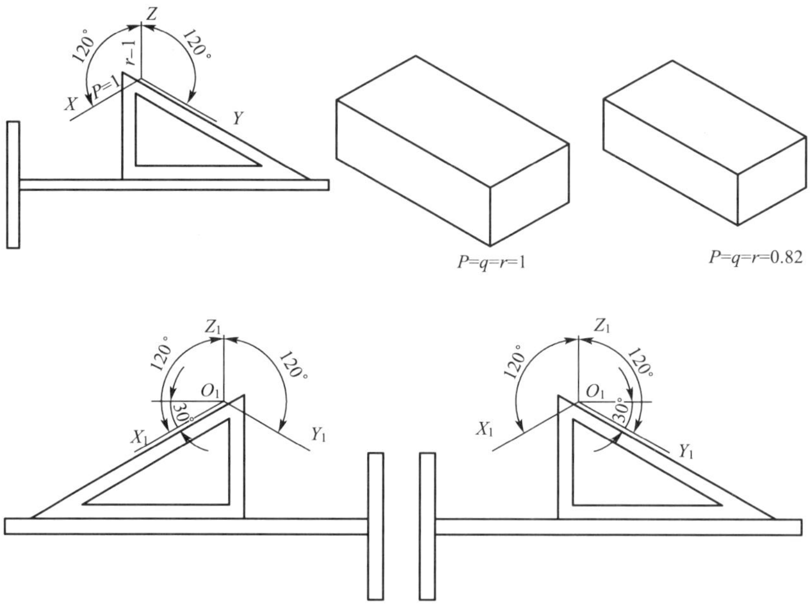

图 2-60　正等测轴向和轴向伸缩率

【例 2.1】　用坐标法作长方体的正等测图，如图 2-61 所示。

作法如下。

(1) 如图 2-61(a)所示，在正投影图上定出原点和坐标轴的位置。

(2) 如图 2-61(b)所示，画轴测轴，在 O_1X_1 和 O_1Y_1 上分别量取 a 和 b，对应得出点Ⅰ和Ⅱ，过Ⅰ、Ⅱ作 O_1X_1 和 O_1Y_1 的平行线，得长方体底面的轴测图。

(3) 如图 2-61(c)所示，过底面各角点作 O_1Z_1 轴的平行线，量取高度 h，作长方体顶面各角点。

(4) 如图 2-61(d)所示，连接各角点，擦去多余图线、加深，即得长方体的正等测图，图中虚线可不必画出。

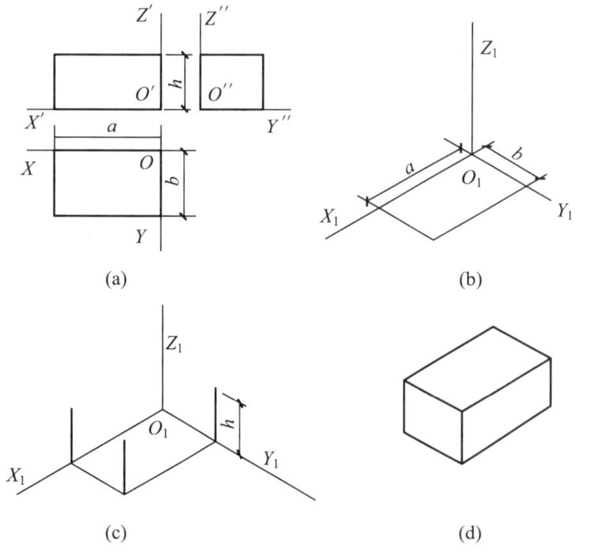

图 2-61　长方体正等轴测图的画法

【例 2.2】　作四棱台的正等测图，如图 2-62 所示。

作法如下。

(1) 如图 2-62(a)所示，在正投影图上定出原点和坐标轴的位置。

(2) 如图 2-62(b)所示，画轴测轴，在 O_1X_1 和 O_1Y_1 上分别量取 a 和 b，画出四棱台底面的轴测图。

(3) 如图 2-62(c)所示，在底面上用坐标法根据尺寸 c、d 和 h，作棱台各角点的轴测图。

(4) 如图 2-62(d)所示，依次连接各角点，擦去多余图线并加深，即得四棱台的正等测图。

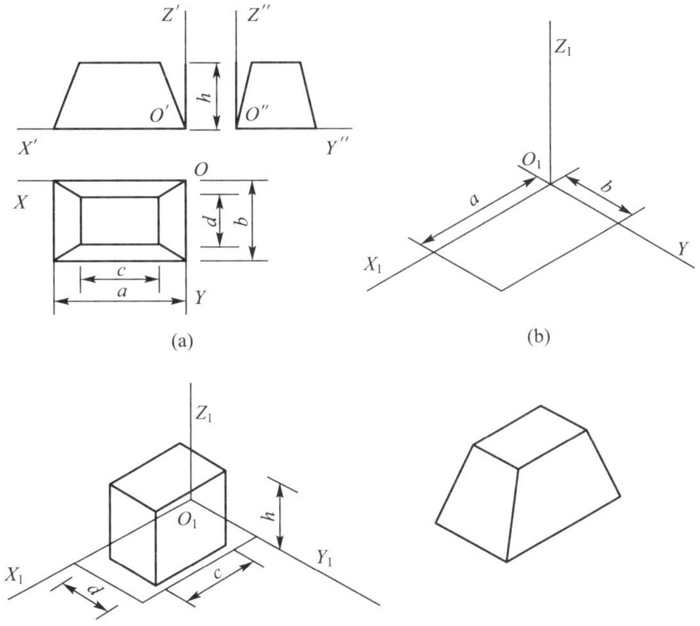

(a) (b) (c) (d)

图 2－62 四棱台正等测轴测图的画法

3. 曲面体正等轴测图的画法

在正投影中，当圆所在的平面平行于投影面时，其投影仍是圆；而当圆所在的平面倾斜于投影面时，它的投影是椭圆。在轴测投影中，除斜二测投影中一个面不发生变形外，一般情况下，圆的轴测投影是椭圆。

曲面体正等测图的画法是：当曲面体上圆平行于坐标面时，通常采用近似作图方法——“四心法”，如图 2－63 所示。

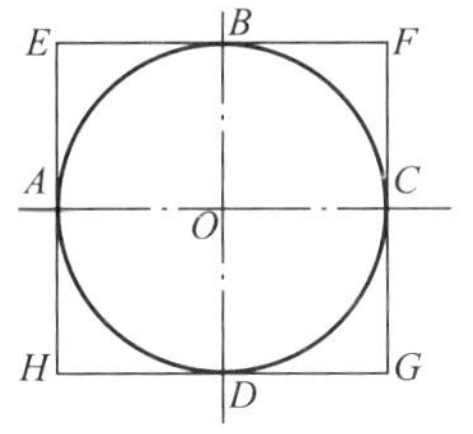

(a) 在正投影图上定出原点和坐标轴位置,并作圆的外切正方形$EFGH$

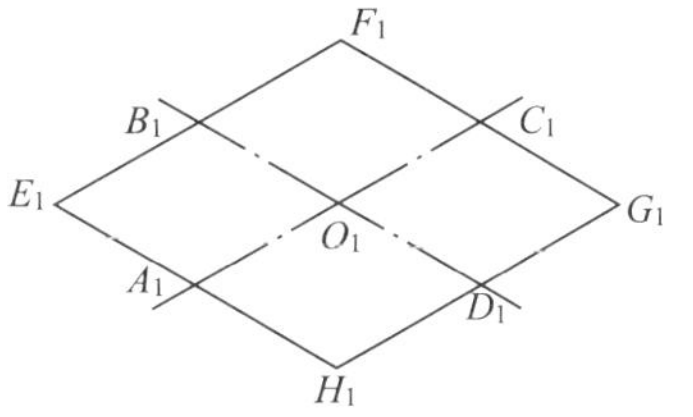

(b) 画轴测轴及圆的外切正方形的正等测图

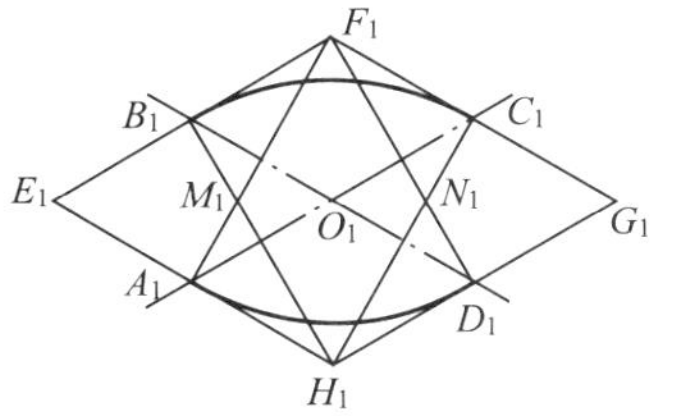

(c) 连接F_1A_1、F_1D_1、H_1B_1、H_1C_1,分别交于M_1、N_1,以F_1和H_1为圆心,F_1A_1或H_1C_1为半径作大圆弧B_1C_1和A_1D_1

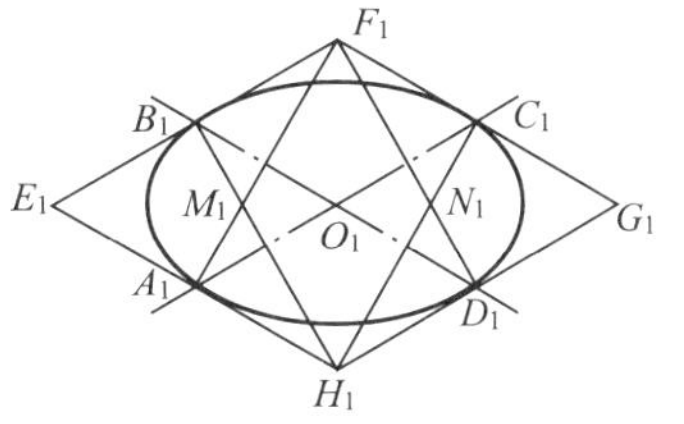

(d) 以M_1和N_1为圆心,M_1A_1或N_1C_1为半径作小圆弧A_1B_1和C_1D_1,即得平行于水平面的圆的正等测图

图 2－63 用四心法画圆的正等测图——椭圆

【例 2.3】 作圆柱体的正等测图，如图 2-64 所示。

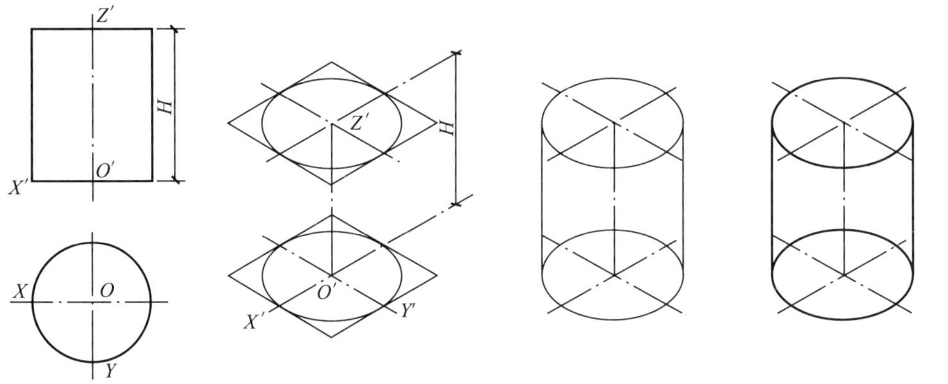

(a) 在正投影图上定出原点和坐标轴位置

(b) 根据圆柱的直径D和高度H,作上下底圆外切正方形的轴测图

(c) 用四心法画上下底圆的轴测图

(d) 作两椭圆公切线，擦去多余线条并加深，即得圆柱体的正等测图

图 2-64 圆柱体的正等测图的画法

【例 2.4】 作平板上圆角的正等测图，如图 2-65 所示。

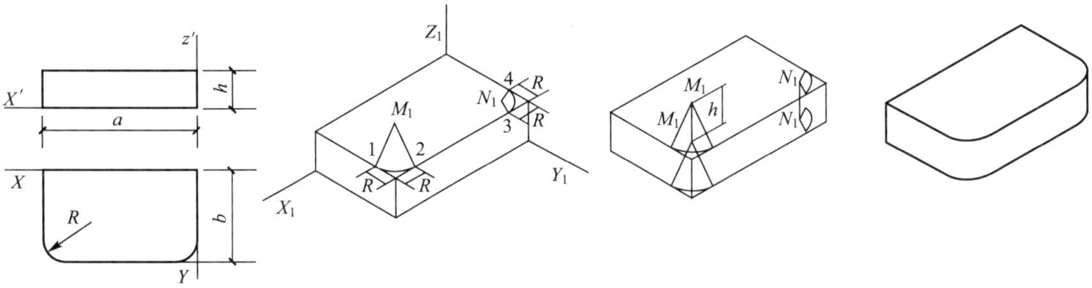

(a) 在正投影图上定出原点和坐标轴位置

(b) 根据尺寸a、b、h作平板的轴测图，由角点沿两边分别量取半径r得1、2、3、4点，过各交点作直线垂直于圆角的两边，以交点M_1、N_1为圆心，$M_1 1$、$N_1 3$为半径作圆弧

(c) 过M_1、N_1沿O_1Z_1方向作直线，量取$M_1M_1'=N_1N_1'=h$，分别以M_1'、N_1'为圆心，以$M_1 1$、$N_1 3$为半径作弧得底面圆弧

(d) 作右边两圆弧切线，擦去多余线条并加深，即得有圆角平板的正等侧图

图 2-65 平板圆角的正等测图画法

2.4.3 斜二测图

1. 轴间角和轴向伸缩系数

在斜二测中 OZ 轴仍处于竖直位置，$\angle XOZ=90°$，$\angle ZOY=\angle XOY=135°$，轴向伸缩系数采用 $p=r=1$；$q=0.5$。其画法如图 2-66 所示。

2. 斜二测的画法

画斜二测图的方法与作正等测相同，不再重复，这里仅介绍平行于坐标面的圆的斜二测画法。

在斜二测中，平行于 XOZ 坐标面的平面图形都反映实形，因此平行于该坐标面的圆的斜二测仍是圆。而平行于 XOY、YOZ 坐标面的圆，其斜二测为椭圆，如图 2-67(b)所示。

当圆的外接正方形在轴测图中成为平行四边形时，其圆的轴测图多采用近似作图法——“八点法”画椭圆，如图 2-68 所示。

八点法作椭圆适用于绘制任意位置圆的各类轴测图。

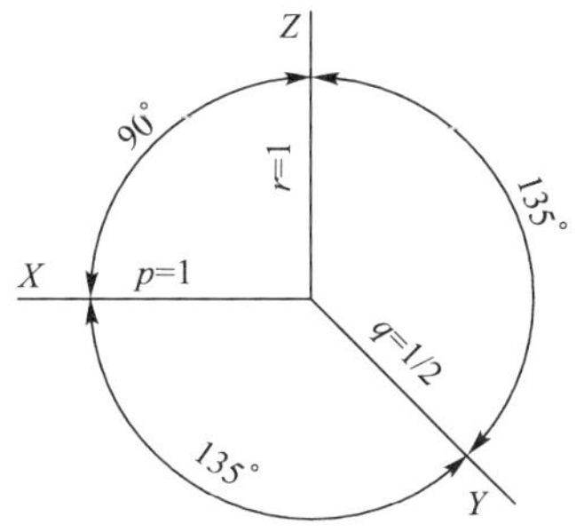

图 2-66 轴间角和轴向伸缩系数

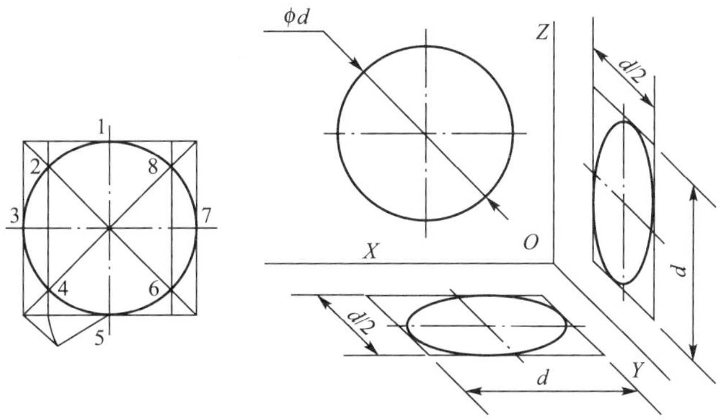

(a) 视图　　(b) 斜二测图

图 2-67 平行于坐标面的圆的斜二测图

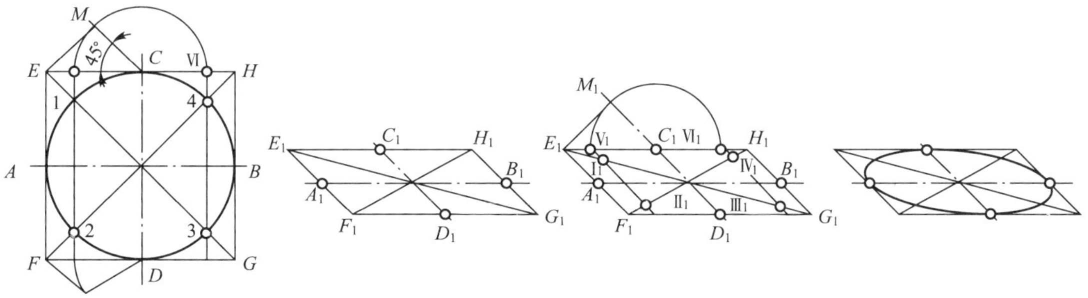

(a) 作圆的外切正方形EFGH,并连接对角线EG、FH交圆周于1、2、3、4点

(b) 作圆的外切正方形的斜二测图,切点A_1、B_1、C_1、D_1即为椭圆上的4个点

(c) 以E_1C_1为斜边作等腰直角三角形,以C_1为圆心,腰长C_1M_1为半径作弧,交E_1H_1于V_1,VI_1,过V_1、VI_1作C_1D_1的平行线与对角线交I_1、II_1、III_1、IV_1四点

(d) 依次用曲线板连接A_1、I_1、C_1、IV_1、B_1、III_1、D_1、II_1、A_1各点即得平行于水平面的圆的斜二测图

图 2-68 八点法作圆的斜二测图

习　　题

1. 简述中心投影与平行投影的区别及应用范围。

2. 平面投影的特性有哪些?
3. 画立体三视图应注意哪些方面?
4. 在给组合体尺寸标注时应标出哪些基本尺寸? 并且注意事项是什么?
5. 简述轴测图的分类及特性。
6. 正等测图与斜二轴测图的区别有哪些?

第3章 工程制图的基本规范

课前训练

·训练内容：请每位同学拿出绘图纸或速写本，画出自己家的客厅平面布置图的草稿，提出对室内空间的再合理利用，注意各部分内的陈设、家具、灯饰、绿化和设备等的摆放位置和功能要求。规定时间5min，老师在学生间穿行，5min后，鼓励同学们将自己家的客厅平面布置图画到黑板上，请大家一起来分析有哪些功能分区。

·训练注意事项：建议每位同学都主动参与，大胆分析，多正面鼓励，只要学生积极参与就好。

训练要求和目标

·要求：让学生从身边基本的事物中认识到并掌握室内工程图的规范，不仅是绘制图纸的需要，同时也是看懂别人的图纸的需要。

·目标：为了使制图图纸规格统一，图面简洁清晰，符合施工要求，利于技术交流，必须在图样的画法、图纸、字体、尺寸标注、采用的符号等方面有一个统一的标准，建立起良好制图、识图习惯，为以后正式的室内工程制图打下良好基础。

本章要点

- 图纸的幅面规格与编排
- 图线粗细及线性
- 图纸名称与比例
- 字体与各类符号的规范
- 标注与标高

本章引言

为了使室内工程图纸规格统一，图面简洁清晰，符合施工要求，利于技术交流，必须在图样的画法、图纸、字体、尺寸标注、采用的符号等方面有一个统一的标准。本章是本课程的基础核心内容，会详细讲解室内工程制图的图纸内容、线型设置，以及一系列的室内制图符号等的制图标准与画法。它也为接下来的具体制图打下了基础，是学生必须掌握的一项内容。

3.1 图纸的幅面规格与编排

本节引言

要绘制宏伟蓝图先要有良好的纸卷，为了使图纸规格统一，工程制图的规范方面先来了解图纸幅面的规格与编排。图纸幅面指的是图纸的大小，简称图幅。标准的图纸以 A0 号图纸 841mm×1189mm 为幅面基准，通过对折共分为 5 种规格。图框是在图纸中限定绘图范围的边界线。图纸的幅面、图框尺寸、格式应符合国家制图标准《房屋建筑制图统一标准》(GB 50001—2010)的有关规定。

3.1.1 图纸的幅面及规格

图纸幅面是指图纸宽度与长度组成的图面。工程图纸幅面的尺寸是有明确规定的，其基本尺寸有 5 种，它们的代号分别为 A0、A1、A2、A3、A4，其幅面的尺寸和图框的形式、图框的尺寸见表 3－1。

表 3－1　图纸幅面规格、幅面代号

幅面代号 尺寸代号	A0	A1	A2	A3	A4
$b \times l$	841×1189	594×841	420×594	297×420	210×297
c	10			5	
a	25				

1. 图纸幅面规格、幅面代号

b 为图幅短边尺寸，l 为图幅长边尺寸，a 为装订边尺寸，其余三边尺寸为 c。图纸以短边作垂直边称为横式；以短边作水平边称为立式。一般 A0～A3 图纸宜用横式使用，必要时也可立式使用。一个专业的图纸不适宜用多于两种的幅面，目录及表格所采用的 A4 幅面不在此限制。

2. 图纸加长尺寸和微缩复制

(1) 遇到特殊情况，图纸需要加长时，只能加长长边（表 3－2），A0 按 $l/8$ 的整数倍加长，A1、A2 按 $l/4$ 的整数倍加长，A3 则按 $l/2$ 倍数加长，如图 3－1 所示。

表 3－2 图纸加长尺寸的幅面规格

幅面尺寸	长边尺寸	长边加长后尺寸
A0	1189	1486、1635、1783、1932、2080、2230、2378
A1	841	1051、1261、1471、1682、1892、2102
A2	594	743、891、1041、1189、1338、1486、1635
A3	420	630、841、1051、1261、1471、1682、1892

注：有特殊需要的图纸，可采用 $b\times l$ 为 841mm×891mm 与 1189mm×1261mm 的幅面。

(3) 需要缩微复制的图纸，其一个边上应附有一段准确的米制尺寸，4 个边上均应附有对中标志，米制尺度的总长为 100mm，分格应为 10mm。对中标志应画在图纸各边长的中点处，线宽应为 0.35mm，伸入框内应为 5mm，如图 3－2 所示。

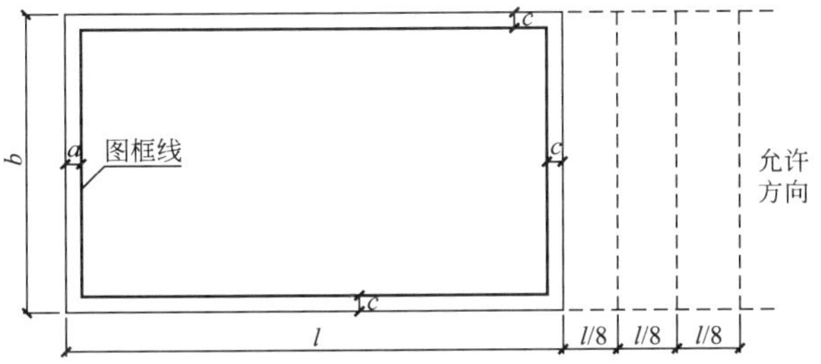

图 3－1 图纸加长尺寸的方向示意

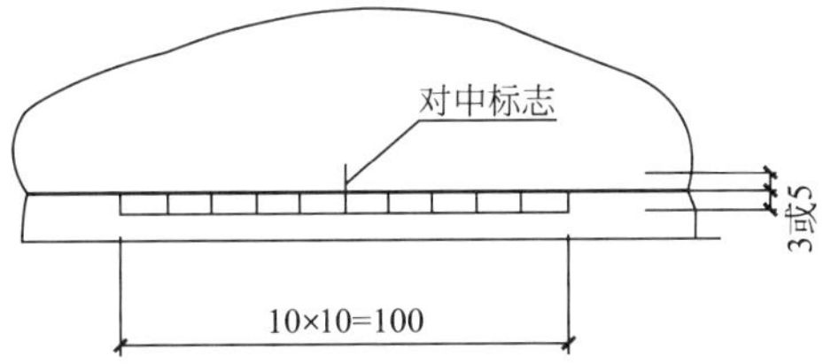

图 3－2 米制尺寸

3.1.2 图纸的编排

图纸有一定标准的布局和编排，图标是每张图的标注栏。图纸中应有标题栏、图框线、幅面线、装订边线和对中标志。图标包括标题栏、会签栏、记录栏。在实际工作中，企业为突出企业形象，会对图标进行设计，但必须保持栏目的内容、位置和使用达到要求。

1. 标题栏

图纸的标题栏是将工程图的设计单位名称、工程名称、图名、图号、设计号及设计人、绘图人、审批人的签名和日期等，集中罗列的表格。根据工程需要选择确定其尺寸样式，见表 3－3 和表 3－4。

表 3－3 图纸的标题栏样式(一)

<table>
<tr><td colspan="3">设计单位名称区</td></tr>
<tr><td rowspan="2">签字栏</td><td>工程名称区</td><td rowspan="2">图号区</td></tr>
<tr><td>图名区</td></tr>
</table>

表 3-4　图纸的标题栏样式(二)

<table>
<tr><td colspan="4" rowspan="2">(校名)</td><td>比例</td><td></td><td>日期</td><td></td></tr>
<tr><td>批阅</td><td></td><td></td><td>成绩</td></tr>
<tr><td>姓名</td><td></td><td>专业</td><td></td><td colspan="3" rowspan="2">(图名)</td><td rowspan="2"></td></tr>
<tr><td>班级</td><td></td><td>学号</td><td></td></tr>
</table>

除 A4 立式左右通栏外，其余标题栏均置于图框右下角，图标中的文字方向为看图方向。

签字区应包含实名列和签名列。涉外工程的标题栏内，各项主要内容的中文下方应附有译文，设计单位的上方或左方应加“中华人民共和国”字样。

2. 会签栏

会签栏是为各种工种负责人签字所列的表格，会签栏应按照图所示，其尺寸应为100mm×20mm，栏内应填写会签人员所代表的专业、姓名、日期；一个会签栏不够时，可另加一个，两个会签栏应并列；不需会签的图纸可不设会签栏，图纸的会签栏样式见表3-5。

表 3-5　图纸的会签栏样式

专业	实名	签名	日期

3. 记录栏

记录栏——对图纸作出修改的记录区域。

3.2 图线粗细及线型

本节引言

任何工程制图的图样都是用图线绘制成的，因此，熟悉图线的线型、线宽，掌握各类图线的画法是室内工程制图最基本的技能。为清楚表示室内设计制图中的各种要素，并分清主次，应根据图纸的大小、图样的需要和规范的规定，使用形式和粗细不同的线型。

3.2.1　线型

图线是指起点和终点间以任何方式连接的一种几何图形，形状可以是直线或曲线，连续和不连续线。图线是构成图纸的基本元素，为了使图样清楚、明确，室内工程制图采用的图线分为实线、虚线、单点长画线、双点长画线、折断线和波浪线 6 类，其中前 4 类线型按宽度不同又分为粗、中、细 3 种，后两类线型一般均为细线。各类线型的规格及用途见表 3－6。

表 3－6　图纸的各类线型的规格及用途

名称		线　　型	线宽	一般用途
实线	粗		b	主要可见轮廓线
	中		$0.5b$	可见轮廓线
	细		$0.25b$	可见轮廓线、图例线等
虚线	粗		b	见各有关专业制图标准
	中		$0.5b$	不可见轮廓线
	细		$0.25b$	不可见轮廓线、图例线等
单点画长线	粗	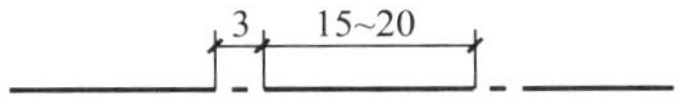	b	见各有关专业制图标准
	中		$0.5b$	见各有关专业制图标准
	细		$0.25b$	中心线、对称线等
双点画长线	粗	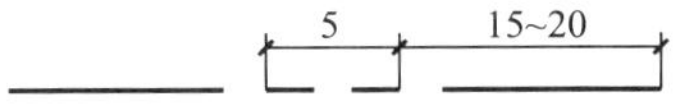	b	见各有关专业制图标准
	中	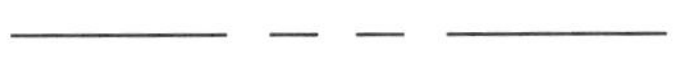	$0.5b$	见各有关专业制图标准
	细		$0.25b$	假想轮廓线、成型前原始轮廓线
折断线		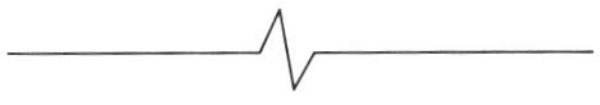	$0.25b$	断开界线
波浪线			$0.25b$	断开界线

（1）粗实线：在室内设计工程图中，粗实线主要运用于平面图与剖面图中的主要构件（如墙、柱）的断面轮廓线和外轮廓线以及主要图样的图名线。

（2）中实线：主要用于平、立、剖的构配件的外轮廓线，可视家具陈设、设备设施的外轮廓线，尺寸起止符号即起止点的短斜线。

（3）细实线：主要用于图例、索引符号、尺寸线、尺寸界线、引出线、标高符号及较小图形的中心线。

(4) 粗虚线：在室内设计工程图中很少使用。

(5) 中虚线：原则上用于不可见的轮廓线，在室内设计工程图中主要用来表示平面图中的高窗，顶棚平面图中的门洞等。

(6) 细虚线：主要用于图例，如用相同的细实线和细虚线表示石材横面等。

(7) 点画线：主要是细型线，最多地适用于中心线、对称线和定位轴线。

(8) 折断线：用于截断处，两端的直线和中间的折线均为细实线。

(9) 图纸中的图框线：标题栏外框线及标题栏中的分格线，是一个粗、中、细、的细宽线，但可分别比图样的粗、中、细线宽一档。

3.2.2 线宽

室内设计工程图的线宽要互成一定的比例。绘图时，应根据图样的复杂程度和比例的大小，首先确定粗实线的宽度，再选定中实线和细实线的宽度，并使它们构成一个适当的线宽组。由于这里所说的粗、中、细是一个相对的概念，因此粗实线的宽度往往以 b 表示。粗、中、细线的比例常取 4∶2∶1，粗线的宽度 b 约为 0.35～1.0mm。

(1) 每个图样绘制前，应根据复杂程度与比例大小，先确定基本的线宽 b，再选用相应的线宽组，见表 3－7。

表 3－7　线宽比和线宽组参考

线宽比	线宽组/mm			
b	1.4	1.0	0.7	0.5
$0.7b$	1.0	0.7	0.5	0.35
$0.5b$	0.7	0.5	0.35	0.25
$0.25b$	0.35	0.25	0.18	0.13

注：1. 需要缩微的图纸，不宜采用 0.18 及更细的线宽。
2. 同一张图纸内，各不同线宽中的细线，可统一采用较细的线宽组的细线。

(2) 图纸的图框线和标题栏线可采用以下线宽，见表 3－8。

表 3－8　图框线和标题栏线宽

幅面代号	图框线	标题栏外框线	标题栏分格线
A0、A1	b	$0.5b$	$0.25b$
A2、A3、A4	b	$0.7b$	$0.35b$

(3) 图线的画法与用法如下。

① 同一图纸中，比例尺相同的图样，同一类线型粗细应该相同。

② 实线要画得均匀、光滑，起始点与结尾点不可过粗或过细。

③ 虚线的线段应长短一致，在一般图纸中，线段长度可取 3～6mm，线段间距可取 0.5～1mm。

④ 虚线、单点长画线或双点长画线的线段长度和间隔，宜各自相等。

⑤ 波浪线及折断线中的折线可用徒手画，要平滑、流畅，折断线的直线部分要在折线处与折线相接，不可以从折线穿过。

⑥ 相互平行的图例线，其净间隙或线中间隙不宜小于 0.2mm。

⑦ 单点长画线和双点长画线的首末两端应是线段，而不是点。单点长画线(双点长画线)与单点长画线(双点长画线)交接或单点长画线(双点长画线)与其他图线交接时，应是线段交接。

⑧ 虚线与虚线交接或虚线与其他图线交接时，都应是线段交接。特殊情况，虚线为实线的延长线时，不得与实线连接，如图 3－3 所示。

⑨ 较小图形中绘制单点长画线或双点长画线有困难的，可用实线代替。

⑩ 图线不得与文字、数字或符号重叠、混淆，不可避免时，应首先保证文字等的清晰，断开相应图线。

⑪ 图线相交处要严实无缝。在手绘图中，垂直相交的直线可以稍稍出头，但不可过多。

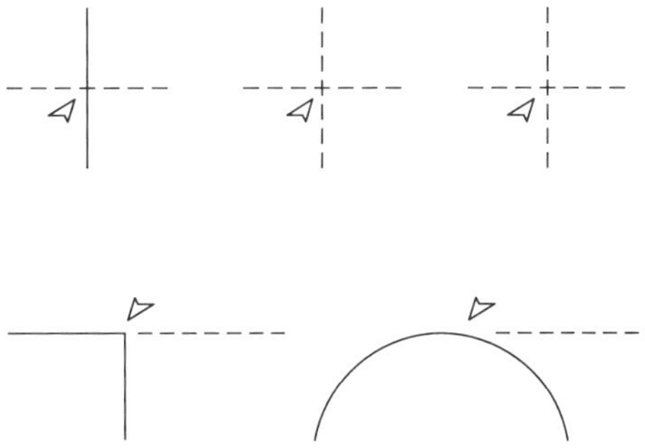

图 3－3　图线交接的画法

3.3 图纸名称与比例

本节引言

室内设计表现室内空间的平面图、顶面图、立面图和详图等即室内制图，是设计者进行室内设计表达的深化阶段及最终阶段，图纸名称、比例更是首要注意事项。

3.3.1 图纸名称

室内装饰工程图属于建筑装饰设计范围，在图样标题栏的图别中简称“装施”或“饰施”。

具体注意事项如下。

(1) 按照设计过程，这些图纸可以分为：方案设计图、初步设计图和施工图。

(2) 一项完整室内工程的图纸编排顺序，应依次为：封面图纸目录表、设计说明、设计材料表、总图、平面图、立面图、室内天花布置图、楼地面铺装图、室内剖面图、构件节点详图、大样等。

在同一套完整图纸中，这些不同的图纸内容要按照一定的顺序编制，先总体、后局部，先主要、后次要；布置图在先、构造图在后，底层在先、上层在后；同一系列的构配件按类型、编号的顺序编排。

3.3.2 图纸比例

室内空间复杂，绘图时图样表现在图纸上应当按照比例绘制，把绘图对象缩小(个别情况为放大)，再绘制在图纸上。比例是指图中图形与其实物相应要素的线性尺寸之比。

比例能够在图幅上真实地体现物体的实际尺寸，比例的符号为“：”，比例应以阿拉伯数字表示，如 1：1，1：2，1：100 等，比例应注写在图名的右侧，图名和比例尺应注写在图样的下面或一角。图名下面应画一条粗实线，线长与图名所占长度相等。比例尺的字号应比图名的字号小一号或小两号，字的底部与图名取平，其下不画线，如图 3－4 所示。流行的图纸中，常见的问题是图名下不画钱，或者画双线，或者将线一直画至比例尺。

图 3－4　图名与比例

字的基准线应取平；比例的字高宜比图名的字高小一号或两号，比例尺文字高度为 6.4mm(所有图幅)，字体均为“简宋”。如 1：50，就是说实物尺寸是图形尺寸的 50 倍，图形比实物缩小了；又如 5：1，就是说实物尺寸是图形尺寸的 1/5，图形比实物放大了。

绘图所用的比例应根据图样的用途与被绘对象的复杂程度选用。表 3－9 为室内工程制图的常用比例，选取比例时应优先采用表中常用比例。一般情况下，一个图样应选用一种比例。根据专业制图需要，同一图样可选用两种比例。特殊情况下也可自选比例，这时除应注出绘图比例外，还必须在适当位置绘制出相应的比例尺。

表 3－9　室内工程制图的常用比例

图　　名	常用比例	备　　注
总平面图	1：500，1：1000，1：2000	
平面图、立面图、天花布置图、地面铺装图、剖面图等	1：30，1：50，1：100，1：200	
构造节点、大样、详图	1：1，1：2，1：5，1：10，1：20，1：25，1：50	1：25 仅适用于结构构件详图

3.4 字　　体

本节引言

图纸上所需书写的文字、数字或符号等，均应笔画清晰、字体端正、排列整齐；标点符号应清楚正确；如果字迹潦草，难于辨认，则容易发生误解，甚至造成工程事故。

3.4.1 字体的书写

字体是指文字的风格式样，又称书体。图样及说明中的汉字宜采用长仿宋体(矢量字体)或黑体，同一图纸字体种类不应超过两种。大标题、图册封面、地形图等中的汉字也可以写成其他字体，但应易于辨认。汉字的简化写法，必须遵照国务院公布的《汉字简化方案》和有关规定。

1. 长仿宋字体

长仿宋字是由宋体字演变而来的长方形字体，它的笔划匀称明快，书写方便，因而是工程图纸最常用字体。写仿宋字(长仿宋体)的基本要求可概括为“行款整齐、结构匀称、横平竖直、粗细一致、起落顿笔、转折勾棱”，如图3-5所示。

建筑设计结构施工设备水电暖风平立侧
断剖切面总详标准草略正反迎背新旧大
中小上下内外纵横垂直完整比例年月日
说明共编号寸分吨斤厘毫甲乙丙丁戊己
表庚辛红橙黄绿青蓝紫黑白方粗细硬软
镇郊区域规划截道桥梁房屋绿化工业农
业民用居住共厂址车间仓库无线电人民
公社农机粮畜舍晒谷厂商业服务修理交
通运输行政办宅宿舍公寓卧室厨房厕所
贮藏浴室食堂饭厅冷饮公餐馆百货店菜
场邮局码头长途汽车行李候机船检票学
校实验室图书馆文化宫运动场体育比赛

图3-5　长仿宋体字样

2. 字体的笔画

仿宋字的笔画要横平竖直，注意起落，现介绍常用笔画的写法及特征，如图3-6所示。

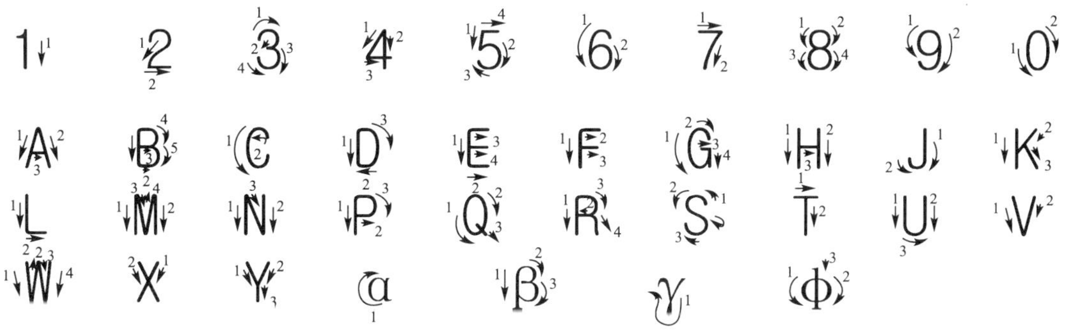

图3-6　运笔顺序和字例

(1) 横划基本要平，可略向上自然倾斜，运笔起落略顿一下笔，使尽端形成小三角，但应一笔完成。

(2) 竖划要铅直，笔画要刚劲有力，运笔同横划。

(3) 撇的起笔同竖，但是随斜向逐渐变细，运笔由重到轻。

(4) 捺的运笔与撇笔相反，起笔轻而落笔重，终端稍顿笔再向右尖挑。

(5) 挑划是起笔重，落笔尖细如针。

(6) 点的位置不同，其写法亦不同，多数的点是起笔轻而落笔重，形成上尖下圆的光滑形象。

(7) 竖钩的竖同竖划，但要挺直，稍顿后向左上尖挑。

(8) 横钩由两笔组成，横同横划，末笔应起重轻落，钩尖如针。

(9) 弯钩有竖弯钩、斜弯钩和包钩，竖弯钩起笔同竖划，由直转弯过渡要圆滑，斜弯钩的运笔由轻到重再到轻，转变要圆滑，包钩由横划和竖钩组成，转折要勾棱，竖钩的竖划有时可向左略斜。

3. 字体结构

形成一个完善结构的字的关键是各个笔画的相互位置要正确，各部分的大小、长短、间隔要符合比例，上下左右要匀称，笔画疏密要合适。为此，书写时应特别注意。

1) 撑格、满格和缩格

每个字最长笔画的棱角要顶到字格的边线。绝大多数的字，都应写满字格，这样，可使单个的字显得大方，使成行的字显得均匀整齐。然而，有一些字写满字格，就会感到肥硕，它们置身于均匀整齐的字列当中，将有损于行款的美观，这些字就必须缩格。如“口、日”两字四周都要缩格，“工、四”两字上下要缩格，“目、月”两字左右要略为缩格等。同时，须注意“口、日、内、同、曲、图”等带框的字下方应略为收分。

2) 长短和间隔

字的笔画有繁简，如“翻”字和“山”字。字的笔画又有长短，像“非、曲、作、业”等字的两竖划左短右长，“土、于、夫”等字的两横划上短下长。又如“三”字、“川”字第一笔长，第二笔短，第三笔最长。因此，必须熟悉其长短变化，匀称地安排其间隔，字态才能清秀。

3) 缀合比例

缀合字在汉字中所占比重甚大，对其缀合比例的分析研究，也是写好仿宋字的重要一环。缀合部分有对称或三等分的，如横向缀合的“明、林、辨、衔”等字，如纵缀合的“辈、昌、意、器”等字；偏旁、部首与其缀合部分约为一与二之比的如“制、程、筑、堡”等字。

横、竖是仿宋字的中的骨干笔画，书写时必须挺直不弯。否则，就失去仿宋字挺拔刚劲的特征。横划要平直，但并非完全水平，而是沿运笔方向稍许上斜，这样字形不显死板，而且也适于手写的笔势。

仿宋字横、竖粗细一致，字形爽目。它区别于宋体的横划细、竖划粗，与楷体字笔画的粗细变化有致亦不同。

横划与竖划的起笔和收笔、撇的起笔、钩的转角等都要顿一下笔，形成小三角形，给人以锋颖挺劲的感觉。

4. 拉丁字母、阿拉伯数字及罗马数字

拉丁字母、阿拉伯数字及罗马数字的书写与排列等应符合规律。

字体书写练习要持之以恒，多看、多摹、多写，严格认真、反复刻苦地练习，自然熟能生巧。

3.4.2 字体的高宽比

1. 字体格式

文字的字高，应从表 3－10 中选用。字高大于 10mm 的文字宜采用 TRUETYPE 字体，如需书写更大的字，其高度应按 2 的倍数递增。

表 3－10 文字的字高 (mm)

字体种类	中文矢量字体	TRUETYPE 字体及非中文矢量字体
字高	3.5、5、7、10、14、20	3、4、6、8、10、14、20

为了使字写得大小一致、排列整齐，书写前应事先用铅笔淡淡地打好字格，再进行书写，如图 3－7 所示。字格高宽比例，一般为 3∶2。为了使字行清楚，行距应大于字距。字的大小用字号来表示，字的号数即字的高度，各号字的高度与宽度的关系图纸中常用的为 10、7、5 三号。如需书写更大的字，其高度应按比值递增，汉字的字高应不小于 3.5mm，长仿宋体的宽度与高度的关系应符合表 3－11 的规定，黑体字的宽度与高度应相同。

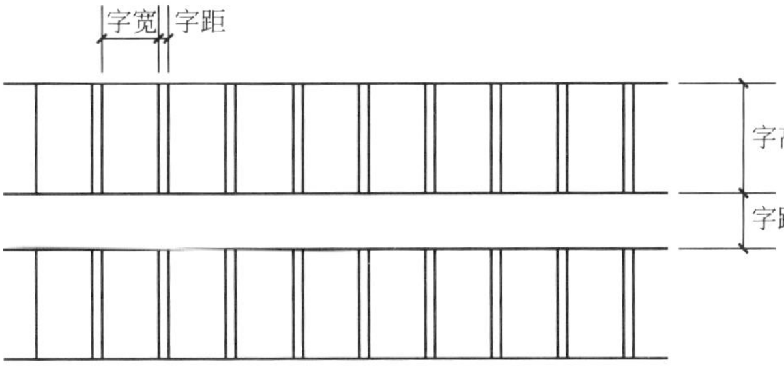

图 3－7 字格

表 3－11 长仿宋字高宽关系 (mm)

字 高	20	14	10	7	5	3.5
字 宽	14	10	7	5	3.5	2.5

2. 拉丁字母、阿拉伯数字及罗马数字

图样及说明中的拉丁字母、阿拉伯数字与罗马数字，宜采用单线简体或 ROMAN 字体。拉丁字母、阿拉伯数字与罗马数字的书写规则应符合表 3－12 的规定。

表 3-12 拉丁字母、阿拉伯数字、罗马数字书写规则

书写格式	一般字体	窄字体
大写字母高度	h	h
小写字母高度(上下均无延伸)	$7/10h$	$10/14h$
小写字母伸出的头部或尾部	$3/10h$	$4/14h$
笔画宽度	$1/10h$	$1/14h$
字母间距	$2/10h$	$2/14h$
上下行基准线的最小间距	$15/10h$	$21/14h$
词间距	$6/10h$	$6/14h$

拉丁字母、阿拉伯数字可以直写，也可以斜写。斜体字的斜度是从字的底线逆时针向上倾斜 75°，字的高度与宽度应与相应的直体字相等。当数字与汉字同行书写时，其大小应比汉字小一号，并应写直体。拉丁字母、阿拉伯数字及罗马数字的字高应不小于 2.5mm。数量的数值注写应采用正体阿拉伯数字。各种计量单位凡前面有量值的，均应采用国家颁布的单位符号注写。单位符号应采用正体字母。分数、百分数和比例数的注写应采用阿拉伯数字和数学符号。当注写的数字小于 1 时，应写出个位的“0”，小数点应采用圆点，齐基准线书写。长仿宋汉字、拉丁字母、阿拉伯数字与罗马数字示例应符合国家现行标准《技术制图——字体》(GB/T 14691)的有关规定。

3.5 各类符号的规范

本节引言

在流行的室内设计工程图中，常见一些问题，因此采用的各类符号时迫切需要有一个统一的标准，建立起良好制图习惯。

3.5.1 剖切符号

1. 剖面图剖切符号

剖面图是假设用剖切平面将物体的某处切断，将处在观察者和剖切平面之间的部分移去，而将其余部分向投影面透射所得到的图形。

剖视的剖切符号应由剖切位置线和剖视方向线组成，均为粗实线绘制。剖切位置线的长度宜为 6～10mm；剖视方向线应垂直于剖切位置线，长度应短于剖切位置线，宜为 4～6mm，也可采用国际统一和常用的剖视方法。绘制时，剖视剖切符号不应与其他图线相接触，剖切线需要转折时以一次为限，如图 3-8 所示。

剖面剖切符号的编号应用阿拉伯数字表示。当有多个剖面时，最好按由下至上、由左

向右的顺序排列。编号应注写在剖视方向线的端部，如图 3－9 所示。

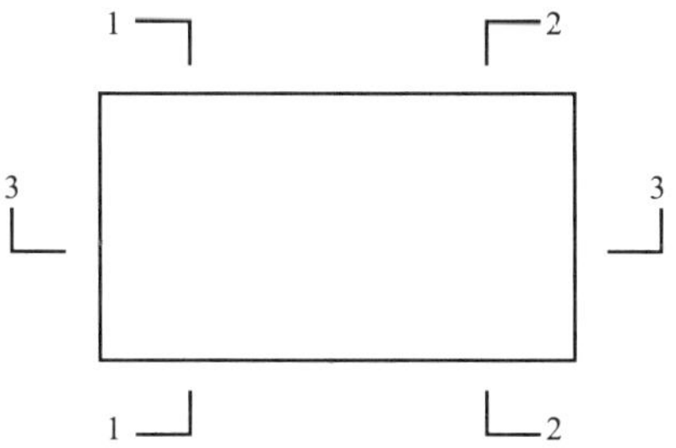

图 3－8 剖面剖切符号

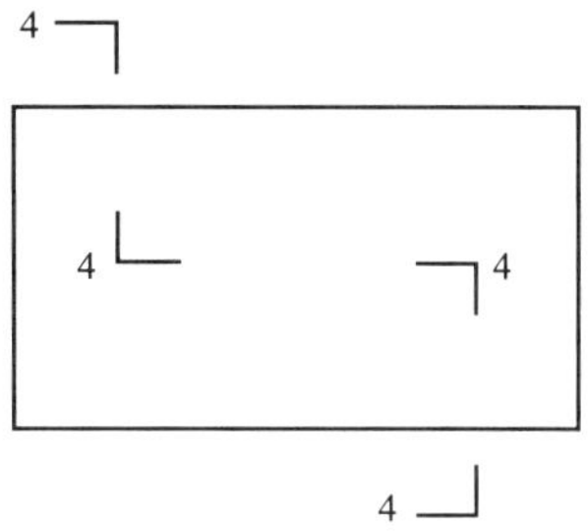

图 3－9 剖切符号转折

如转折线易与其他图线相混淆，还应在转折处标该剖面编号相同的数字。在平面图中标识好剖面符号后，要在绘制剖面图下方标明相对应的剖面图名称。

当同一张图纸上，有很多剖切符号时，单用阿拉伯数字注写编号，有可能使不同样中的剖面相混淆，为此，不妨用 A、B、C 等英文字母及Ⅰ、Ⅱ、Ⅲ等罗马数字分别编写。例如平面图上的剖切符号用 1、2、3 等编排注写，立面图上的剖切符号可改用 A、B、C 等编排注写，如图 3－10 所示。

在一些工程图纸中，常见以下问题：一是用甲、乙、丙等文字编号；二是未将编号注写在剖视方向线的端部，而是注写在其他地方，甚至是相反的方向。

2. 断面剖切符号

断面的剖切符号应只用剖切位置线表示，而不画剖视方向线，并应以粗实线绘制，长度宜为 6～10mm。断面剖切符号的编号宜采用阿拉伯数字，按顺序连续编排，并应注写在剖切位置线的一侧；编号所在的一侧应为该断面的剖视方向，如图 3－11 所示。

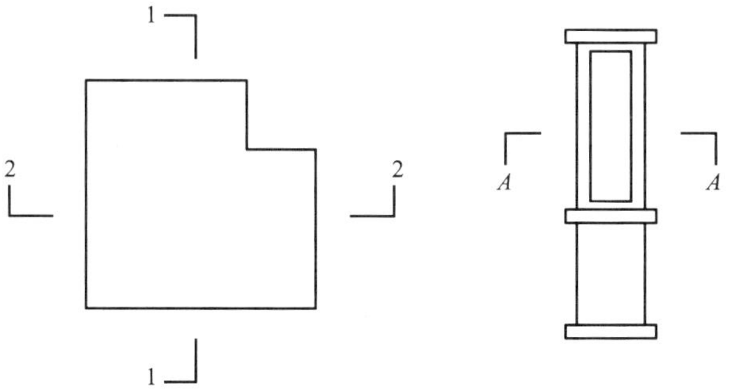

图 3－10 分别编写编号的剖切符号

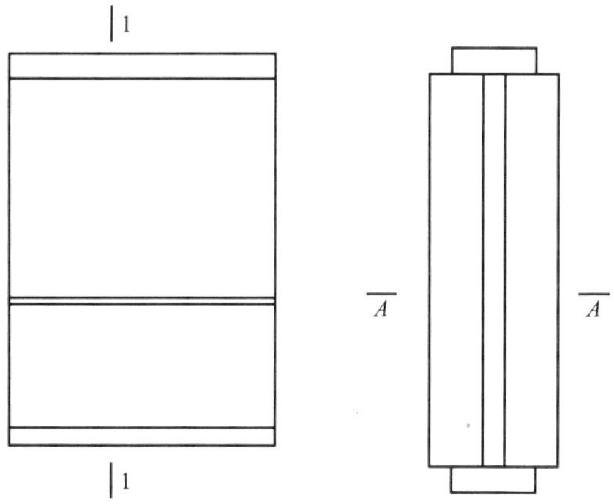

图 3－11 断面剖切符号

常见的问题是编号注写位置不规范，往往与剖视方向不一致。

区别：断面图仅画出物体被切断的那部分截面的图形；剖面图则要画出剖切平面以后的所有可见部分的投影。

剖面图或断面图，如果与被剖切图样不在同一张图内，应在剖切位置线的另一侧注明其所在图纸的编号，也可以在图上集中说明。

3.5.2 立面指向符号

立面指向符号是室内设计工程图中独有的符号，多见于近期流行的图纸。当工程图中用立面图表示垂直界面时，就要使用立面指向符号，以便能确定指立面图究竟是哪个垂直界面的立面图。

立面指向符号：为表示室内立面在平面上的位置，应在平面图中用立面指向符号注明视点位置、方向及立面的编号，立面索引符号由直径为 8～12mm 的圆构成，以细实线绘制，并以一个等边直角三角形为投影方向共同组成。等边直角三角形中，直角所指的垂直界面就是立面图所要表示的界面。圆圈上半部的数字为立面图的编号，下半部的数字为该立面图所在图纸的编号。如立面图就在本张图纸上，下半部便画一段短横线。应该特别注意：不管立面指向符号指向何方，用来编号的数字始终正写，即字头要朝上。当所画厅、室等空间较小，又有很多家具，而难于放下指向符号时，可用引出线将指向符号引到空间的外部，在实际应用中也可扩展灵活使用，立面指向符号如图 3－12 所示。

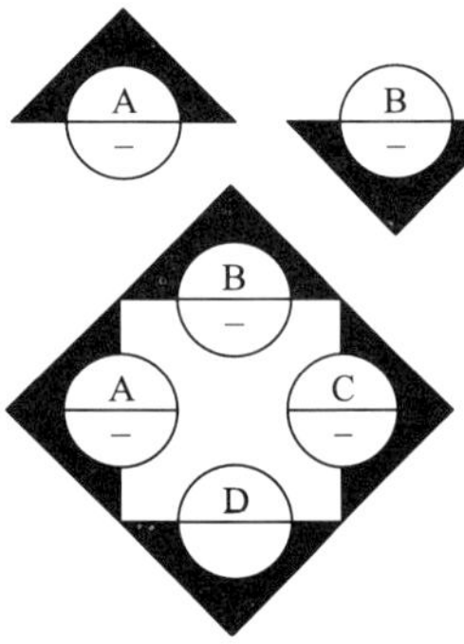

图 3－12　立面指向符号

3.5.3 引出线

引出线是用来标注文字和数字说明的。这些文字和数字，用以说明引出线所指部位的名称、尺寸、材料和作法等。

引出线有 3 种，即局部引出线、共同引出线和多层构造引出线。

引出线用细实线绘制，应采用水平方向的直线、与水平方向成 30°、45°、60°、90°的直线，或经上述角度再折为水平线。

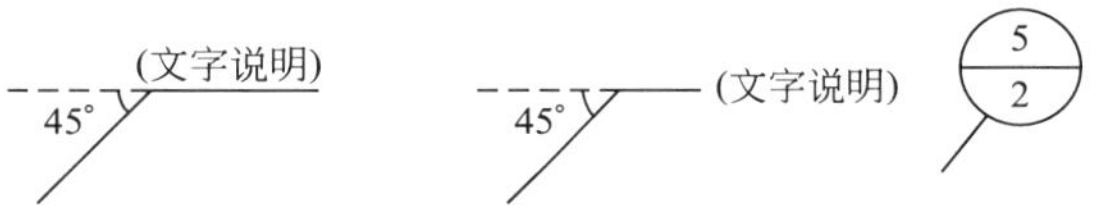

图 3－13　引出线

文字说明应注写在水平线的上方，也可写在端部，索引详图的引出线应与水平直径线相连接。同时引出几个相同部分的引出线，应互相平行，也可以画成集中于一点的放射线，如图 3－13 所示。

(1) 局部引出线：指某个局部附加的文字和数字，只用来说明这个局部的名称、尺寸、材料及作法。用细实线绘制，常常采用水平或与水平方向成 30°、45°、60°、90°的直线，或经上述角度再折为水平线的折线。附加的文字和数字宜注写在横线的上方，也可注写在横线的端部。为使图面整齐清楚，用斜线或折线作引出线时，其斜线或斜线部分与水平方向形成的角度最好一致，如均为 45°或均为 60°等。

在流行的室内设计工程图中，常常见到波浪线形引出线。这种引出线画起来方便，但数量过多时，会使图面显得杂乱，因此，最好只用于方案图，而不用于工程图，如图 3－14 所示。

（2）共同引出线：用来指引名称、尺寸、材料或作法相同的部位。因为，如果一个一个地引出，不仅工作量大，还会影响图面的清晰性，如图 3－15 所示。

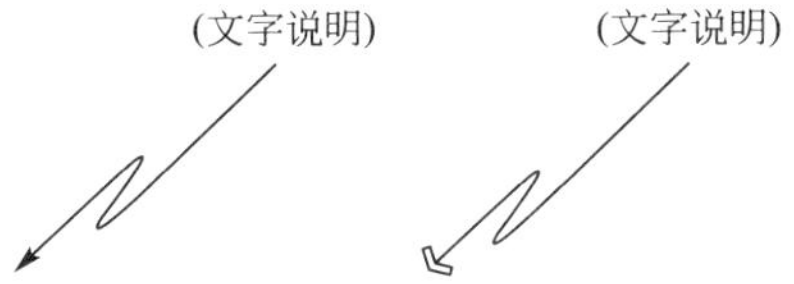

图 3－14 波浪形引出线

图 3－15 共同引出线

（3）串联式引出线：当图样有多个名称、尺寸、材料和作法相同的部分时，可将这些部分用一条引出线“串联”起来，统一附加说明。为使被指引的部分确切无误，可在被指示的部位画一个小圆点，如图 3－16 所示。

（4）多层构造引出线：用于指引多层构造物，如由若干构造层次形成的墙面、地面、池底、池壁等，必须通过被引的各层，并保持垂直方向，当构造层次为水平方向时，文字与数字说明的顺序应由上至下地标注，即与构造层次的顺序相一致。当构造层次为垂直方向时，文字与数字说明的顺序也应由上至下地标注，其顺序应与构造层次由左至右的顺序相一致，如图 3－17 所示。

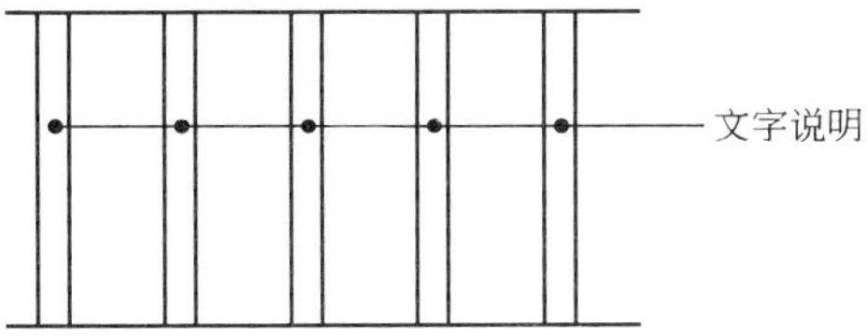

图 3－16 串联式引出线

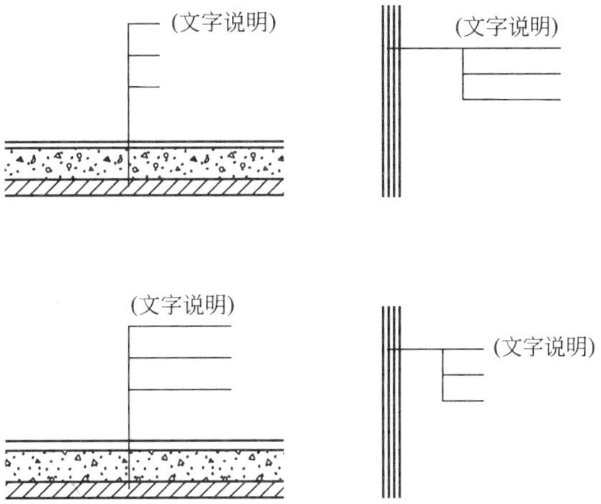

图 3－17 多层构造引出线

3.5.4 索引符号

图样中的某一局部或构件，如需另见详图，应以索引符号索引。索引符号由直径为 8～10mm 的圆和水平直径组成，圆及水平直径应以细实线绘制，索引详图的引出线应对准圆心。水平直径上半部的数字是详图的编号，下半部分的数字是详图所在图纸的编号。

图 3－18 所示为大样索引符号。也可以是某一断面、某一建筑的节点（节点图）。为了

在图面中清楚地对这些详图编号，需要在图纸中清晰、有条理地标识出详图的索引符号和详图符号。

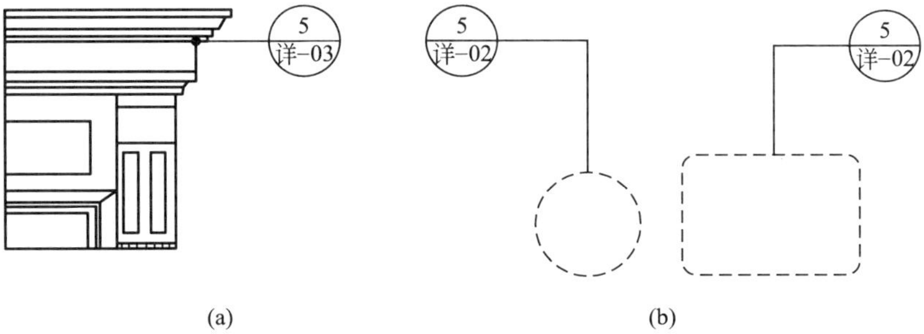

图 3 - 18　大样索引符号

如果详图与被索引的图样同在一张图纸上，下半部分则画一段水平细实线，如图 3 - 19 所示。

索引符号的应用要符合下列规定。

(1) 索引出的详图，如与被索引的详图同在一张图纸内，应在索引符号的上半圆内用阿拉伯数字注明该详图的编号，并在下半圆中间画一段水平细实线，如图 3 - 20 所示。

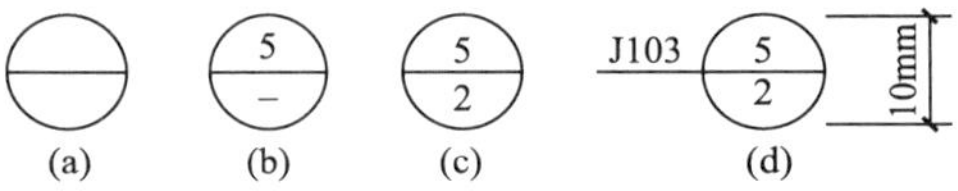

图 3 - 19　详图索引符号

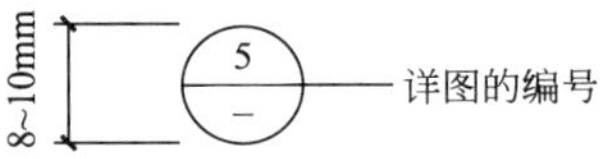

图 3 - 20　详图在本张图纸上时的索引符号

(2) 索引出的详图，如与被索引的详图不在同一张图纸内，应在索引符号的上半圆中用阿拉伯数字注明该详图的编号，并在下半圆中用阿拉伯数字注明该详图所在图纸的编号，数字较多时可加文字标注，如图 3 - 21 所示。

(3) 索引出的详图，如采用标准图，应在索引符号水平直径的延长线上加注该标准图册的编号。需要标注比例时，文字在索引符号右侧或延长线下方，与符号下对齐。如图 3 - 22 所示。

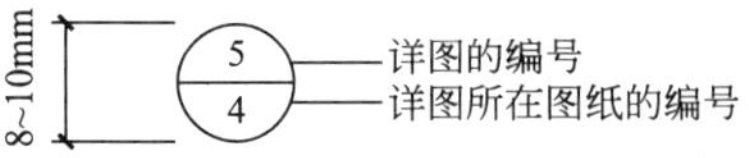

图 3 - 21　详图在本张图纸上时的索引符号

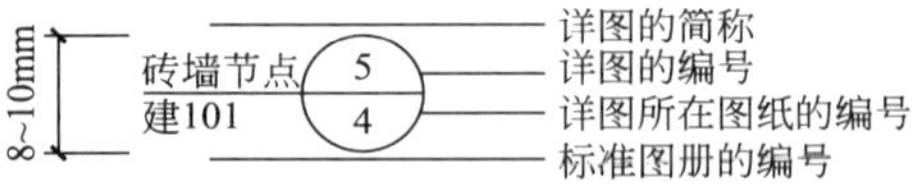

图 3 - 22　标准详图的索引符号

(4) 索引符号如用于索引剖视详图，应在被剖切的部位绘制剖切位置线，并以引出线引出索引符号，引出线所在的一侧应为剖视方向。剖切位置线为 10mm。索引符号的编写应符合上述规定，在室内装饰施工图中也会使用到扩展形式，如图 3 - 23 所示。

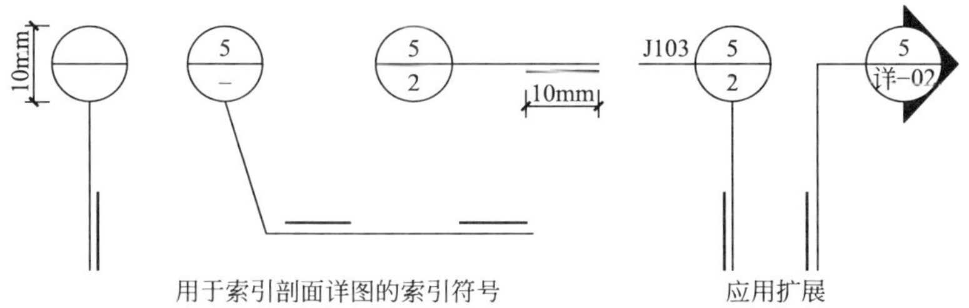

图 3 - 23　索引剖面详图的索引符号

图 3 - 24　零件、配筋等的编号

(5) 零件、钢筋、杆件、设备等的编号，直径宜以 5～6mm 的细实线圆表示，同一图样应保持一致，其编号应用阿拉伯数字按顺序编写。消火栓、配电箱、管井等的索引符号，直径以 4～6mm 为宜，如图 3 - 24 所示。

3.5.5　详图符号

被索引详图的位置和编号，应以详图符号表示。详图符号的圆应以直径为 14mm 粗实线绘制，圆内横线用细实线绘制。详图应按下列规定编号。

(1) 详图与被索引的图样同在一张图纸内时，应在详图符号内用阿拉伯数字注明详图的编号，如图 3 - 25 所示。

(2) 详图与被索引的图样不在一张图纸内时，应用细实线在详图符号内画一水平直径，在上半圆中注明详图编号，在下半圆中注明被索引的图纸的编号，如图 3 - 26 所示。

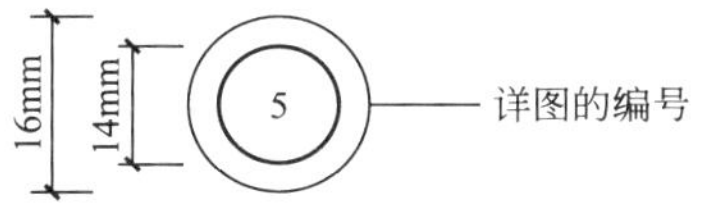

图 3 - 25　详图符号(1)

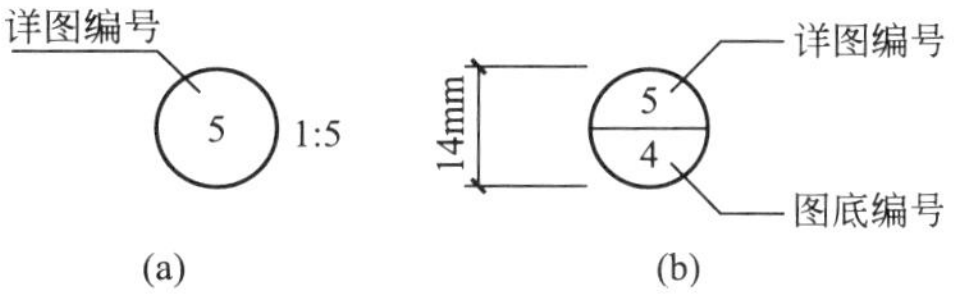

图 3 - 26　详图符号(2)

3.5.6　定位轴线

定位轴线应用细单点长画线绘制。定位轴线是确定房屋中的墙、柱、梁和屋架等主要承重构件位置的基准线。它使房屋的平面划分统一并趋于简单，是测量定位的依据，如图 3 - 27所示。

在施工图中定位轴线的标识要符合下列规定。

(1) 定位轴线编号的圆应用细实线绘制，直径为 8～10mm。定位轴线圆的圆心应在定位轴线的延长线或延长线的折线上。

(2) 定位轴线的编号应注写在轴线端部的圆内。在水平方向的采用阿拉伯数字编写，从下至上用拉丁字母编写，其中 I、O、Z 不得用作轴线编号，以免与数字 1、0、2 混淆。如字母数量不够，可用 A1、B1……。

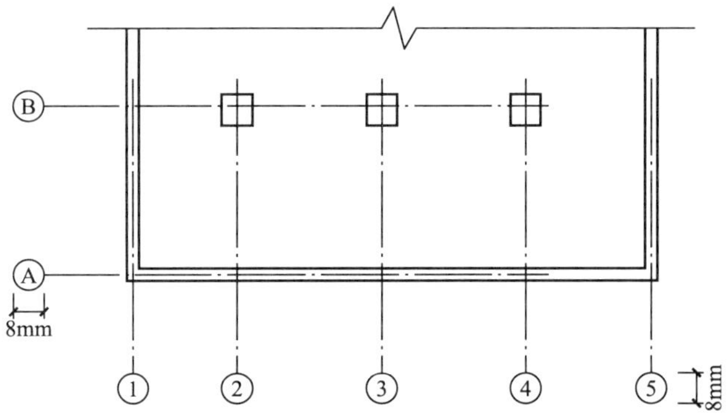

图 3－27　定位轴线

（3）组合较复杂的平面图中定位轴线也可采用分区编号，编号的注写形式应为“分区号-该分区编号”。分区号采用阿拉伯数字或大写拉丁字母表示，如图 3－28 所示。

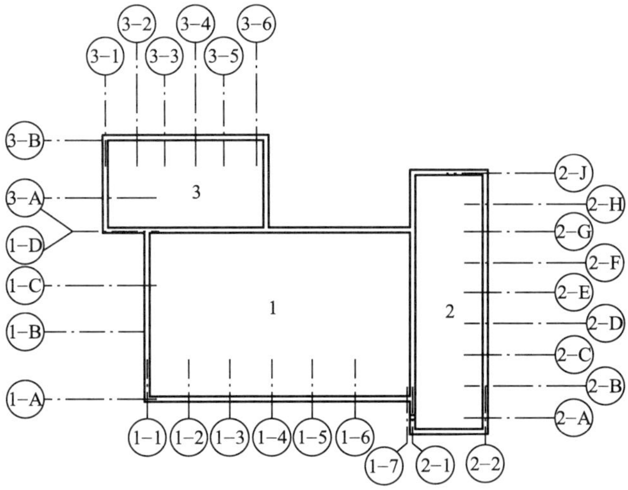

图 3－28　分区编号

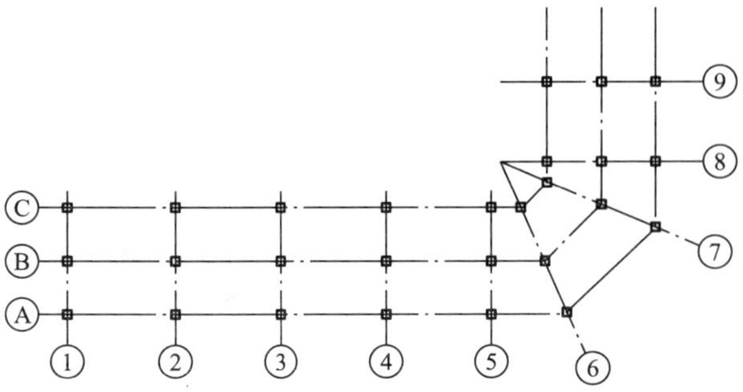

图 3－29　定位轴线

（4）若房屋平面形状为折线，定位轴线也可以自左到右、自下到上依次编写，如图 3－29 所示。

（5）圆形平面图中定位轴线的编号，其径向轴线宜用阿拉伯数字表示，从左下角开始，按逆时针方向编写，如图 3－30 所示。

（6）对某些非承重构件和次要的局部承重构件等，其定位轴线一般作为附加轴线，如图 3－31 或图 3－32 所示。

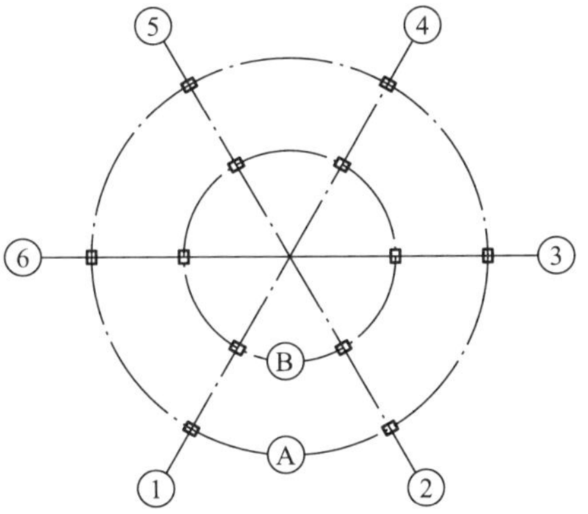

图 3－30　圆形定位轴线

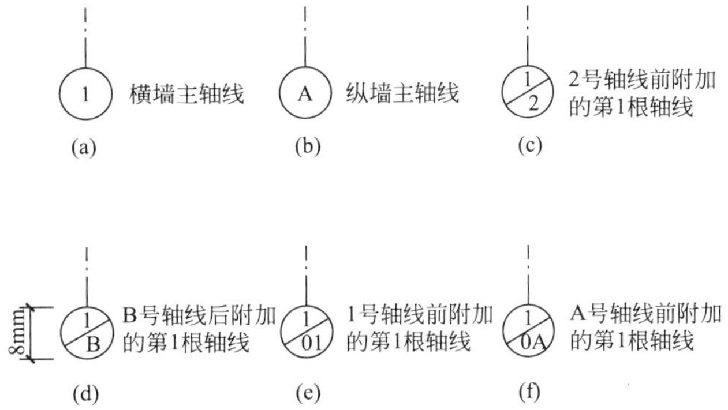

图 3－31　附加轴线的编号

（7）一个详图适用于几根轴线时，应同时注明各有关轴线的编号，如图 3－33 所示。

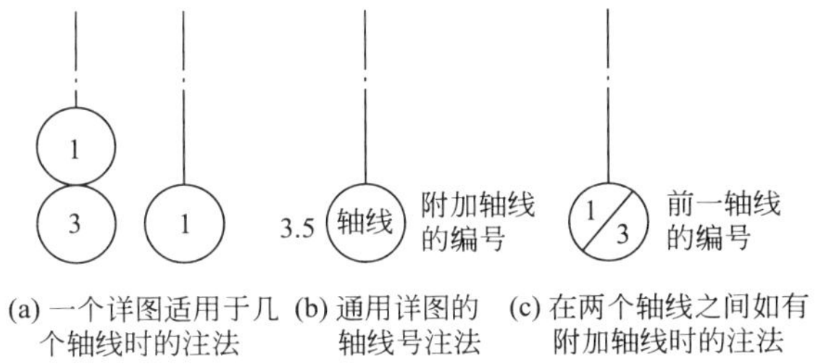

图 3－32　个别定位轴线的注法

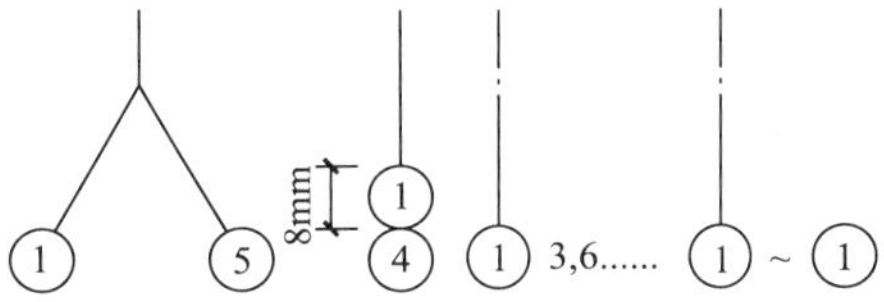

图 3－33　详图的轴线编号

3.5.7　其他符号

特殊符号如图 3－34 所示。

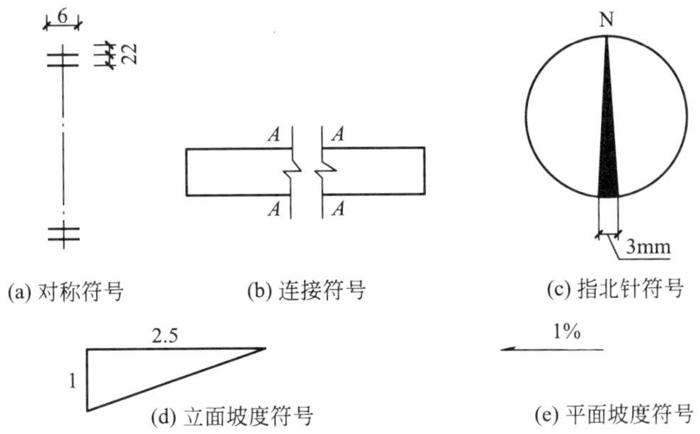

图 3－34　特殊符号

对称符号由对称线和两端的两对平行线组成。对称线用细单点长画线绘制；平行线用细实线绘制，其长度宜为 6～10mm，每对的间距宜为 2～3mm；对称线垂直平分于两对平行线，两端超出平行线宜为 2～3mm。

连接符号应以折断线表示需连接的部位。两部位相距过远时，折断线两端靠图样一侧应标注大写拉丁字母表示连接编号。两个被连接的图样应用相同的字母编号。

指北针的形状应符合规定，其圆的直径宜为 24mm，用细实线绘制；指针尾部的宽度宜为 3mm，指针头部应注“北”或“N”字。需用较大直径绘制指北针时，指针尾部的宽度宜为直径的 1/8。

坡度符号应分为立面坡度符号和平面坡度符号。一种画法是用另两边是 1∶2.5 的直角三角形示意坡度的方向；另一种画法是画出坡度在平面图中按照顺水方向以箭头显示，并标注坡度百分比。

3.6 标注与标高

本节引言

在工程图中，图形只能表达室内空间的形状，空间各部分的大小还必须通过标注尺寸才能确定。制图必须根据尺寸进行，因此尺寸标注是制图的一项重要工作，必须认真细致，准确无误。如果尺寸有遗漏或错误，必将给施工造成困难和损失。

3.6.1 尺寸标注

注写尺寸时，应力求做到正确、完整、清晰、合理。本节将介绍制图国家标准中有关尺寸标注的一些基本规定，如图 3-35 所示。

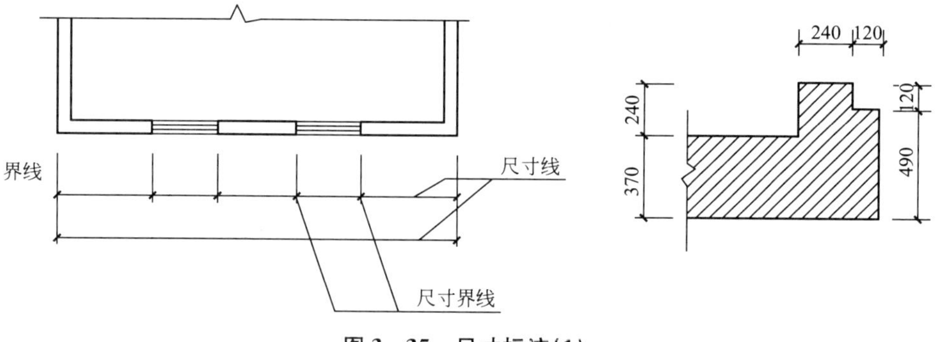

图 3-35　尺寸标注(1)

当尺寸线不是水平位置时，尺寸数字应尽量避免在图 3-36 所示有斜线范围内注写。

1. 尺寸的组成要素

图样上的尺寸一般应由尺寸界线、尺寸线、尺寸起止符号和尺寸数字四部分组成，如图 3-37 所示。

(1) 尺寸界线是控制所注尺寸范围的线，应用细实线绘制，一般应与被注长度垂直；其一端应离开图样轮廓线不小于 2mm，另一端宜超出尺寸线 2～3mm。必要时，图样的轮廓线、轴线或中心线可用作尺寸界线。

(2) 尺寸线是用来注写尺寸的，必须用细实线单独绘制，应与被注长度平行，不应超出尺寸界线，且任何图线或其延长线均不得用作尺寸线。

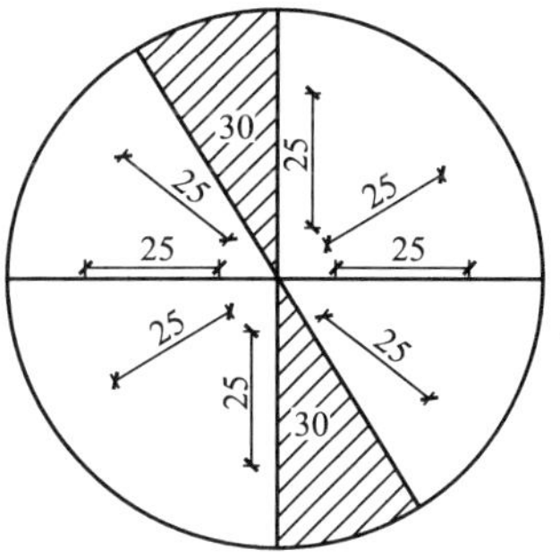

图 3-36 尺寸标注(2)

(3) 尺寸起止符号一般应用中粗斜短线绘制，起止符号与尺寸界线成顺时针的45°角，长度宜为2～3mm。箭头宜作为半径、直径、角度与弧长的尺寸起止符号，不应作为一般尺寸的起止符号，因为它自身所占长度较大，绘制也较困难，如图 3-38 所示。有些图纸上，尺寸较小，而尺寸线较多，为使图样清晰可辨，可用小圆点作为起止符号(图 3-40)，但不宜斜线与圆点混用，使图面显得凌乱，箭头在尺寸标注中的用法举例如图 3-39 所示。

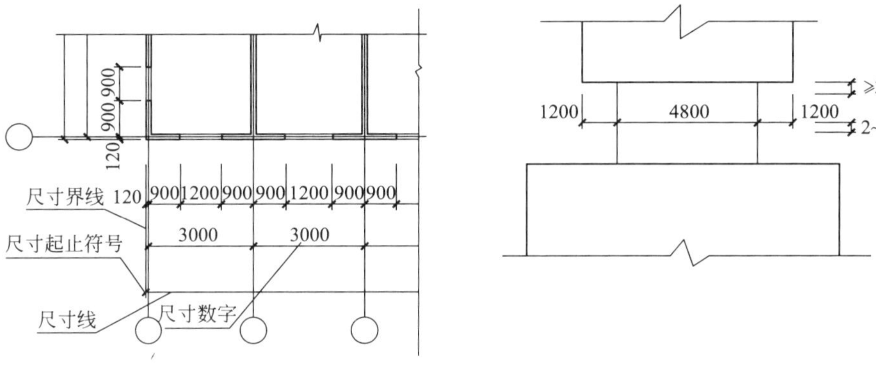

图 3-37 尺寸的组成和平行排列的尺寸

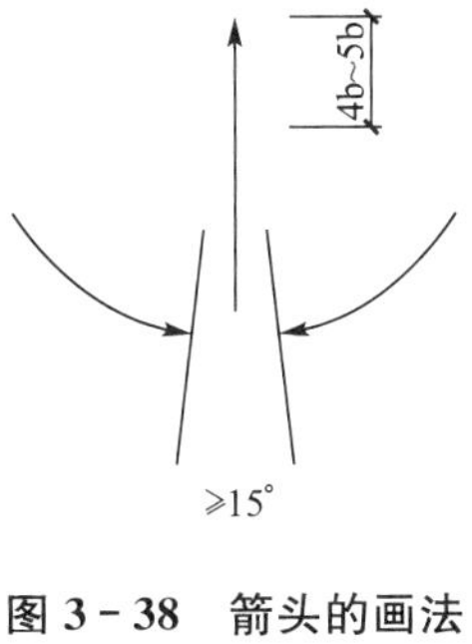

图 3-38 箭头的画法

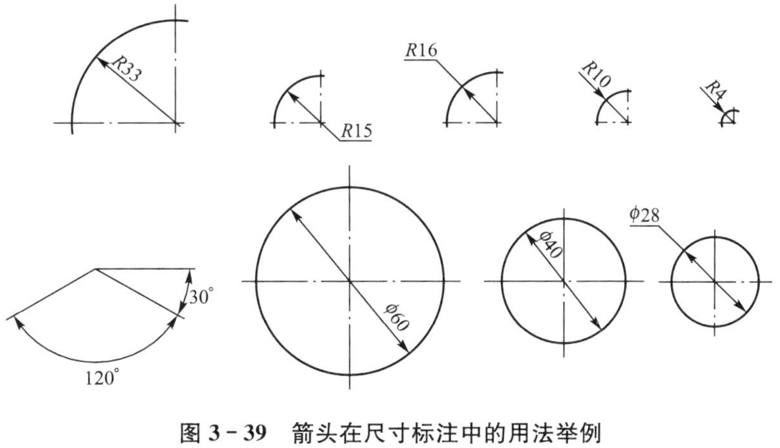

图 3-39 箭头在尺寸标注中的用法举例

(4) 图样上的尺寸数字是施工的主要依据，各部分的真实大小应以图样上所注写的尺寸数字为准，不可从图上直接量取。图样上的尺寸单位，除标高及总平面图以 m 为单位外，均必须以 mm 为单位，图中不需注写计量单位的代号或名称。尺寸数字一般应标注在尺寸线的上方的中部，水平尺寸线上的数字，字头要朝上；垂直尺寸线上的数字，字头要朝左。如果相邻的尺寸数字注写位置不够，可错开或引出注写。竖直方向的尺寸数字，注意应由下往上注写在尺寸线的左方中部。有些图纸上，起止符号与尺寸界线成逆时针的45°角，垂直尺寸线上的尺寸数字头朝右，都是错误的。

尺寸数字的读数方向，应按规定的方向注写，尽量避免在图中所示的30°范围内标注尺寸，当实在无法避免时，按图3-41所示的形式注写。

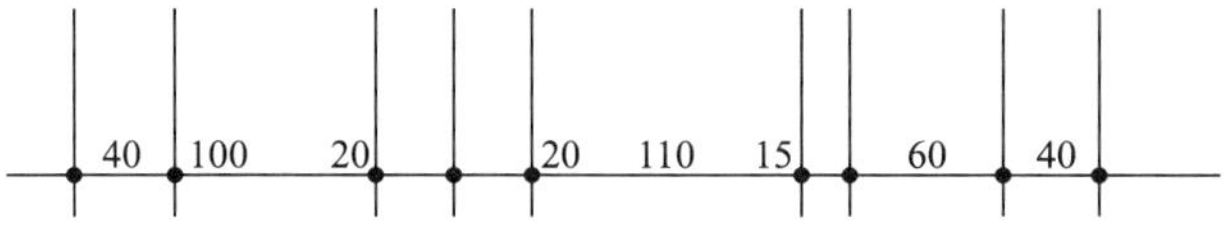

图3-40　点在尺寸标注中的应用

2. 尺寸排列与布置的基本规定

(1) 尺寸宜标注在图样轮廓线以外，不宜与图线、文字及符号等相交，有时图样轮廓线也可用作尺寸界限。

(2) 互相平行的尺寸线的排列，宜从图样轮廓线向外，先小尺寸和分尺寸，后大尺寸和总尺寸。

(3) 第一层尺寸线距图样最外轮廓线之间的距离不宜小于10mm。平行排列的尺寸线的间距，宜为7～10mm，并应保持一致。

(4) 几层的尺寸线总长度应一致，如图3-42所示。

(5) 尺寸线应与被注长度平行，两端不宜超出尺寸界限。

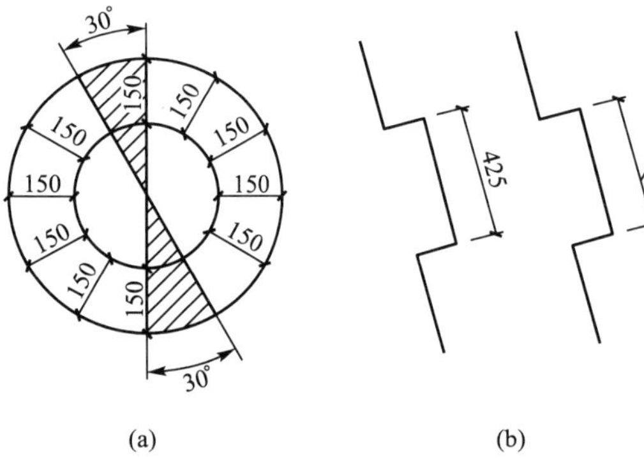

图3-41　尺寸数字读数方向

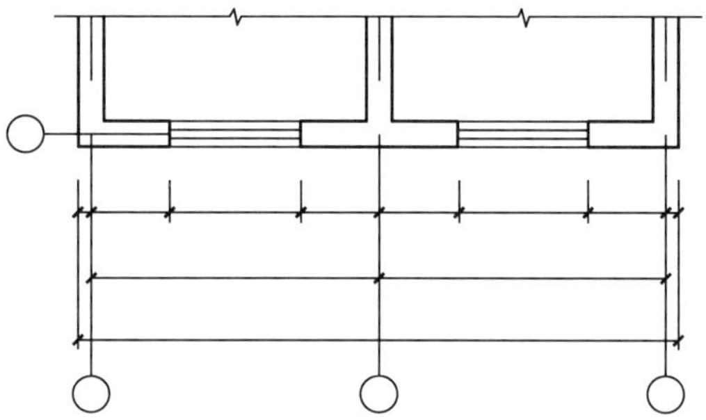

图3-42　尺寸线等长

3. 半径、直径、球的尺寸标注法

半径：应一端从圆心开始，另一端画箭头指向圆弧。半径数字前应加注半径符号“*R*”。

直径：直径数字前应加注符号“*Φ*”，在圆内标注的直径尺寸线应通过圆心，较小圆的直径可以标注在圆外。

球：标注球的半径时，应在尺寸数字前加注符号“*SR*”。标注球的直径尺寸时，应在尺寸数字前加注符号“*SΦ*”，如图3-43所示。

4. 角度、弧长、弦长的尺寸标注

图3-44所示为角度的尺寸标注方法。

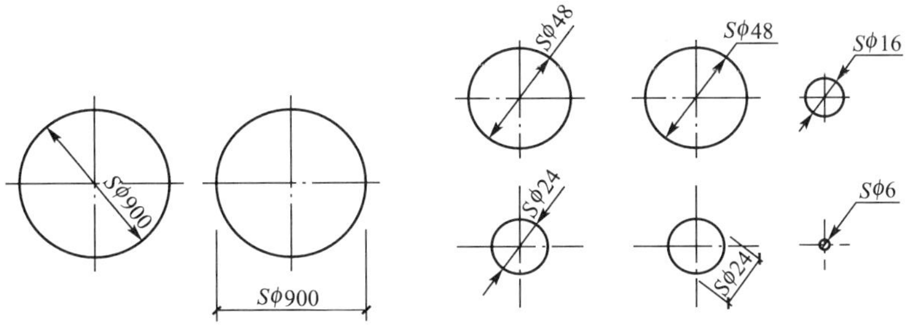

(a) 一般圆直径的标注方法　　(b) 小圆直径的标注方法

图 3－43　球的尺寸标注法

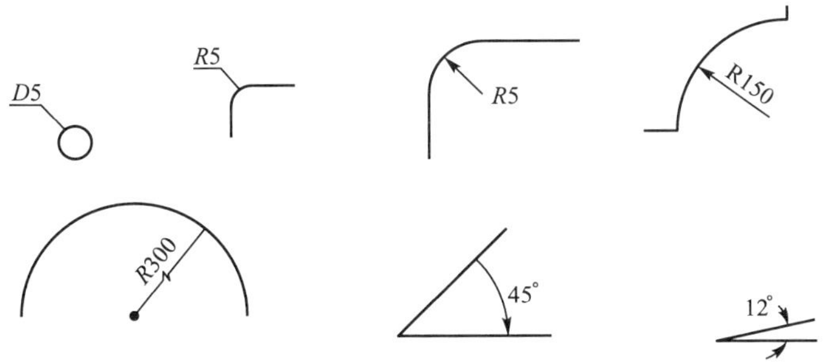

图 3－44　角度的尺寸标注

5. 板厚度、正方形、坡度、非圆曲线等尺寸标注

图 3－45 所示为正方形、坡度、非圆曲线等的尺寸标注方法。

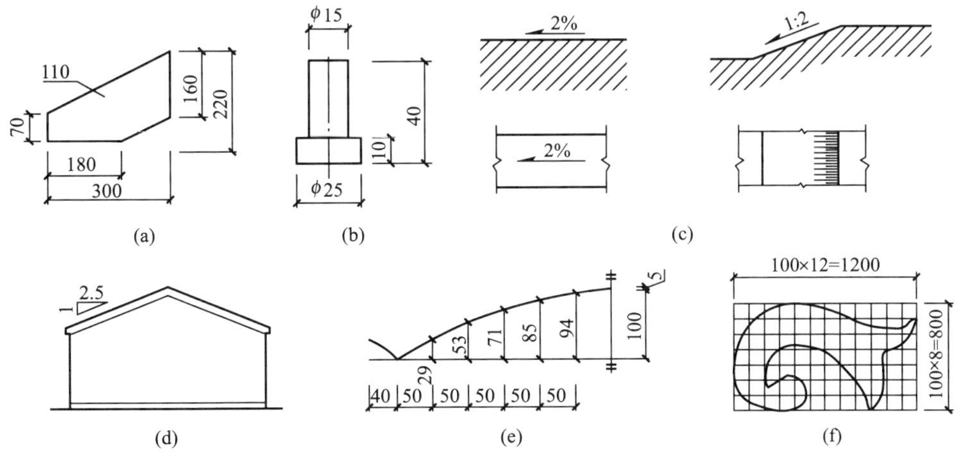

图 3－45　正方形、坡度、非圆曲线等尺寸标注

6. 简化尺寸标注

图 3－46 所示为简化尺寸标注的方法。

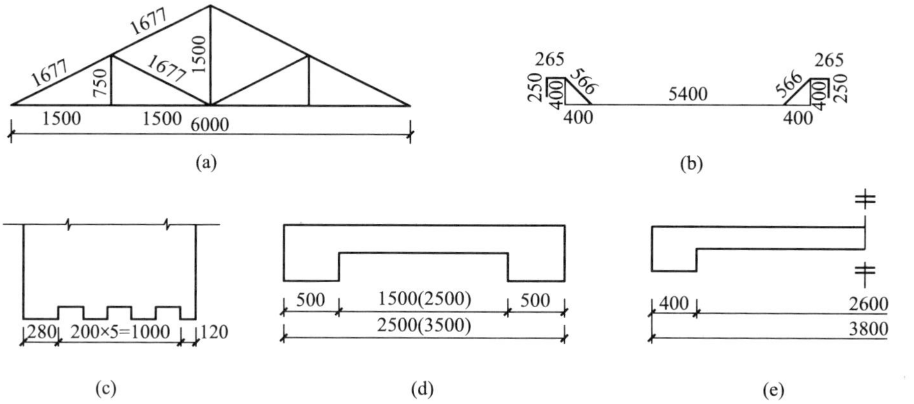

图 3-46　简化尺寸标注

7. 尺寸标注的深度设置

工程图样的设计制图应在不同阶段和不同比例绘制时，均对尺寸标注的详细程度做出不同的要求。这里主要依据制图标准中的“三道尺寸”进行标注，主要包括外墙门窗洞口尺寸、轴线间尺寸、建筑外包总尺寸，如图 3-47 所示。

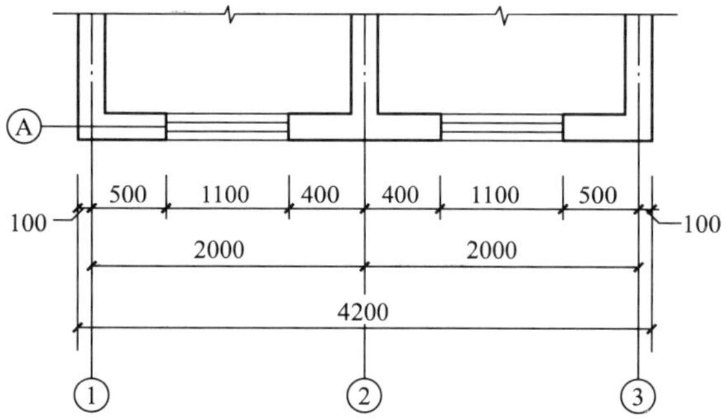

图 3-47　首层平面“三道尺寸”标注

(1) 改尺寸在底层平面中是必不可少的，当平面形状较复杂时，还应当增加分段尺寸。

(2) 在其他各层平面中，外包总尺寸可省略或标注轴线间总尺寸。

(3) 无论在何层标注，均应注意以下两点，才能方便看图，明确清晰。

① 门窗洞口尺寸与轴线间尺寸要分别在两行上各自标注，宁可空留也不可混注在一行上。

② 门窗洞口尺寸也不要与其他实体的尺寸混行标注。

(4) 当上下或左右两道外墙的开间及洞口尺寸相同时，只标注上或下(左或右)一面的尺寸及轴线号即可。

3.6.2 标高

标高符号：室内及工程形体的标高，标高符号应以直角等腰三角形表示，用细实线绘制，一般以室内一层地坪高度为标高的相对零点位置，低于该点时前面要标上负号，高于该点时不加任何符号，如图 3-48 所示。

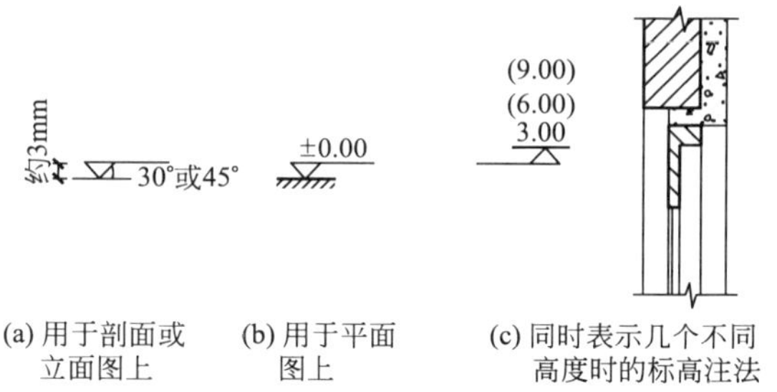

图 3-48　标高符号

需要注意的是：相对标高为零的地

方，应注写成±0.000，以此处为基准，负标高处应在标高数字前加上“—”号，如—0.600；正标高处，则不在标高数字前加“+”号，如1.200不写成+1.200。标高数字以m(米)为单位，小数点后取3位。

注写标高数字的长度，以注写匀称为准。视需要而定，虚线为标高数字的标注起止线。

标高符号用于平面图，即用来表示楼地面的标高时，标高符号的尖端下不画短划线；用于剖、立面图，即用来表示门、窗、梁板的标高时，则应在标高符号的尖端下画一短划线，短划线应与标高所指的位置相平齐，如图3-49所示。

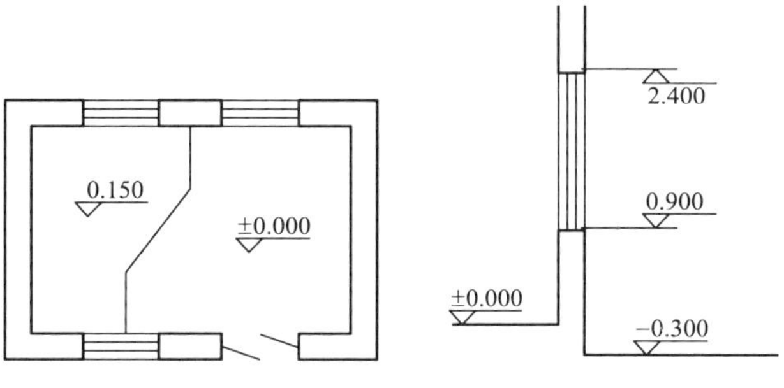

图3-49 标高符号的画法

常见的弊病有3个：①不是以m(米)为单位；②小数点后只取2位数；③在正标高数字前加“+”号。

室内设计工程图在标注标高方面有一个特殊问题，即如何注写楼层标高的数字。在建筑设计工程图中，常以底层地面的标高作±0.000，其上、下的标高分别按正、负累计计算。例如，层高为3.6m的楼房，第2层的楼板表面标写3.600；第3层的楼板表面注写7.20；第4层的楼板表面注写10.800等。此时，如果只对其中的某一层的某个房间(如第4层的会议室)进行装修，便产生了一个如何注写该室各个标高的问题。按建筑设计的规矩，楼面是10.800，其顶棚的标高就可能是些更加繁杂的数字，施工人员操作起来，就很麻烦。目前流行的图纸中，有一种比较简单的办法，即以所设计的这个房间的楼面作±0.000，再以此为基准，注写各处标高。或者在各标高数字后加上“距楼面”的字样。这种办法比较简单，施工中不易产生错误。在只装修某个房间、某层房间，特别是改建工程中，是可以使用的。如果进行整幢楼的装修，建议仍按建筑设计工程图的标高注写标高。

习 题

1. 何谓图幅？图幅有几种？其尺寸多大？
2. 何谓比例？1∶50表示什么含义？
3. 图样上的尺寸由哪几部分组成？其画法有何要求？

第4章 建筑施工图的绘制方法

课前训练

·**训练内容**：以低层住宅作为观测对象。每3～5人为一组，每组准备一把卷尺、一根长绳、两张纸、一支笔，测量建筑的平面或某一个立面。规定时间30min，老师可以在现场辅导，介绍量房的常规方法和步骤。然后用10min时间将测量结果用1∶200比例画在另一张白纸上。

·**训练注意事项**：建议每位同学都动手参与测量，并在画图纸时注意比例尺的应用。

训练要求和目标

·**要求**：学生在测量的过程中了解建筑常规尺寸，并建立尺度观念，同时学会用图线表达空间界面关系，即画正投影图。

·**目标**：了解建筑施工图的特点，建立起良好的尺寸观念，并在以后的学习、生活当中养成良好的习惯，留心身边的建筑空间布局及其尺寸和空间组合形式。

本章要点

- 建筑总平面
- 建筑平面图的用途、形成、图示内容、基本规范、作图步骤
- 建筑立面图的用途、形成、图示内容、基本规范、作图步骤
- 建筑剖面图的用途、形成、剖视位置及剖视方向、图示内容、基本规范、作图步骤
- 建筑详图的用途、形成、图示内容、基本规范、作图步骤

本章引言

房屋建筑施工图是表示建筑物的总体布局、外部造型、内部布置、细部构造作法、内外装饰、满足其他专业对建筑的要求和施工要求的图样，是房屋施工和概预算工作的依据。房屋建筑施工图的内容包括建筑设计说明、门窗表、总平面图、各层建筑平面图、各朝向建筑立面图、剖面图和各种详图。

本章的编写参考了《房屋建筑制图统一标准》(GB/T 50001—2010)、《建筑制图标准》(GB/T 50104—2010)中的部分内容，并对绘图的一般方法步骤、几何作图等作一些简要介绍，通过本章的学习与作业的练习，应该可以掌握绘制建筑施工图的方法和基本技能。

4.1 建筑总平面图

本节引言

任何物体都不是孤立地存在的，都要或多或少的受到周围环境的制约与影响，建筑也是一样的。因此，要建一座建筑物就必须首先了解它与周边环境的关系，所处地理位置的气候、水文等条件，这些因素都将影响建筑的平面形状、位置、朝向、层数等的设计。本节主要讲述建筑物在基地上的位置、标高、道路、绿化以及基地上设施的布置情况和说明的图纸表达方法。

4.1.1 建筑总平面图概述

用来表示整个建筑基地的整体布局，而将在一定范围内的新建建筑物、构筑物连同其周围的环境状况，用水平投影方法和相应的图例所画出的图样，称为建筑总平面图，简称总平面图或总图。它表明新建房屋的平面形状、位置、朝向、层数以及与周围环境(如原有建筑物、交通道路、绿化、地形、风向等)之间的关系。因此，总平面图是新建建筑物施工定位、放线和规划布置场地的依据，也是其他专业(如水、暖、电等)的管线总平面图规划布置的依据。

4.1.2 建筑总平面图的基本规范

(1) 比例。

建筑总平面图所表示的范围较大，一般都采用较小的比例来绘制。《总图制图标准》规定：总平面图应用 1∶500，1∶1000，1∶2000 的比例绘图。常用的比例为 1∶500。

(2) 图例与线型。

总平面图的比例较小，因此总平面图上的房屋、道路、桥梁、绿化等都用图例表示。

表 4－1 列出的为国标规定的总图图例(部分)。在较复杂的总平面图中，若所用的图例在国标中没有规定，则必须在图中另外加以说明。

表 4－1　建筑总平面图常用图例(节选)

名称	图例	说明
新建的建筑物		1. 需要时可用▲表示出入口，可在图形内右上角以点数或数字(高层宜用数字)表示层数 2. 用粗实线表示
原有的建筑物		1. 应注明拟利用者 2. 用细实线表示
计划扩建的预留地		用中虚线表示
拆除的建筑物	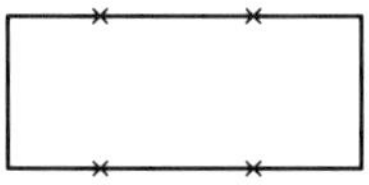	用细实线表示
围墙及大门	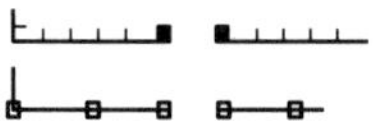	1. 上图为砖石、混凝土、混凝土或金属材料的围墙，下图为镀锌铁丝网、篱笆等 2. 如果仅表示围墙时不画大门
坐标	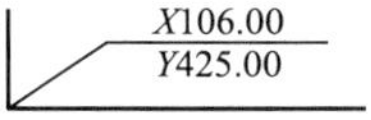 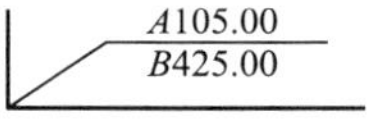	上图表示测量坐标；下图表示施工坐标
填挖边坡	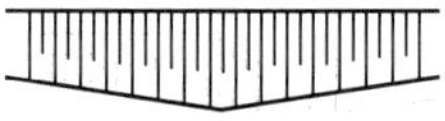	边坡长时，可在一端或两端局部表示
护坡	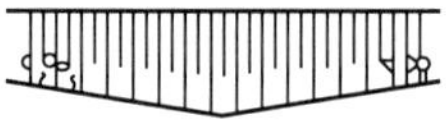	
新建的道路	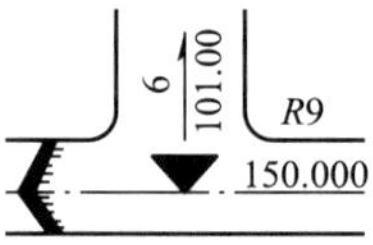	1. R9 表示道路转弯半径为 9m，150.000 为路面中心标高，6 表示 6%纵向坡度，101.00 表示变坡点间距离 2. 图中斜线为道路断面示意，根据实际需要绘制
原有的道路	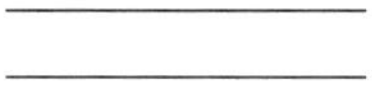	细实线
计划扩建的道路		粗虚线

（续）

名称	图例	说明
人行道	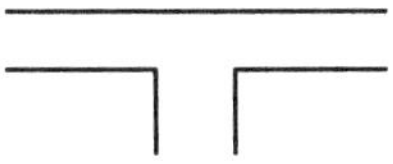	
拟拆除的道路	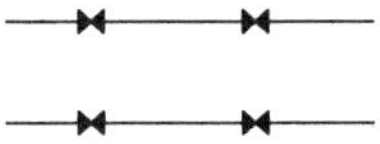	
公路桥	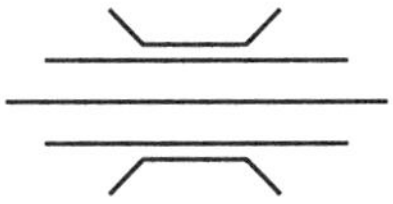	
敞棚或敞廊	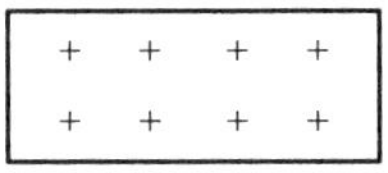	
铺砌场地	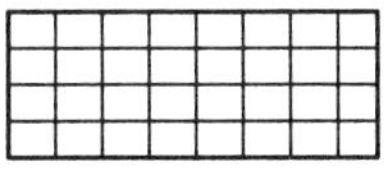	
针叶乔木		
阔叶乔木		
针叶灌木		
阔叶灌木	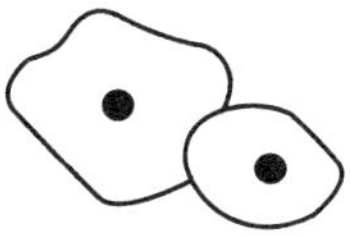	
修剪的树篱	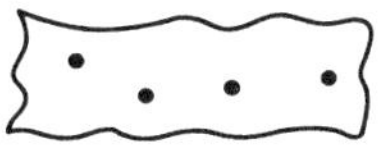	
草地	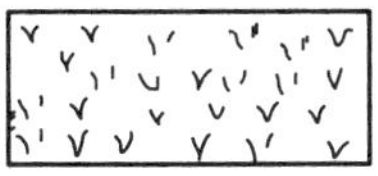	
花坛	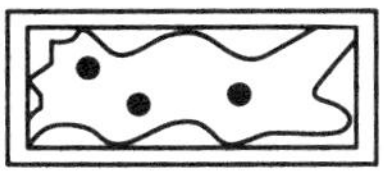	

(3) 注写名称与层数。

(4) 建筑定位。

新建房屋的位置可用定位尺寸或坐标确定。定位尺寸应标明与其相邻的原有建筑物或道路中心线的距离，如图 4-1 所示。

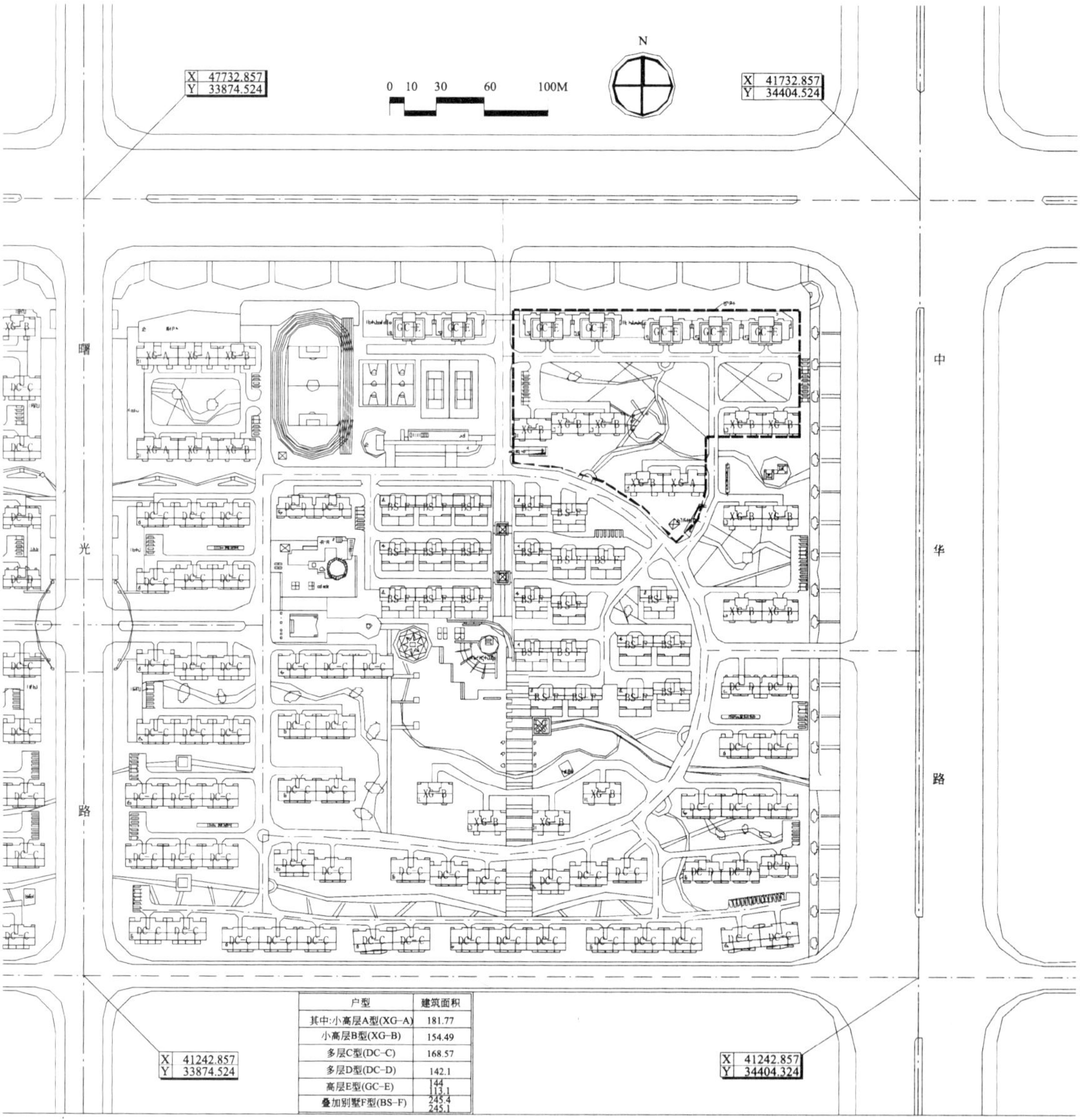

图 4-1　某住宅小区规划图

(5) 尺寸标注与标高注法。

总平面图中尺寸标注的内容包括：新建建筑物的总长和总宽；新建建筑物与原有建筑物或道路的间距；新增道路的宽度等。

总平面图中标注的标高应为绝对标高。所谓绝对标高，是指以我国青岛市外的黄海海平面作为零点测定的高度尺寸。新建建筑物应标注室内外地面的绝对标高。标高及坐标尺寸宜以 m 为单位，并保留至小数点后两位。总图中也可以以建筑物首层主要地坪为标高零点，标注相对标高，但应注明绝对标高的换算关系。

(6) 指北针和风向频率玫瑰图。

总平面图上应画出指北针或风玫瑰图，并应按上北下南方向绘制。根据场地形状或布局，可向左或右偏转，但不宜超过 45°。

指北针应按国标规定绘制，如图 4-2 所示，指针方向为北向，圆用细实线，直径为 24mm。指针尾部宽度为 3mm，指针针尖处应注写“北”或“N”字。如需用较大直径绘制指北针时，指针尾部宽度宜为直径的 1/8。

“风玫瑰”图也叫风向频率玫瑰图，它是根据某一地区多年平均统计的各方风向和风速的百分数值，并按一定比例绘制，一般多用 8 个或 16 个罗盘方位表示，如图 4-3 所示，由于该图的形状形似玫瑰花朵，故名“风玫瑰”。玫瑰图上所表示风的吹向(即风的来向)，是指从外面吹向地区中心的方向。图中，粗实线表示全年风向频率，细实线表示冬季风向频率，虚线(图中未示出)表示夏季风向频率。

(7) 绿化规划。

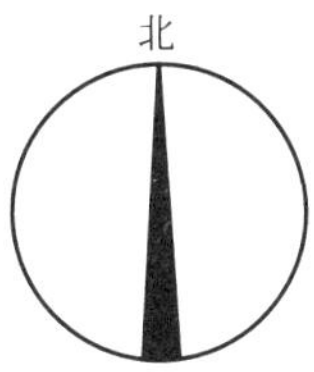

图 4-2　指北针

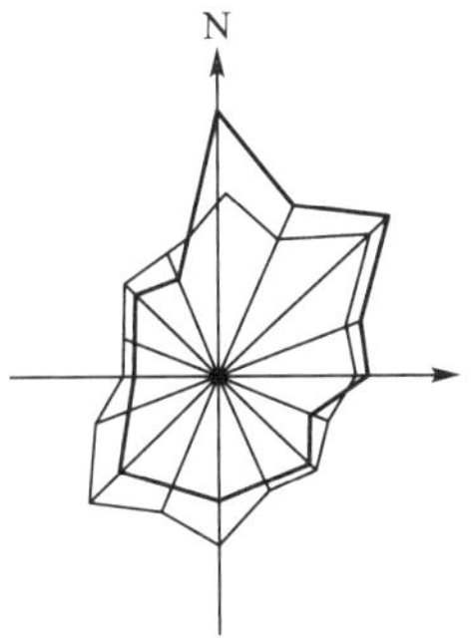

图 4-3　风向频率玫瑰图

4.2 建筑平面图

本节引言

建筑平、立、剖面图是施工图纸中比较重要、复杂的图样，只有将 3 种图纸结合起来，才能将建筑的空间表达清楚。其中建筑平面图是最重要的，也是最基础的，立面、剖面都是基于平面才能表达出的。

4.2.1 建筑平面图的用途

建筑平面图主要是用以表达房屋建筑被剖切楼层的平面形状，房间布置，内外交通联系等，反映各开间的大小、分隔和联系，如出入口、楼梯等的位置。

建筑平面图是建筑施工图的主要图样之一，是施工过程中房屋的定位放线、砌墙和门窗设备安装、装修及编制概预算、备料等工作的重要依据。

4.2.2　建筑平面图的形成

用一个假想的水平面，沿建筑物室内地面向上 1m 处，窗台之上的位置水平剖切，将切面之上部分扔掉，然后从上向下看，将剩余的部分按正投影的原理投射在水平投影面上得出的投影图，即为建筑的平面图，如图 4－4 所示。

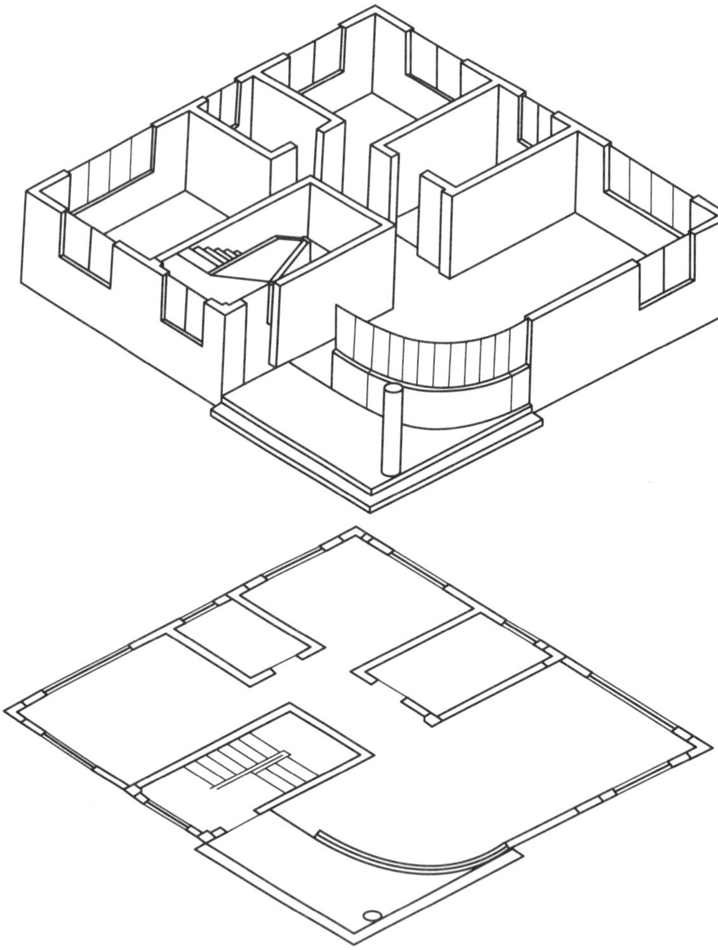

图 4－4　平面图的形成

一般情况下，房屋有几层，就应画出几个平面图。沿底层窗台以上部位水平切开得到的平面图称为底层平面图，又称为首层平面图或一层平面图。沿二层窗台以上部位水平切开得到的平面图称为二层平面图。在多层和高层建筑中，往往中间几层切开之后的图形是一样的，就只需要画一个平面图作为代表层，将这一个作为代表层的平面图称为“2～4 层平面图”或“标准层平面图”。沿顶层窗台以上部位切开得到的平面图称为顶层平面图。将房屋直接从上向下进行投影得到的平面图称为屋顶平面图。

4.2.3 建筑平面图的图示内容

如图 4-5 和图 4-6 所示，底层平面图应画出房屋本层相应的水平投影，以及与本栋房屋有关的台阶、花池、散水等的投影；二层平面图除画出房屋二层范围的投影内容之外，还应画出底层平面图无法表达的雨篷、阳台、窗楣等内容，而对于底层平面图上已表达清楚的台阶、花池、散水等内容就不再画出；三层以上的平面图则只需画出本层的投影内容及下一层的窗楣、雨篷等这些下一层无法表达的内容。

建筑平面图由于比例小，各层平面图中的卫生间、楼梯间、门窗等投影难以详尽表达，便采用《建筑制图标准》规定的图例来表达，而相应的详尽情况则用较大比例的详图来表达，具体图例见表 4-2。

表 4-2 构造及配件图例(摘自 GB 50104—2010)

序号	名称	图例	说明
1	墙体	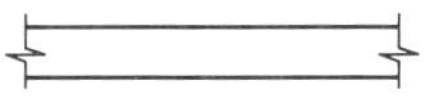	应加注文字或填充图例表示墙体材料，在项目设计图纸说明中列表给予说明
2	隔断		1. 包括板条抹灰、木制、石膏板、金属材料等隔断 2. 适用于到顶与不到顶隔断
3	栏杆		用细实线表示
4	楼梯	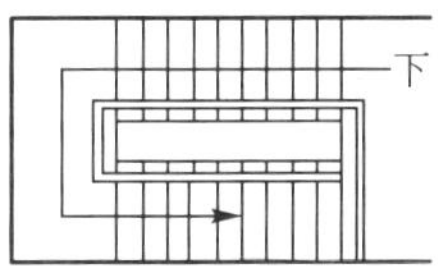 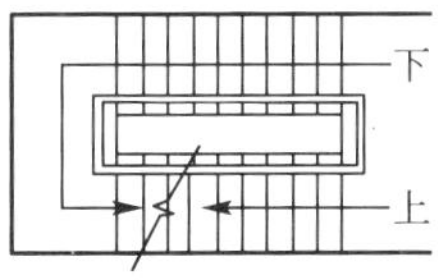 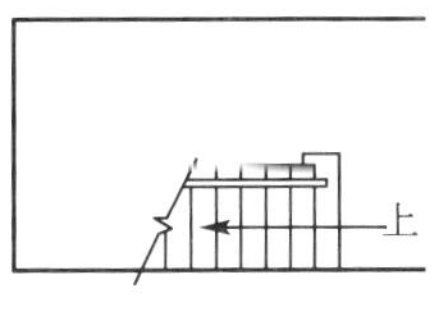	1. 上图为顶层楼梯平面，中图为中间层楼梯平面，下图为底层楼梯平面 2. 楼梯及栏杆扶手的形式和梯段踏步数应按实际情况绘制

（续）

序号	名称	图例	说明
5	坡道	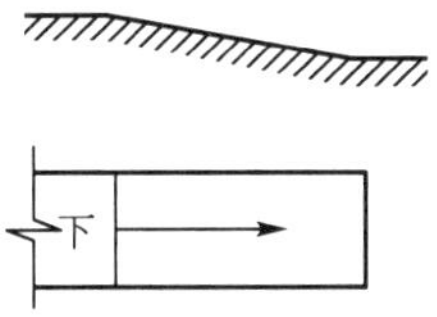 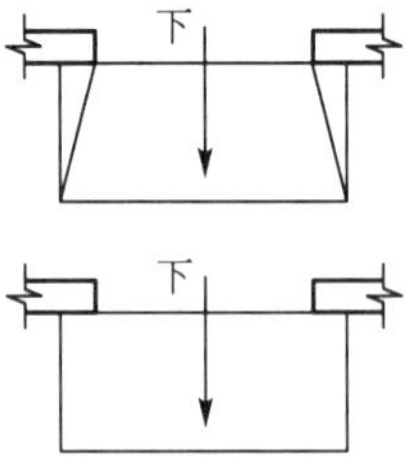	上图为长坡道，下图为门口坡道
6	平面高差	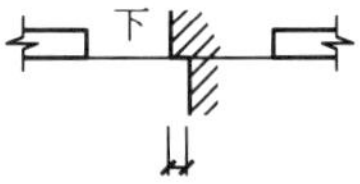	适用于高差小于或等于100mm的两个地面或楼面相接处
7	检查孔	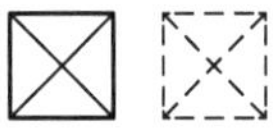	左图为可见检查孔，右图为不可见检查孔
8	孔洞		阴影部分可以涂色代替
9	坑槽		
10	墙预留孔	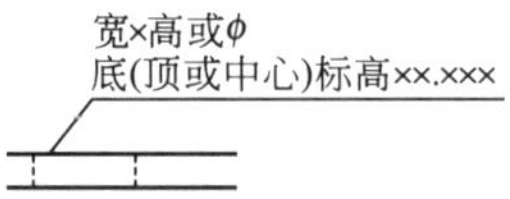	1. 以洞中心或洞边定位 2. 宜以涂色区别墙体和留洞位置
11	墙预留槽	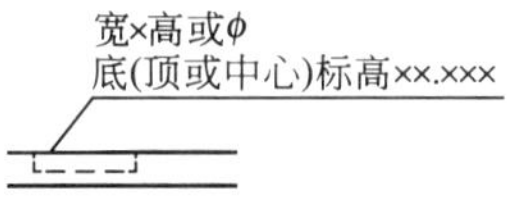	

（续）

序号	名称	图例	说明
12	烟道	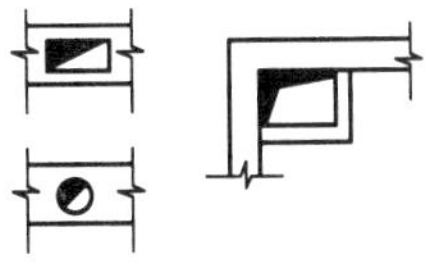	1. 阴影部分可以涂色代替 2. 烟道与墙体为同一材料，其相接处墙身应断开
13	通风道	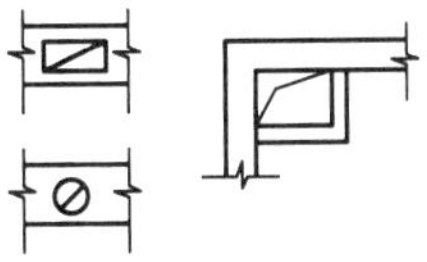	
14	空门洞	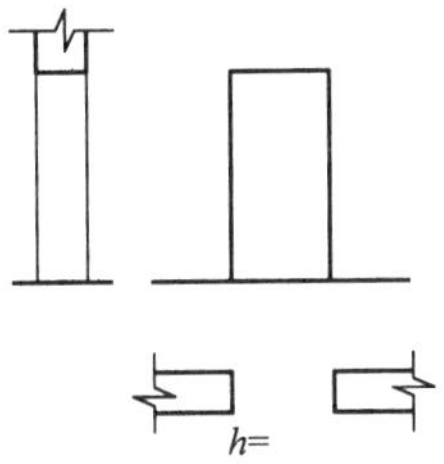	h 为门洞高度
15	单扇门(包括平开或单面弹簧)	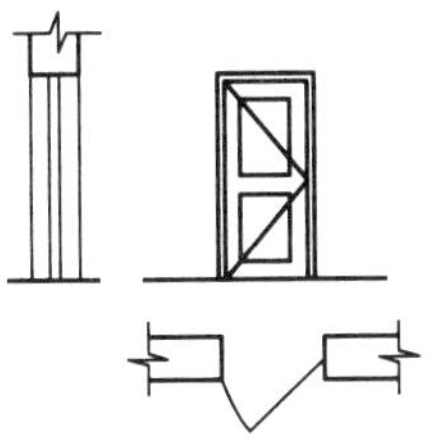	1. 门的名称代号用 M 2. 图例中剖面图左为外、右为内，平面图下为外、上为内 3. 立面图上开启方向线交角的一侧为安装合页一侧，实线为外开，虚线为内开 4. 平面图上门线 90°或 45°开启，开启弧线宜绘出 5. 立面图上开启线在一般的设计图中可不表示，在详图及室内设计图上应表示 6. 立面形式应按实际情况绘制
16	双扇门(包括平开或单面弹簧)	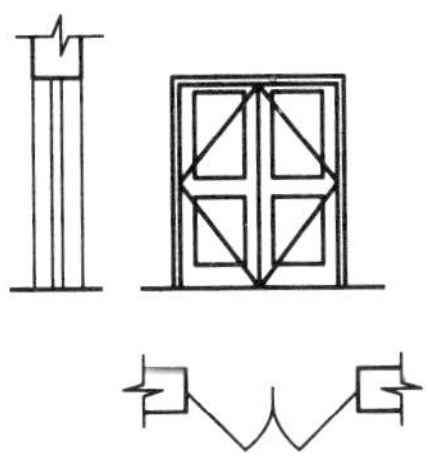	

（续）

序号	名称	图例	说明
17	单扇双面弹簧门	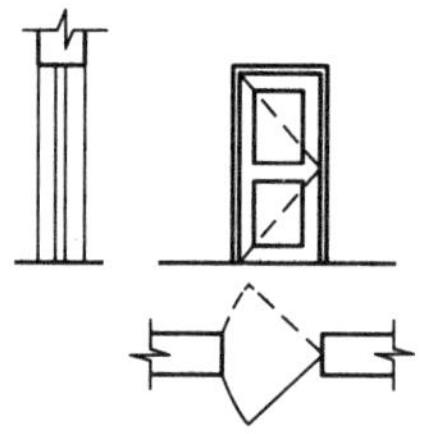	1. 门的名称代号用 M 2. 图例中剖面图左为外、右为内，平面图下为外、上为内 3. 立面图上开启方向线交角的一侧为安装合页一侧，实线为外开，虚线为内开 4. 平面图上门线 90°或 45°开启，开启弧线宜绘出 5. 立面图上开启线在一般的设计图中可不表示，在详图及室内设计图上应表示 6. 立面形式应按实际情况绘制
18	双扇双面弹簧门	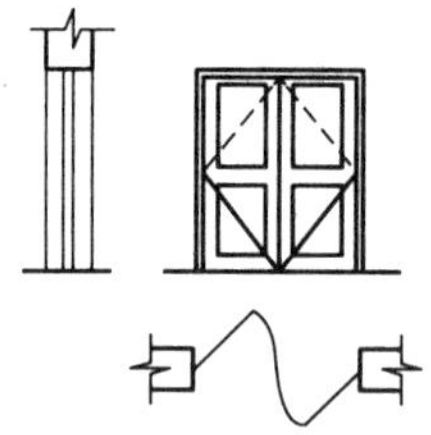	
19	单扇内外开双层门(包括平开或单面弹簧)	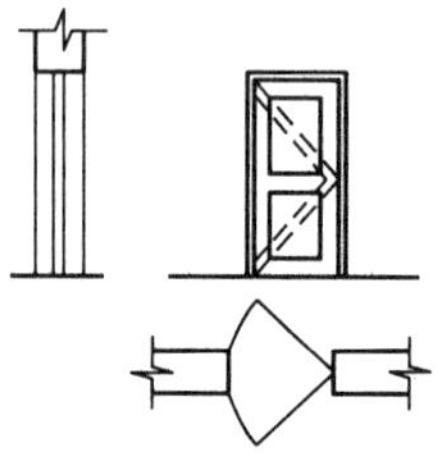	
20	双扇内外开双层门(包括平开或单面弹簧)	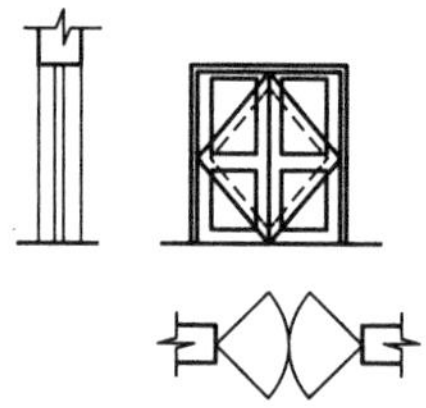	
21	对开折叠门	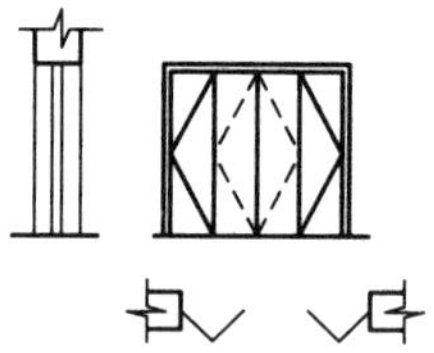	
22	推拉门	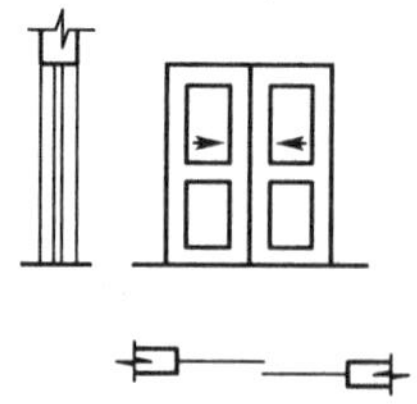	1. 门的名称代号用 M 2. 图例中剖面图左为外、右为内，平面图下为外、上为内 3. 立面形式应按实际情况绘制
23	墙外单扇推拉门	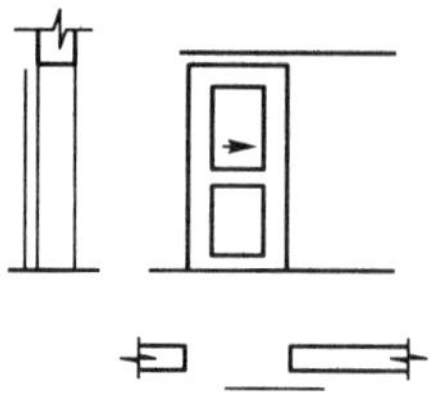	

（续）

序号	名称	图例	说明
24	墙外双扇推拉门	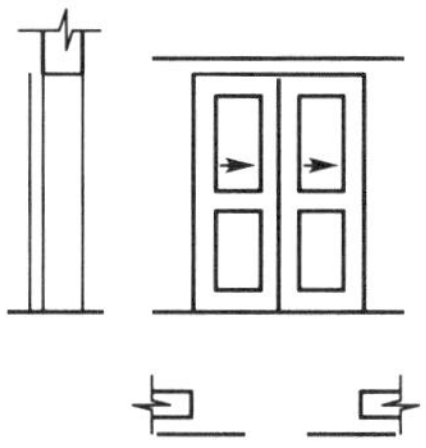	1. 门的名称代号用 M 2. 图例中剖面图左为外、右为内，平面图下为外、上为内 3. 立面形式应按实际情况绘制
25	墙中单扇推拉门	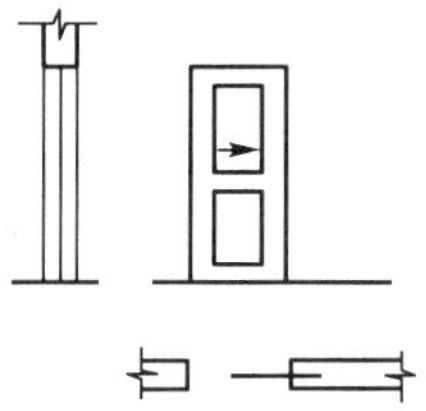	
26	墙中双扇推拉门		
27	自动门	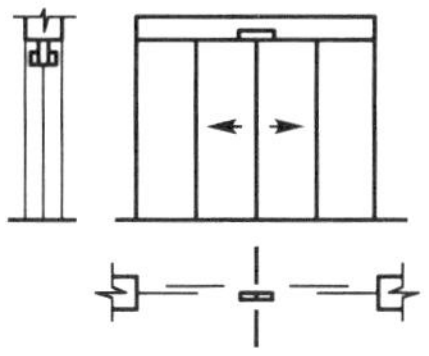	1. 门的名称代号用 M 2. 图例中剖面图左为外、右为内，平面图下为外、上为内 3. 立面形式应按实际情况绘制
28	竖向卷帘门	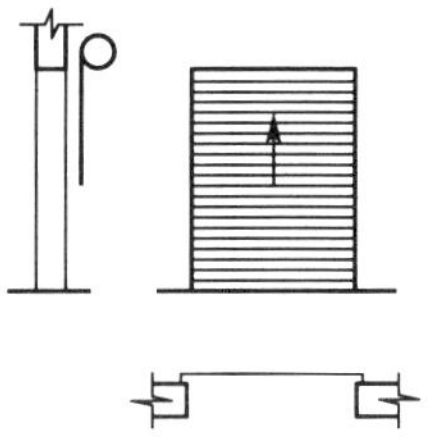	

（续）

序号	名称	图例	说明
29	单层固定窗	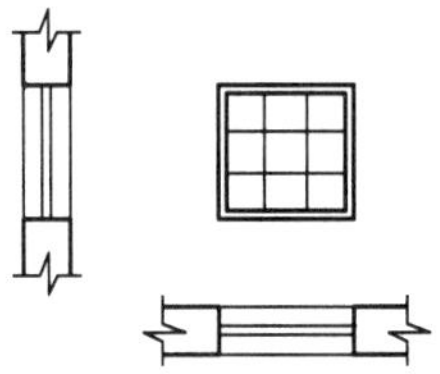	1. 窗的名称代号用C表示 2. 立面图中的斜线表示窗的开启方向。实线为外开，虚线为内开，开启方向线交角的一侧为安装合页一侧，一般设计图中可不表示 3. 图例中剖面图左为外、右为内，平面图下为外、上为内 4. 平面图和剖面图上的虚线仅说明开关方式，在设计图中不需表示 5. 窗的立面形式应按实际情况绘制 6. 小比例绘图时，平面、剖面的窗线可用单粗实线表示
30	单层外开上开窗	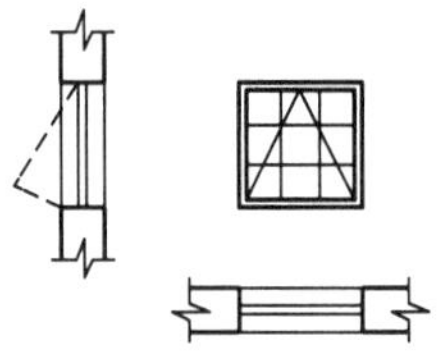	
31	单层中悬窗	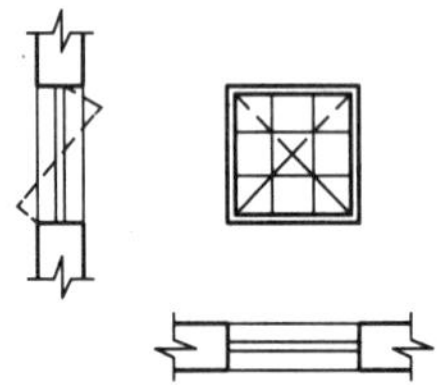	
32	立转窗	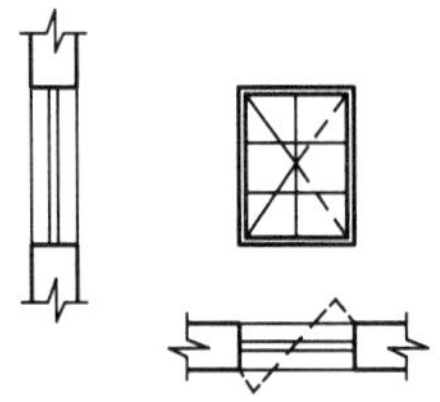	1. 窗的名称代号用C表示 2. 立面图中的斜线表示窗的开启方向。实线为外开，虚线为内开，开启方向线交角的一侧为安装合页一侧，一般设计图中可不表示 3. 图例中剖面图左为外、右为内，平面图下为外、上为内 4. 平面图和剖面图上的虚线仅说明开关方式，在设计图中不需表示 5. 窗的立面形式应按实际情况绘制 6. 小比例绘图时，平面、剖面的窗线可用单粗实线表示
33	单层外开平开窗	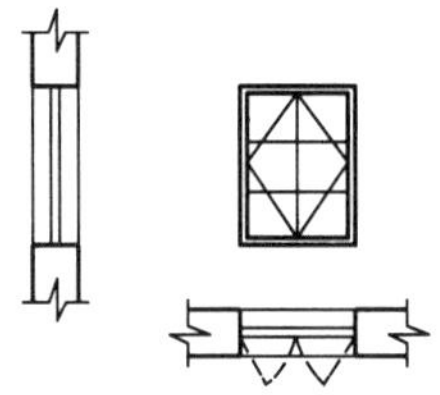	
34	单层内开平开窗	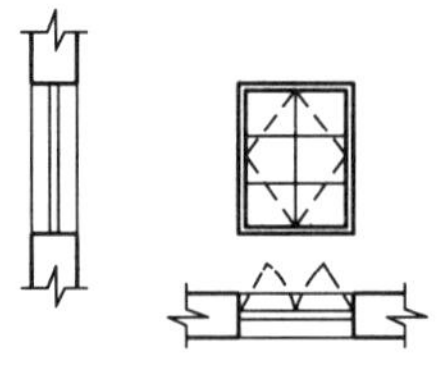	
35	双层内外开平开窗	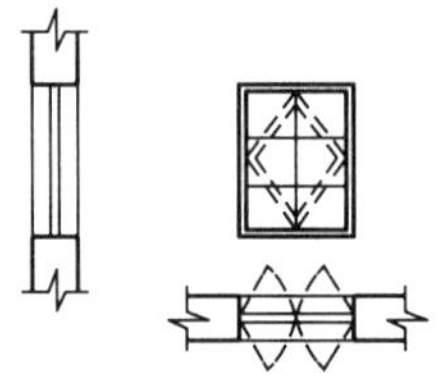	

（续）

序号	名称	图例	说明
36	推拉窗	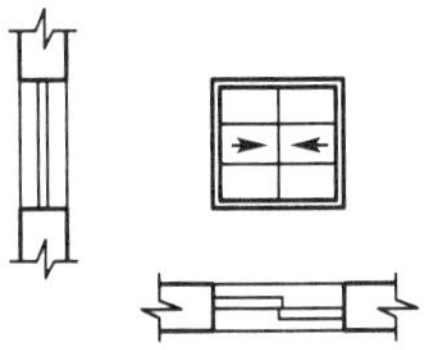	1. 窗的名称代号用C表示 2. 图例中剖面图左为外、右为内，平面图下为外、上为内 3. 窗的立面形式应按实际情况绘制 4. 小比例绘图时，平面、剖面的窗线可用单粗实线表示
37	百叶窗	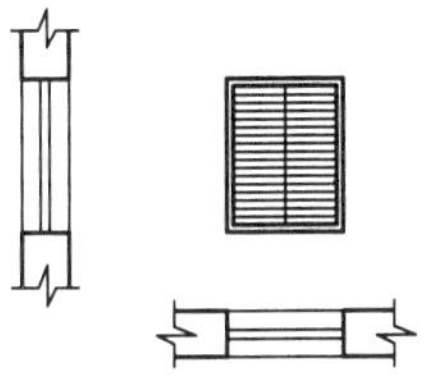	1. 窗的名称代号用C表示 2. 立面图中的斜线表示窗的开启方向。实线为外开，虚线为内开，开启方向线交角的一侧为安装合页一侧，一般设计图中可不表示 3. 图例中剖面图左为外、右为内，平面图下为外、上为内 4. 平面图和剖面图上的虚线仅说明开关方式，在设计图中不需表示 5. 窗的立面形式应按实际情况绘制
38	高窗	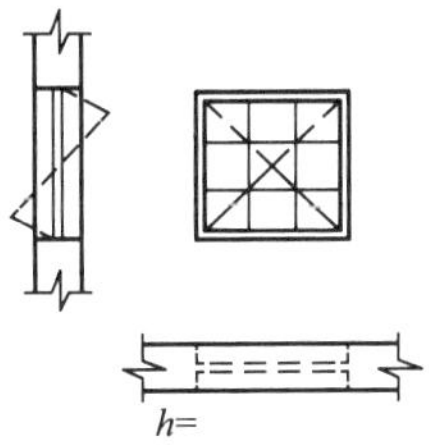	1. 窗的名称代号用C表示 2. 立面图中的斜线表示窗的开启方向。实线为外开，虚线为内开，开启方向线交角的一侧为安装合页一侧，一般设计图中可不表示 3. 图例中剖面图左为外、右为内，平面图下为外、上为内 4. 平面图和剖面图上的虚线仅说明开关方式，在设计图中不需表示 5. 窗的立面形式应按实际情况绘制 6. h为窗底距本层楼地面的高度

4.2.4 建筑平面图的基本规范

1. 比例图名

通过图名可以了解这个建筑平面图表示的是房屋的哪一层平面，房屋建筑施工图中一般都用缩小比例来绘制施工图，根据房屋的大小和复杂程度以及选用的图纸幅面规格，按《建筑制图标准》中的比例选用。建筑平面图的比例宜采用 1∶50，1∶100，1∶200等。

2. 线型

前章节中对图线的使用都有明确的规定，总的原则是所有剖切面的截交线(被剖到的墙体线)用粗实线，次要的轮廓线用中粗线，其他线一律用细线。再者，可见部分用实线，不可见部分用虚线。也就是说被剖切到的墙、柱的断面轮廓线用粗实线画出。没有剖切到的可见轮廓线，如窗台、台阶、明沟、楼梯和阳台等用中实线画出(当绘制较简单的图样时，也可用细实线画出)。

尺寸线与尺寸界线、标高符号、定位轴线等用细实线和细单点长画线画出。

3. 尺寸标注

1）定位轴线

定位轴线确定了房屋各承重构件的定位和布局，同时也是其他建筑构、配件的尺寸基准线。定位轴线的画法和编号已在第 3 章第 5 节中详细介绍。在这里需要说明的是平面图上定位轴线的编号宜标注在图样的下方及左例。横向编号应用阿拉伯数字标写，从左至右按顺序编号；纵向编号应用大写拉丁字母，从前至后按顺序编号，拉丁字母中的 I、O、Z 不能用于轴线号，以避免与 1、0、2 混淆。建筑平面图中定位轴线的编号确定后，其他各种图样中的轴线编号应与之相符。

2）尺寸标注

平面图的尺寸包括外部尺寸和内部尺寸。

(1) 外部尺寸标注。

为了便于看图与施工，需要在外墙外部标注 3 条尺寸，一般注写在图形下方和左方。

第 1 道尺寸为房屋外轮廓的总尺寸，即从一端的外墙边到另一端的外墙边的总长和总宽；第 2 道尺寸为定位轴线间的尺寸，其中横墙轴线间的尺寸称为开间尺寸，纵墙轴线间的尺寸称为进深尺寸；第 3 道尺寸为分段尺寸，表达门窗洞口及位置，墙垛分段以及细部构造等。标注这道尺寸应以轴线为基准，3 道尺寸线之间的距离一般为 7～10cm。第 3 道尺寸线与平面图中最近的图形轮廓线之间距离不宜小于 10mm。

当平面图的上下或左右的外部尺寸相同时，只需要标注左(右)侧尺寸与下(上)方尺寸即可，否则，平面图的上下和左右均应标注尺寸。

外墙以外的台阶、平台、散水等细部尺寸应另行标注。

(2) 内部尺寸的标注。

内部尺寸指外墙以内的全部尺寸，它主要用于注明内墙门窗洞的位置及其宽度、墙体厚度、房间大小、卫生器具、灶台和洗涤盆等固定设备的位置及其大小。

3）标高

在标注房间的使用面积和楼、地面的相对标高时，规定一层室内地面标高为±0.000，其他各处标高以此为基准。相对标高以米(m)为单位。注写到小数点以后三位。

各平面图如图 4－5 和图 4－6 所示。

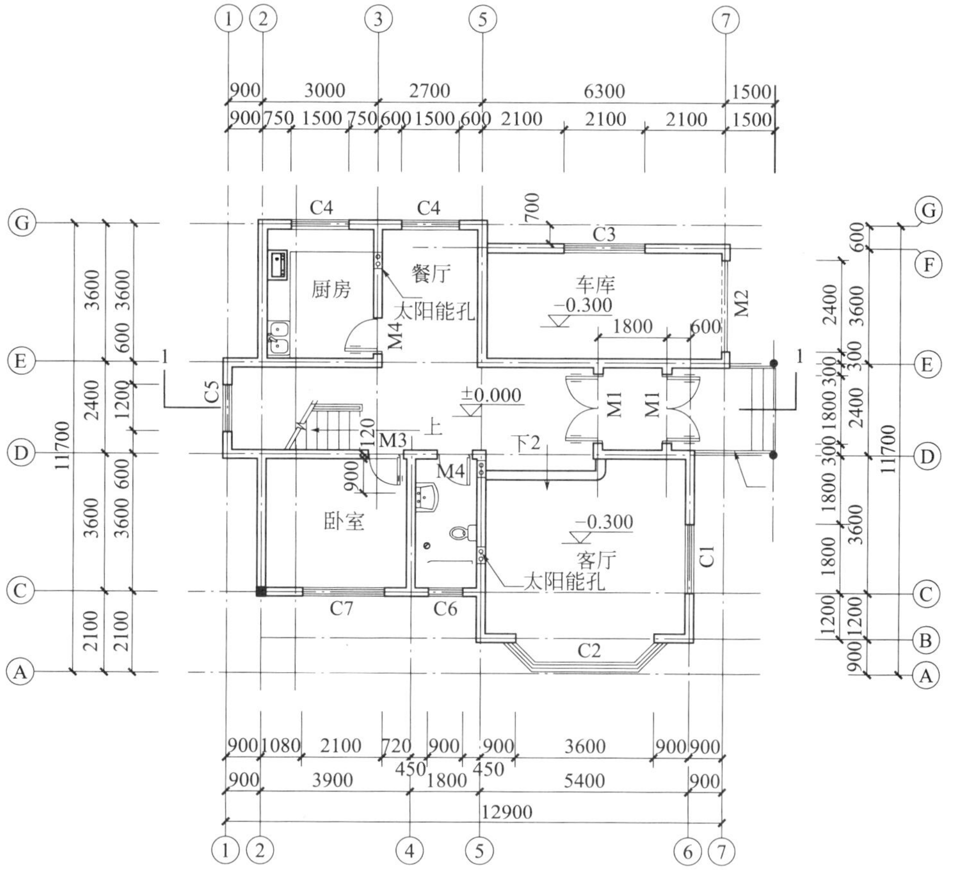

一层平面图 1:100

注:未标注的门垛均为距轴线240宽
未标注的墙厚均为240厚,轴线居中

图 4-5　首层平面图

4.2.5　建筑平面图的作图步骤

以一层平面图为例，说明绘制建筑平面图的步骤，如图 4-7 所示。

(1) 选定比例与图幅进行图面布置。

根据房屋的复杂程度与大小，选定适当的比例，并确定图幅的大小。以建筑物的横向墙体第一条轴线和纵向墙体 A 轴线作为定位线，将平面图布置在图纸的适当位置，要注意留出标注尺寸、图名、符号、文字说明及指北针的位置。

(2) 画铅笔图稿。用不同硬度的铅笔在绘图纸上画出的图形称为“底图”。其绘图步骤如下。

① 绘制图框及标题栏，根据建筑物各轴线的关系，用 2H 铅笔绘出各定位轴线，如图 4-7(a)所示。

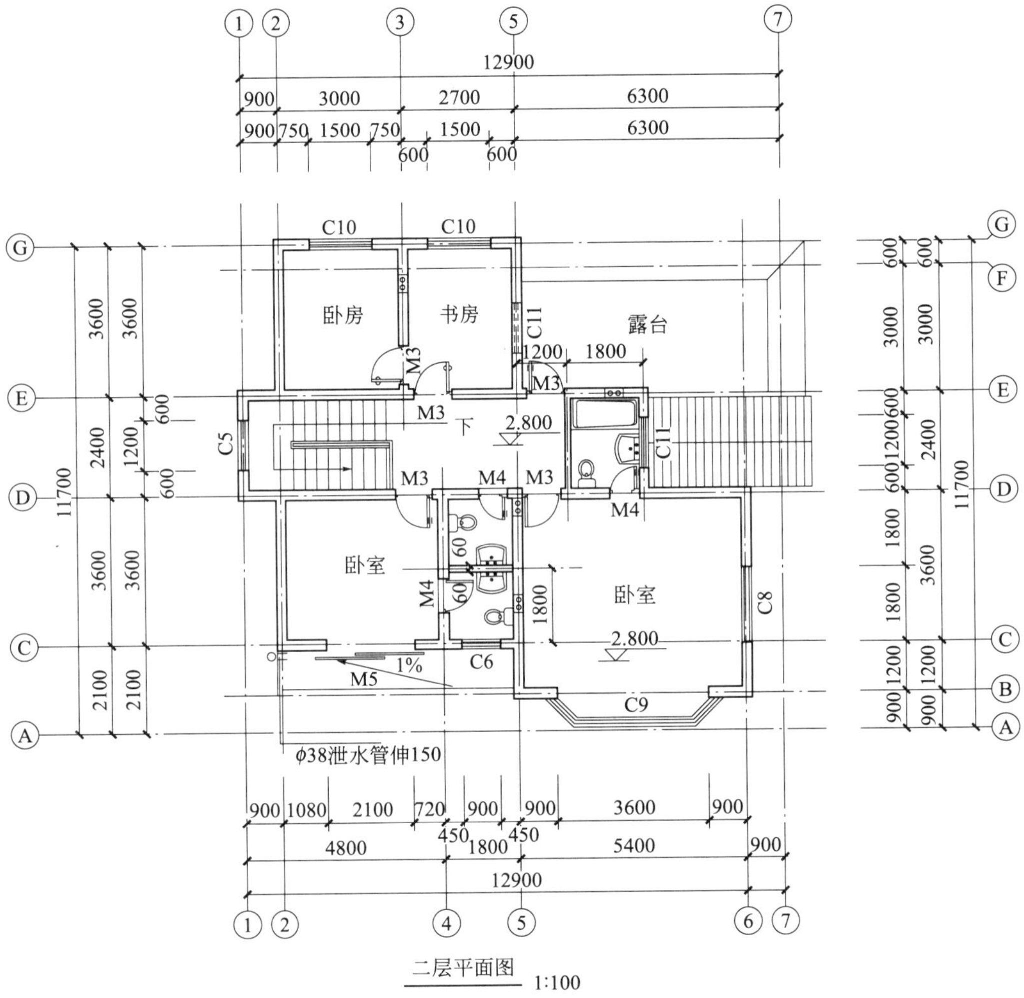

图 4-6　二层平面图

② 根据墙厚及墙中心线的位置绘出墙轮廓线、柱断面，根据门窗与轴线的关系绘出门、窗位置、走廊，同时也补全未定轴线的次要的非承重墙，如图 4-7(b)所示。

③ 绘细部位置，如台阶、楼梯、雨篷等。

④ 检查底图是否有错、漏，确认无误后，用 B 或 2B 铅笔将墙体轮廓线等加深。加深的顺序是：先曲线后直线，直线是从左到右，从上到下，最后加深图线，如图 4-7(c)所示。

⑤ 画出尺寸线标注尺寸、注写符号及文字说明，如图 4-7(d)所示。

⑥ 图面复核。为尽量做到准确无误，完成绘图前应仔细检查，及时更正错误。

(3) 上墨。

将描图纸(硫酸纸)盖在底图上，用描图笔(针管笔或鸭嘴笔)、黑色的墨水(绘图墨水、碳素墨水)按底图描出的图形称为二底图。二底图可用于复制图纸，即晒图(蓝图)。由于计算机出图越来越普遍，晒图技术仅在不便使用计算机出图的情况下使用。

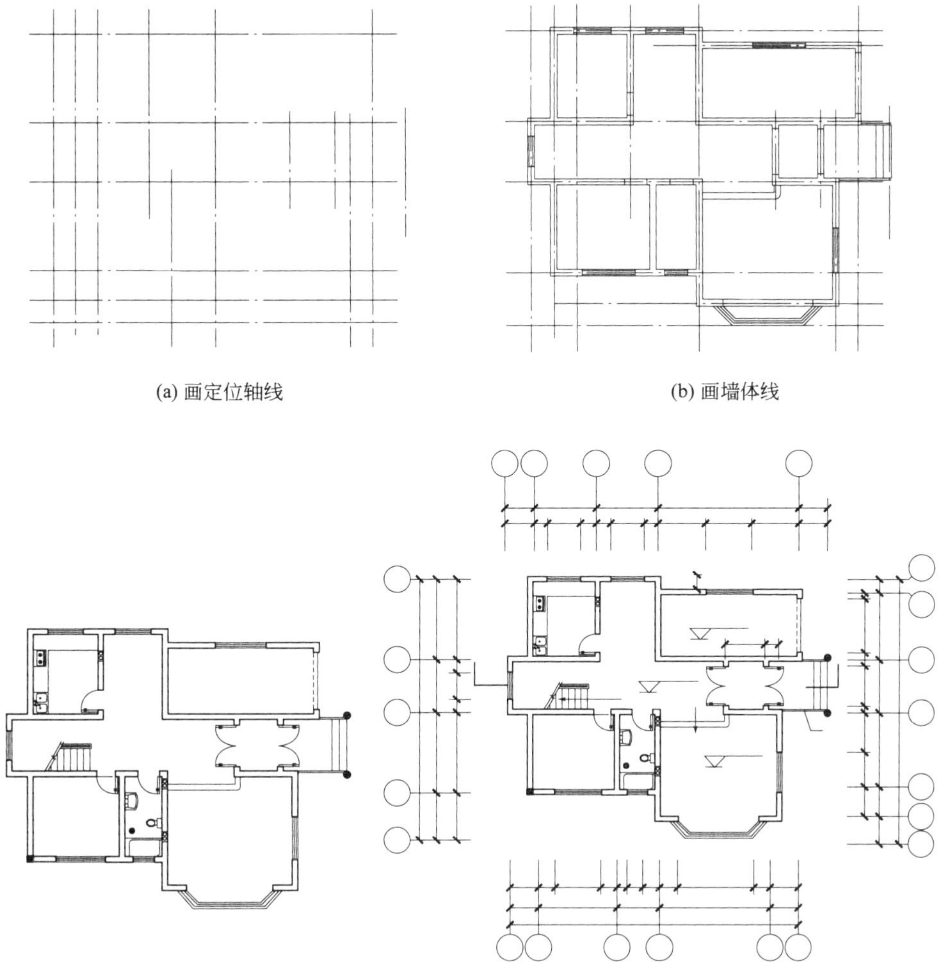

(a) 画定位轴线

(b) 画墙体线

(c) 画建筑细部

(d) 标注尺寸及符号

图 4－7 建筑平面图作图步骤

4.3 建筑立面图

本节引言

一座建筑物是否美观，很大程度上取决于它在主要立面上的艺术处理，包括造型与装修是否优美。因此，在设计阶段，立面图主要是用来研究其外形艺术处理的。本节主要讲述反映房屋外貌和立面装修的一般做法的表示方法。

4.3.1 建筑立面图的用途

立面图是设计工程师表达立面设计效果的重要图纸，在施工中是外墙面造型、外墙面装修、工程概预算、备料等的依据。

4.3.2 建筑立面图的形成

立面图是用直接正投影法将建筑各个墙面进行投影所得到的正投影图，如图 4－8 所示。一般建筑物都有前、后、左、右 4 个面。通常情况下按房屋的朝向来命名，如南立面图、北立面图、东立面图、西立面图等。另外也可按建筑立面图两端定位轴线编号来确定，如①-④立面图和Ⓒ-Ⓐ立面图等，如图 4－8(b)、(c)所示。

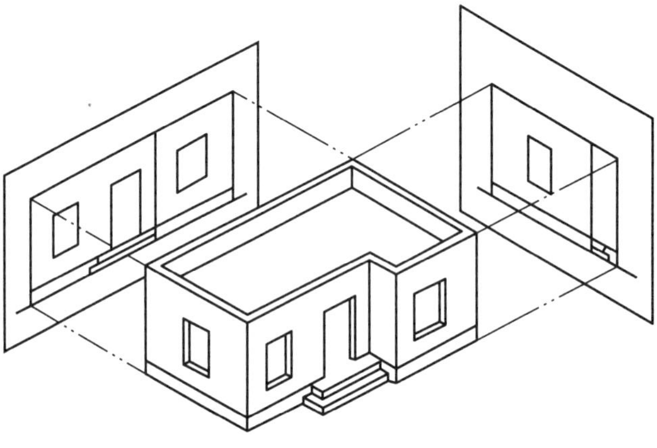

(a) 立面图的形成

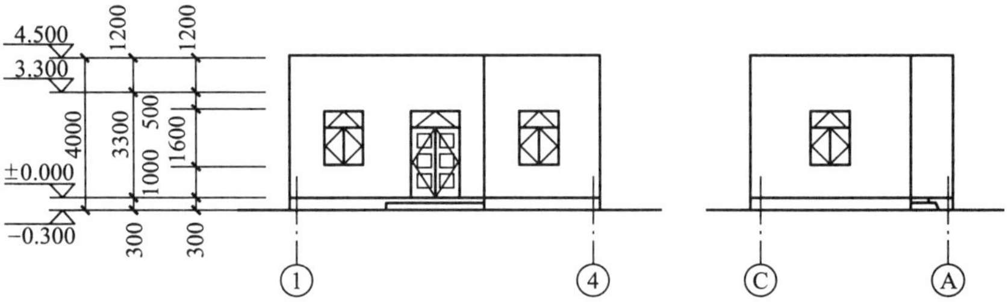

(b) ①—④立面图　　(c) Ⓒ—Ⓐ立面图

图 4－8　建筑立面图的形成

4.3.3 建筑立面图的图示内容

立面图应根据正投影原理绘出建筑物外墙面上所有门窗、雨篷、檐口、檐壁、窗台、窗楣及底层入口处的台阶、花池等的投影。由于比例较小，立面图上的门、窗等构件也用图例表示。相同的门窗、阳台、外檐装修、构造做法等可在局部重点表示，绘出其完整图形，其余部分可只画轮廓线。如立面图中不能表达清楚，则可另用详图表达。

立面图的主要内容如下。

各立面图内容大同小异，现以①-⑥、Ⓑ-Ⓕ立面图为例说明建筑立面图的主要内容，如图 4－9、图 4－10 所示。

(1) 图名、比例、说明。图名以轴线命名，比例与平面图一样，说明了外墙面的做法等。

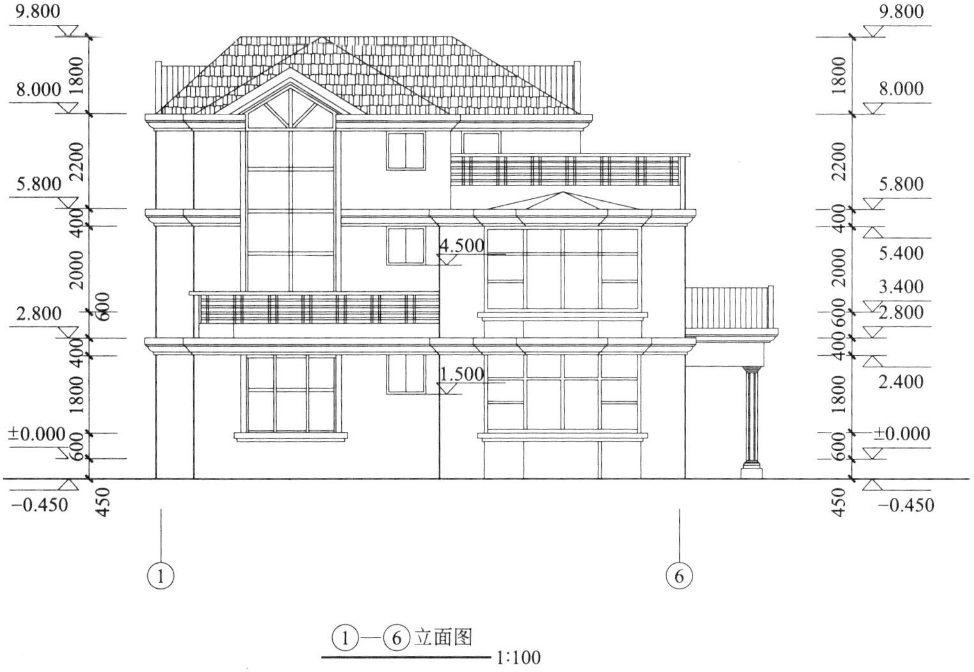

图 4-9 建筑立面图(一)

图 4-10 建筑立面图(二)

(2) 建筑物轴线。为了表明立面图与平面图对应的位置，一般只标注两端轴线编号，中间轴线编号可以不标注。

(3) 标高。表示出各主要部位的相对高度。比如室外地面标高，室内地面及各层楼面标高、檐口女儿墙标高、窗台标高等。从图 4-9 可以看出该建筑物总高度为 9.8m。

(4) 立面尺寸。立面尺寸也可分为内部尺寸和外部尺寸，外部尺寸可以标注二道尺寸线，也可以标注三道尺寸线，主要表示建筑物高度方向的尺寸。最里一道尺寸(细部尺寸)表示门窗洞口的高度以及门窗与楼面的相对位置；中间一道尺寸(定位尺寸)表示层高，即一层楼地面到上一层楼面的高度，本建筑物一层层高 2.8m，二层层高为 3.0m，三层层高为 4.0m，最外一道尺寸(总尺寸)表示建筑物总高度，即从室外地面到檐口女儿墙的高度。

(5) 外墙面的造型。它表明建筑物门窗、台阶、阳台、雨篷以及雨水管的位置等，如图 4-9 所示。

(6) 外墙面的分格。外墙面的分格一般以通长的窗台、窗檐为主要横线条进行横向分格，以出入口处两边的墙垛、阳台墙垛以及雨水管、装饰缝为竖线条进行竖向分格。

(7) 外墙面的装修。如阳台为水刷石饰面，颜色现场定。外墙面装修也有用索引符号表示具体做法，具体做法还需要查找相应的标准图集。

4.3.4 建筑立面图的基本规范

1. 比例图名

1) 图名

表示建筑物外墙面特征的正投影图称为立面图。其中，表示建筑物正立面特征的正投影图称为正立面图；表示建筑物背立面特征的正投影图称为背立面图；表示建筑物侧立面特征的正投影图称为侧立面图，侧立面图又分左侧立面图和右侧立面图。某些平面形状曲折的建筑物，可绘制展开立面图，圆形或多边形平面的建筑物，可分段展开绘制立面图。但均应在图名后加注“展开”二字。

2) 比例

图线、图例应根据图样的复杂程度、比例大小，按《建筑制图标准》GB/T 50104—2010 中的有关规定选用，常用 1：50，1：100，1：200，但立面图比例一般和平面图一致。

2. 线型

在建筑立面图中，为使立面外形更加清晰，通常用粗实线表示立面图的最外轮廓线，室外地坪线用加粗线画出，这样可加强建筑立面的表达效果，使建筑物立面的轮廓突出、层次分明。另外在立面图中还通常使用不同的线型表达不同的对象，例如，门窗洞口、阳台、台阶、花池等建筑构配件的轮廓线用中实线画出；门窗分格线、墙面装饰线、雨水管以及装修做法注释引出线等用细实线画出。

3. 尺寸标注

(1) 竖直方向：应标注建筑物的室外地坪、门窗洞口上下口、台阶顶面、雨篷、房檐下口，屋面墙顶处的标高，并应在竖直方向标注 3 道尺寸。里面一道尺寸标注房屋的室内外高差、门窗洞口高度、垂直方向窗间墙、窗下墙高，檐口高度尺寸；中间一道尺寸标注层高尺寸或以标高符号标出层高；外边一道尺寸为总高尺寸，也可不标。

（2）水平方向：立面图水平方向一般不标注尺寸，但需要标出立面图最外两端墙的轴线及编号，并在图的下方写图名、比例。

（3）其他标注：立面图上可在适当位置用文字标出其装修，也可以不注写在立面图中，以保证立面图的完整美观，而在建筑设计总说明中列出外墙面的装修。

尺寸标注如图 4－9 和图 4－10 所示。

4.3.5　建筑立面图的作图步骤

建筑立面图的绘制方法与步骤与建筑平面图基本一致。一般对应平面图绘制立面图步骤如图 4－11 所示。

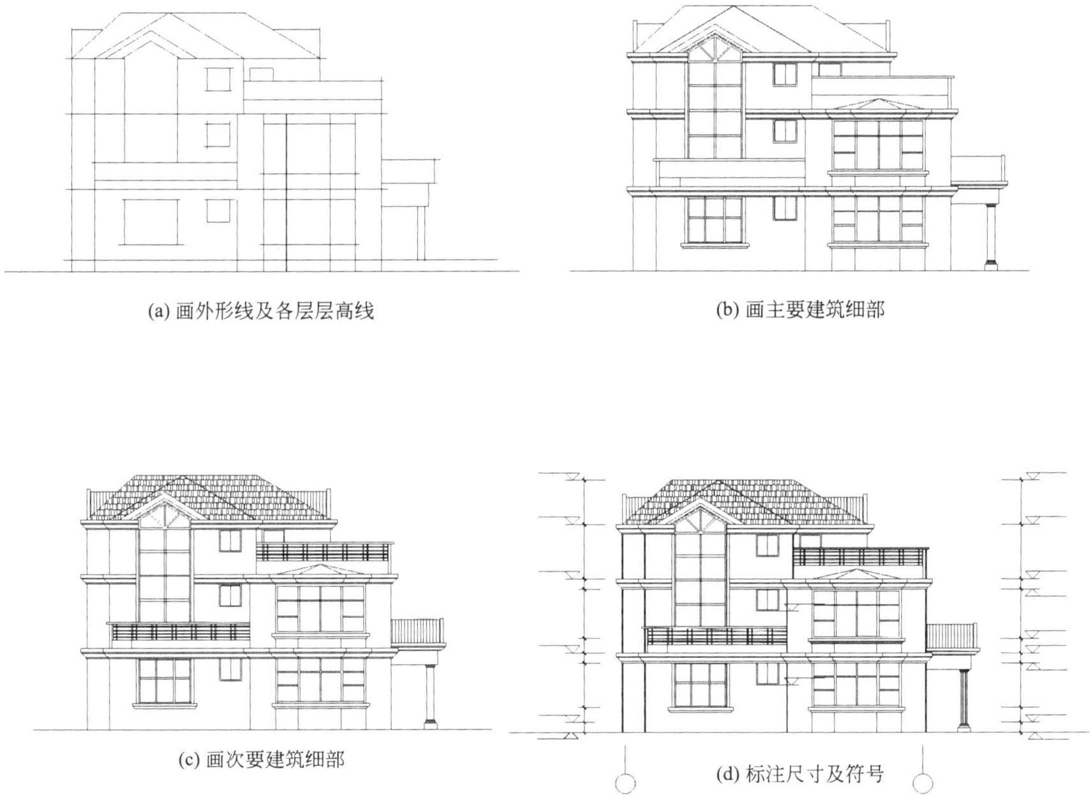

(a) 画外形线及各层层高线　(b) 画主要建筑细部

(c) 画次要建筑细部　(d) 标注尺寸及符号

图 4－11　建筑立面图的绘图步骤

（1）选定比例与图幅进行图面布置，绘制标题栏。比例、幅面与平面图一致。

（2）画铅笔图稿。

① 画室外地坪线、外墙轮廓线和屋顶或檐口线，并画出首层轴线和外墙面表面分格线，如图 4－11(a)所示。

② 画细部轮廓，如门窗洞口位置、窗台、走廊、窗檐、屋檐、屋顶、雨篷、雨水管等，如图 4－11(b)所示。

③ 按线型及线宽要求加深图线，并绘制细部，如图 4－11(c)所示。

④ 标注尺寸、标高，应用文字注写说明各部位所用面材及色彩，如图 4－11(d)所示。

⑤ 图面复核。

(3) 上墨(描图)。

4.4 建筑剖面图

本节引言

建筑的内部空间变化与组合关系只靠平面图与立面图无法表达清楚，因此应将建筑垂直切开看其内部构造，才能了解得更加详尽。本节主要讲述反映房屋内部空间变化与组合关系及构造做法的图纸表达方法。

4.4.1 建筑剖面图的用途

剖面图与平面图、立面图一样，是建筑施工图中的重要图纸之一，表达了建筑物的结构形式、分层情况、层高及各部位的相互关系，最主要的是表达建筑内部空间的变化与组合关系，是与平、立面图相互配合的图样，是施工、概预算及备料的重要依据。

4.4.2 建筑剖面图的形成

剖面图是指房屋的垂直剖面图，即：假想用一个与正立投影面或侧立面投影面平行的平面将房屋剖切开，移去剖切面与观察者之间的部分，将剩下部分按正投影的原理投射到与剖切平面平行的投影面上，得到的投影图我们称之为建筑的剖面图，如图 4－12 所示。

4.4.3 剖切位置及剖视方向

剖面图的剖切位置应选在房屋的主要部位或建筑空间变化、组合比较典型的部位进行剖切，例如剖切部位通过房屋的门窗洞口或楼梯间等。并且应在首层平面图中标明剖面图的图名，应与平面图上所标注的剖切符号的编号相一致，如 1－1 剖面图、Ⅰ－Ⅰ剖面图或 A－A 剖面图等。当一个剖切面不能同时剖到这些部位时。可采用若干平行的剖切平面或转折剖。剖切平面应根据房屋的复杂程度而定。

4.4.4 建筑剖面图的图示内容

下面以图 4－13 为例介绍剖面图的主要内容。

(1) 图名、比例、说明等 1－1 剖面图 1∶100。

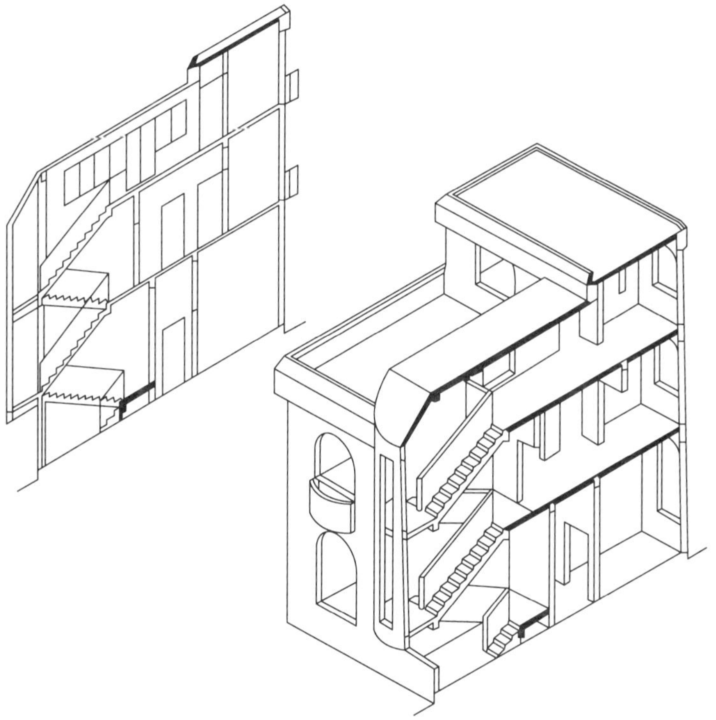

图 4－12　建筑剖面图的形成

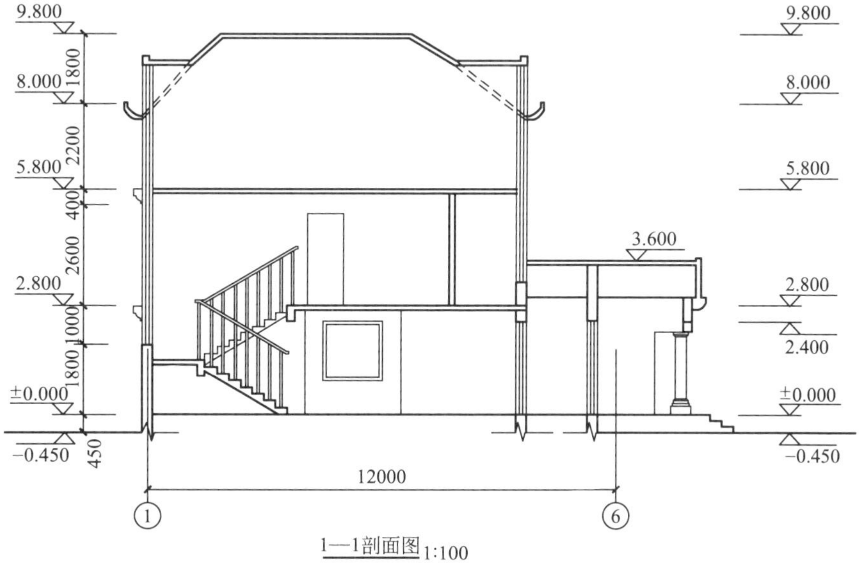

图 4－13　建筑的剖面图

(2) 内部分层、分隔情况：建筑物高度方向由结构层(即楼板层)进行分层，从 1—1 剖面图看分 3 层，宽度方向由纵向墙体进行分隔。

(3) 屋顶楼面的做法：坡屋顶与平屋顶相结合做法。

(4) 楼梯剖面及步数：剖面图可以直观地观察到楼梯的结构形式。该楼梯为平行双跑式楼梯，从标注尺寸可以看出，两个梯段均为 8 步，梯段踢面高为 175mm，踏面宽 300mm。

(5) 标高及尺寸标注。

(6) 索引符号与其他：索引符号与平面图、立面图上索引符号意义一样，这里就不做介绍了。除此之外，在剖面图上还应表示出台阶、散水、雨篷、雨水管、排水沟等。

4.4.5 建筑剖面图的基本规范

1. 比例图名

用侧立投影面的平行面进行剖切，得到的剖面图称为横剖面图；用正立投影面的平行面进行剖切，得到的剖面图称为纵剖面图。但人们经常以 1—1 剖面图、Ⅰ—Ⅰ剖面图或 A—A 剖面图来命名。

图线图例应根据图样的复杂程度、比例大小，按《建筑制图标准》(GB/T 50104—2010)中的有关规定选用，比例和平面图、立面图一致，通常为 1∶50，1∶100，1∶200等。

2. 线型

剖面图中线型与平面图相同，同样为所有剖切面的截交线用粗实线，没有剖到的部分一律用细实线。如被剖切到的墙、楼板层、屋面层、梁的断面轮廓线用粗实线画出。绘图比例小于 1∶50 时，砖墙一般不画图例，钢筋混凝土的梁、楼板、屋面和柱的断面通常以涂黑表示。粉刷层在 1∶100 的平面图中不必画出。当比例为 1∶50 或更大时，则要用细实线画出。室内外地坪线用加粗线表示。其他没有剖到但可见的配件轮廓线，如门窗洞、踢脚线、楼梯栏杆、扶手等按投影关系用中实线画出，当绘制较简单的图样时，也可用细实线画出。雨水管等用细实线画出。地面以下的基础部分是属于结构施工图的内容，因此，室内地面只画一条粗实线，抹灰层及材料图例的画法与平面图中的规定相同。

3. 尺寸标注

1) 标高

剖面图标注了室外地坪、室内地面、楼面、屋顶、檐口女儿墙、各休息平台的标高，这些标高均为相对标高，零标高的位置在室内一层地面。

2) 尺寸标注

尺寸标注也有 3 道尺寸线，最里一道尺寸表示了地面、楼面与门窗洞口之间的关系，中间一道尺寸表示层高，即是楼地面到上一层楼面的高度；最外一道尺寸表示建筑物总高度，即从室外地面到檐口女儿墙的高度。

另外还需要用标高符号标出室内外地坪、各层楼面、楼梯休息平台、屋面和女儿墙压顶面等处的标高。注写尺寸与标高时，注意与建筑平面和建筑剖面图相一致。

4.4.6 建筑剖面图的作图步骤

剖面图的绘制是在绘制好平面图、立面图基础上绘制的，并采用相同的图幅和比例。以图 4-13 Ⅰ—Ⅰ剖面图为例介绍其绘图步骤。

(1) 选比例、定图幅。比例与图幅一般与平面图、立面图一致。

(2) 布图：以建筑物地平线和纵向墙体1轴线作为定位线，将剖面图布置在图纸的适当位置。注意给“尺寸标注”等预留出位置。

(3) 绘底图：用2H铅笔。

① 根据室外地坪、室内地面、各层楼面以及楼梯休息平台的关系，画出水平分隔线，根据纵向墙体轴线的关系，画出竖向分隔线。

② 绘出墙断面、结构层、门窗及楼梯等。

③ 绘出落水管、雨篷等细部位置。绘出立面尺寸钱、标高及其他。

(4) 加深图线：按要求加深图线。

(5) 画图框线、图幅线，填写标题栏，尺寸标注。复核无误后完图。

(6) 上墨：用于复制图纸。

4.5 建筑详图

本节引言

建筑的平面图、立面图、剖面图是全局性的图纸，常采用1∶100或更小的比例绘制，对于庞大的建筑物来说，用这样的比例在平面图、立面图、剖面图中是无法将某些部分的细部做法表示清楚的，因此，为将这些细部构造表示清楚，而需绘制比例较大的图纸，称之为建筑详图。本节主要讲述反映房屋细部构造做法的表示方法。

4.5.1 建筑详图的用途

建筑的平面图、立面图、剖面图是表示建筑总体平面布局、立面效果和空间变化的图纸，常采用1∶100或更小的比例绘制，但对于整体建筑物来说，是无法将某些部分的细部做法表示清楚的，因此，凡在平面图、立面图、剖面图中无法表示清楚的内容，都需要另绘详图或选用合适的标准图，将其表示清楚。本书中主要讲述室内设计工程制图，因此本节将室内设计中常用楼梯作为详图范例来讲述。

楼梯是建筑物上下交通的主要设施。一般采用现浇或预制的钢筋混凝土楼梯。它主要是由楼梯段、平台、平台梁、栏杆(或栏板)和扶手等组成。梯段是联系两个不同标高平面的倾斜构件，上面做有踏步，踏步的水平面称踏面，踏步的铅垂面称踢面。平台起休息和转换梯段的作用，也称休息平台。栏杆(或栏板)和扶手用以保证行人上下楼梯的安全。

4.5.2 建筑详图的形成

楼梯的形式多种多样，本书中以平行双跑梯为例来讲解楼梯构造图的形成。

1. 楼梯平面图

假想以一个水平面将楼梯间一层离地1m左右水平切开，将上面部分扔掉，从上向下看，将剩余的部分按正投影的原理投射在水平投影面上得出的投影图，即为楼梯的首层平面图，如图 4－14 所示。

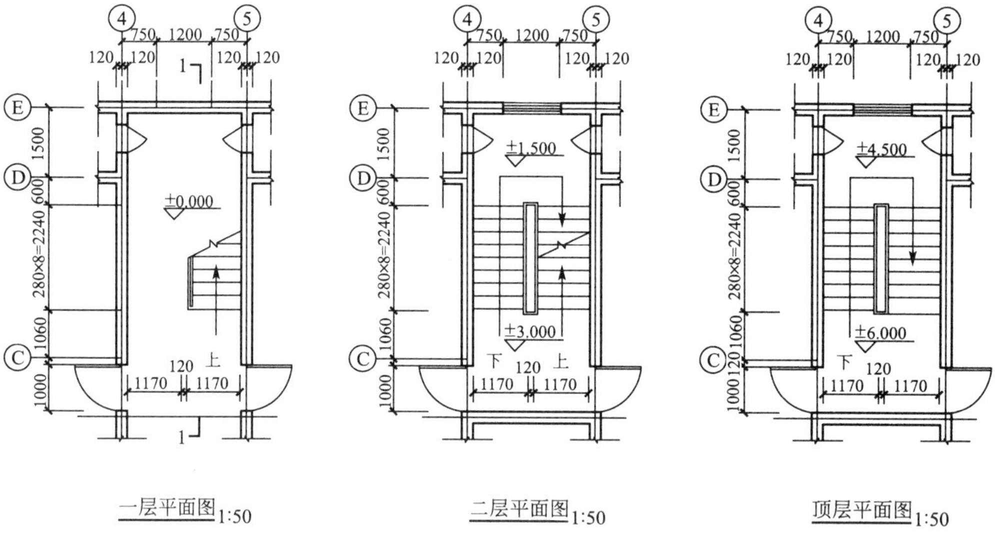

图 4－14　楼梯平面图

因首层平面为离一层室内地面 1m 左右平剖，只剩下了五六级踏步，再向上的踏步都被剖切掉了，无需画出，只用折断线表示即可。楼梯梯段折断线按真实投影应为一条水平线，为避免与踏步线混淆，规定用与墙面线倾斜大约 60°的折断线表示。这条折断线宜从楼梯平台与墙面相交处引出。

二层楼梯平面图则是由于剖切平面位于离二层室内地面 1m 的门窗洞口处，所以左侧部分表示由二层下一层的一段梯段。右侧部分表示由二层上到顶层的第一梯段的一部分和一层上到本层的第一梯段的一部分，二层第一个梯段的断开处仍然用斜折断线表示。

顶层(三层)楼梯平面图(假设本建筑只有三层)：由于剖切不到梯段，从剖切位置向下投影时，可画出自顶层下到二层的两个楼梯段(左侧是二层第二段，右侧是二层第一段)的所有踏步。

为了表示各个楼层的楼梯的上下方向，可在梯段上用指示线和箭头表示，并以各自的楼(地)面为准，在指标线端部注写“上”和“下”。因顶部楼梯平面图中没有向上的楼梯，故只写“下”。

2. 楼梯剖面图

楼梯剖面图的形成与建筑剖面图相同，如图 4－15 所示。

4.5.3　建筑详图的图示内容

楼梯详图包括楼梯各层平面图、剖面图。它能完整、清晰地表达出楼梯间内各层楼地面、梯段、平台、栏板等的构造、结构形式以及它们之间的相互关系。习惯上，若楼梯间的屋面没有特殊之处，一般可不画出。在多层房屋中，若中间各层的楼梯构造相同，则剖面图可画出底层、中间层和顶层剖面，中间用折断线分开。楼梯剖面图能表达出楼梯的建

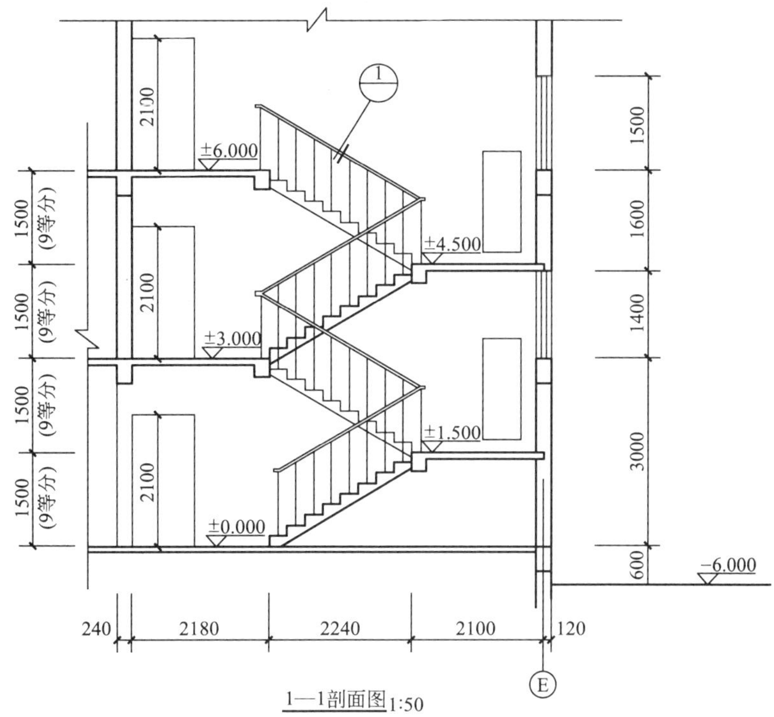

图 4 - 15　楼梯剖面图

造材料、建筑物的层数、楼梯梯段数、步级数以及楼梯的类型及其结构形式。

4.5.4　建筑详图的基本规范

1. 比例图名

详图常采用的比例有 1∶1，1∶2，1∶5，1∶10，1∶20，1∶50 等。建筑详图的图名是画出的详图的符号、编号和比例，与被索引的图样上的索引符号对应，以便对照查阅。具体索引方法见第三章。

2. 线型

剖面图中的线型同样是所有剖切面的截交线(被剖到的墙体、楼板线)用粗实线，没有剖到的部分一律用细实线。其次，可见部分用实线，不可见部分用虚线。也就是说被剖切到的墙、梁的断面轮廓线用粗实线画出。没有剖切到的可见轮廓线，如窗户、台阶、楼梯和阳台等用中实线画出(当绘制较简单的图样时，也可用细实线画出)。

尺寸线与尺寸界线、标高符号用细实线，定位轴线用细单点长画线画出。

3. 尺寸标注

(1) 定位轴线：建筑详图中一定要画出定位轴线及其编号，以便与建筑平面图、立面图、剖面图对照。

(2) 建筑标高与结构标高。

建筑详图的尺寸标注必须完整齐全、准确无误。在详图中，同立面图、剖面图一样要注写楼面、地面、楼梯、阳台、户台、台阶、雨篷等处完成面的标高(建筑标高)及高度方向的尺寸；其余部位(如檐口、门窗洞口等)要注明毛面尺寸和标高(结构标高)。

(3) 其他标注。

对于套用标准图或通用图集的建筑构配件和建筑细部，只要注明所套用图集的名称、详图所在的页数和编号，不必再画详图。建筑详图中凡是需要再绘制详图的部位，同样要画上索引符号，另外，建筑详图还应把有关的用料、做法和技术要求等用文字说明。

4.5.5 建筑详图的作图步骤

以楼梯间平、剖面图为例来说明详图的画法。

1. 楼梯平面图绘图步骤

楼梯平面图分为“首层楼梯平面图”、“二层楼梯平面图”、……、“顶层楼梯平面图”。如果平面图中有标准层，则相应的有“标准层楼梯平面图”。它们在图纸上的排列方式与多层平面图相同。

图中要注明楼梯间的开间和进深尺寸，楼地面及休息平台的标高，梯段及梯井的宽度，梯段长度尺寸常用“踏面数×踏面宽度=梯段长度”的形式标注。

这里只介绍标准层楼梯平面图的作图过程，如图 4-16 所示。其他各层平面图的画法与之类似。

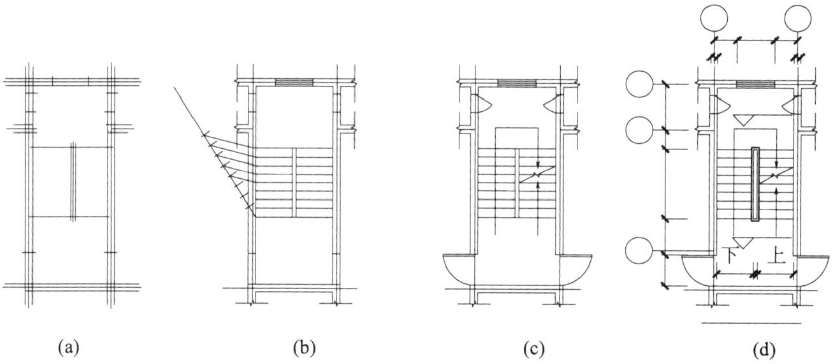

图 4-16　楼梯平面图绘图步骤

(1) 根据平面图中有关尺寸选比例(一般为 1∶30～1∶50)，画出楼梯间的定位轴线、墙体、起止踏步踢面线、梯段宽度等，如图 4-16(a)所示。

(2) 画踏步数量、门窗等，如图 4-16(b)所示。

(3) 画其他细部，如图 4-16(c)所示。

(4) 标注尺寸、符号、文字书写，加深、加粗图线，完成作图，如图 4-16(d)所示。

2. 楼梯剖面图绘图步骤

楼梯剖面图用来表示各梯段的踏步数、踏步高度、梯段构造、休息平台位置，以及各梯段与各层楼板的联系等。在图纸上一般布置在楼梯平面图的右侧。其剖切符号应在“首层楼梯平面图”中标出。

楼梯剖面图中应标注各层楼、地面、休息平台标高，栏杆的高度尺寸，梯段高度尺寸常以“踢面数×踢面高度＝梯段高度”的形式标注。楼梯剖面图的作图过程如图 4－17 所示。

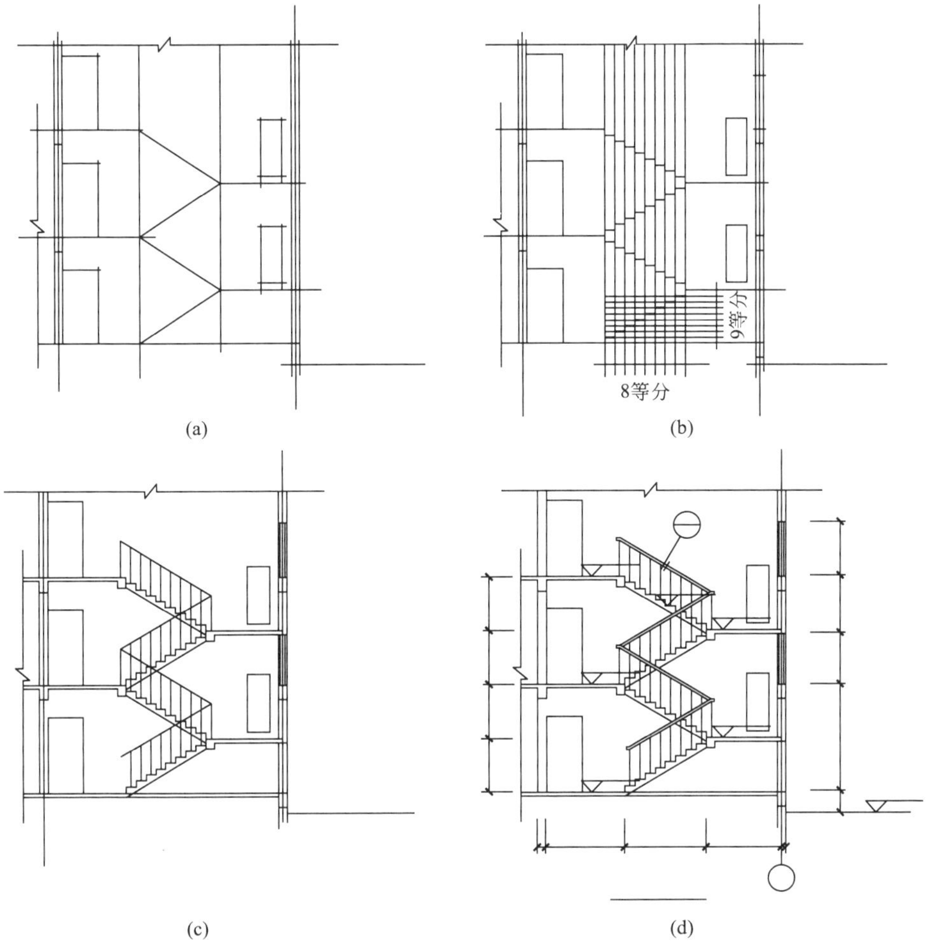

图 4－17 楼梯剖面图绘图步骤

(1) 根据建筑剖面图、建筑平面图中有关尺寸选比例，画出各楼梯的层高线、休息平台高度线、定位轴线，如图 4－17(a)所示。当有标准层时，可只画其中一层，其余用折线省去。

(2) 画各梯段踏步的踏面、踢面线等，如图 4－17(b)所示。

(3) 画其他细部，如图 4－17(c)所示。

(4) 标注尺寸、标高、符号等，如图 4－17(d)所示。

(5) 文字书写，加深、加粗图线，完成作图，如图 4－15 所示。

习　　题

根据图 4－5、图 4－6、图 4－9、图 4－10 和图 4－13 设计并画出建筑的三层平面图和建筑的北向、西向立面图，按 1：100 的比例绘制。

第5章 室内设计施工图的绘制方法

课前训练

• **训练内容**：将教室作为测量对象，以小组为单位进行量房。每3～5人为一组，每组准备一把卷尺、一张白纸、一支笔，测量教室的平面或某一个立面。规定时间15分钟，老师可以在现场辅导，介绍量房的常规方法和步骤。

• **训练注意事项**：建议每位同学都动手参与测量，并在画图纸时注意投影图的制图方法。

训练要求和目标

• **要求**：学生在测量的过程中了解建筑常规尺寸，并建立尺寸观念，同时学会用图线表达空间界面关系，即画正投影图。

• **目标**：了解室内工程图的特点，建立起空间表达的基本概念，提高空间想象力和表达能力，并在以后的学习、生活当中养成积累素材的良好习惯，留心身边的常见的室内家具、陈设及其他设施的尺寸和布置形式。

本章要点

• 室内设计施工图的内容及分类
• 室内平面图的用途、形成、图示内容、制图规范、画图步骤及图例
• 室内天花平面图的用途、形成、图示内容、制图规范、画图步骤及图例
• 室内立面图的用途、形成、图示内容、制图规范、画图步骤及图例
• 室内剖面图的用途、形成、图示内容、制图规范、画图步骤及图例
• 室内详图的用途、形成、图示内容、制图规范、画图步骤及图例
• 室内电气系统平面图的内容、画图步骤及图例

本章引言

室内设计施工图是室内装饰工程的指导图样，是研究设计方案、指导和组织施工及检验、验收不可缺少的依据。在工程正式实施之前，设计师在图纸上将工程以一种图纸语言符号将工程先完整地实施一遍，包括装饰造型、装饰材料、施工工艺及构配件的种类、型号和必要的尺寸标注和文字说明。

目前，国家对于装饰设计的图例还没有一个完整的规范标准，所以更多的要参考建筑设计制图规范，例如，《房屋建筑制图统一标准》GB/T 50001—2010，《建筑制图统一标准》GB/T 50104—2010 等。另外，还有近几年发行的《建筑装饰工程施工安装及验收规范》JGJ 73—91，《建筑设计防火规范》GB 50016—2006，《建筑装饰装修工程质量验收规范》GB 50210—2001 等。在室内设计制图中结合实际情况，增加各种常用的图框、图标、文字、图例、符号等，均制作样图，保证出图纸和图纸符号文字统一，实现室内设计工程图的规范统一。

5.1 室内平面图

本节引言

室内设计施工图的主要内容由封面、目录、设计说明、室内平面图、室内天花平面图、立面图、剖面图、大样图和电气系统平面图组成。其中室内平面图是施工图纸中比较重要、复杂的图样，其内容一般包括总平面图、原始结构平面图、平面布置图、地面铺装图、立面索引图、防火平面图、灯具布置图等。

5.1.1 室内平面图的用途

室内平面图是室内设计工程图中的主要图样，一般用于综合表达室内设计的功能布局，图纸内容一般有建筑结构、隔墙、隔断、家具陈设、固定设施、地面装修材料等。

当前建筑设计有个大的发展趋势，采用大开间构架式的布局，从而使不同的用户可以根据其使用功能及其所需面积自行进行分隔。所以室内设计师在进行室内设计之前，需要对建筑结构的各部分构件及其尺寸有个详细的了解。一般需要和建筑设计师沟通并取得建筑平面图。然后根据已有的建筑空间及用户的要求进行室内空间功能布置及设计构思。所以，室内平面图是基于室内设计全局作出的方案构思，是进行室内设计的第一步。目前有些工程特别是一些大型公共建筑工程，已将此项工作提前到建筑设计阶段，以期达到理想的建筑室内空间效果。

5.1.2 室内平面图的形成

用一个假想的水平剖切面，从窗台上方把房间剖开，移去上面的部分，由上向下看，详细表达出该部分剖切线以下平面空间布置内容及关系，即得到室内平面图。

室内平面图与建筑工程图中的平面图形成方法相同，表达内容有所区别：建筑平面图以建筑空间平面组合、建筑面积、标准、位置、朝向、地域特点等为设计重点，重在表现建筑实体及墙、柱、门、窗等构配件；室内平面图则以室内环境为主，重在表现室内空间设计要素，如隔断、隔墙、家具、陈设、灯具、绿化等。

5.1.3 室内平面图的图示内容

平面图是室内设计工程制图的主要图样，大型工程项目的平面图一般包括总平面图、原始结构图、平面布置图、地面铺装图、立面索引图、防火平面图、灯具布置图等。

1. 总平面图

总平面图一般应书写必要的说明，并标注指北针，其主要内容如下。

(1) 墙、柱、门、窗、楼梯、电梯、管道井、阳台、露台及各房间的名称。

(2) 楼地面标高、楼梯平台的标高。

(3) 轴线、编号、轴线尺寸和总尺寸。

(4) 图名、比例、索引符号以及相关编号。

(5) 已有各种固定隔断、厨房、卫生间、洗衣房等固定设施、花台、水池及橱柜等。

(6) 各主要空间的家具与陈设。由于各主要空间通常要另画平面布置图，所以在总平面图中简单表示一下，如图 5-1 所示。

2. 原始结构图

原始结构图一般需要清晰反映出建筑的结构梁柱、承重墙、各种构配件及应有固定设备与设施的平面尺寸，特别是当工程项目比较复杂或进行二次装修时，了解建筑原始结构图是进行室内设计的首要工作。原始结构图的主要内容如下。

(1) 原有墙、柱、门、窗、楼梯、电梯、管道井、阳台、露台、栏杆、台阶、坡道等的平面尺寸及必要的文字标注。

(2) 原有固定隔断、固定家具、固定设备及装饰造型的平面尺寸和必要的材料说明。

(3) 楼地面标高、楼梯平台标高。

(4) 轴线编号、轴线尺寸和总尺寸。

(5) 图名、比例及相关编号，如图 5-2 所示。

3. 平面布置图

平面布置图是室内设计工程图不可缺少的图样，其内容相对复杂，需要详细表示出室内空间的功能分区、家具、陈设、固定及非固定的隔断、隔墙及各类设施。平面布置图的主要内容如下。

(1) 原有墙、柱、门、窗、楼梯、电梯、管道井、阳台、露台、栏杆、台阶、坡道等的平面尺寸及必要的文字标注。

(2) 各类隔墙、固定家具、固定构件及设施，如屏风、栏杆、帷幕、窗帘及厨房、卫生间的配套设施，并标注其定位尺寸和其他必要尺寸及必要的材料说明。

(3) 各空间的详细功能内容、文字注释。

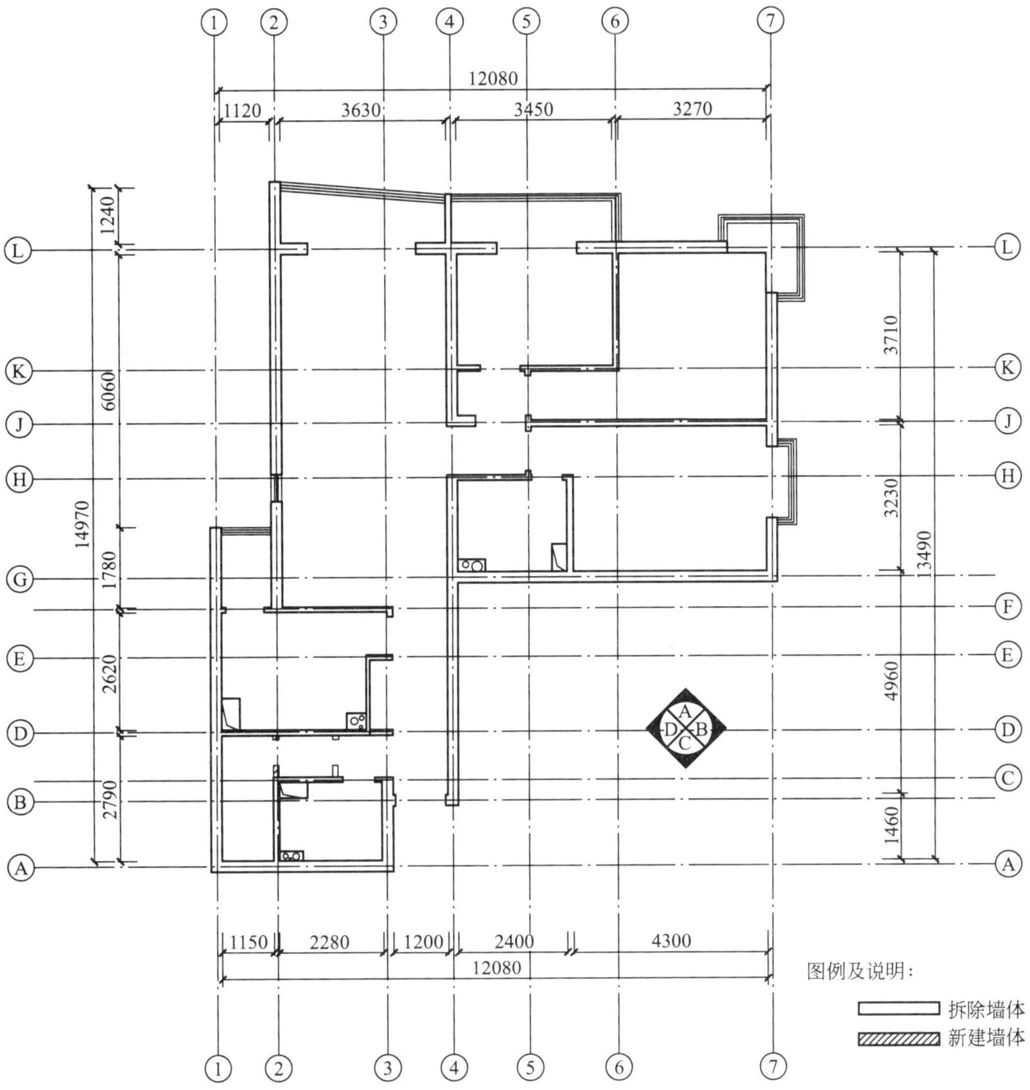

总平面图1:100

图 5-1 总平面图

(4) 各类活动家具、陈设品图例，如沙发、茶几、餐桌、餐椅、办公桌、书柜、衣柜、床、鱼缸、绿化、台灯及电视机、冰箱等电器，并标注主要定位尺寸及其他必要尺寸。

(5) 楼地面标高、楼梯平台标高。

(6) 轴线编号、轴线尺寸和总尺寸。

(7) 图名、比例及相关编号。

4. 地面铺装图

地面铺装图是表示地面做法的图样。当地面做法比较复杂时，既有多种材料，又有多变的形式组合时，就需要制作地面铺装图。若地面做法非常简单时，在平面布置图上标注

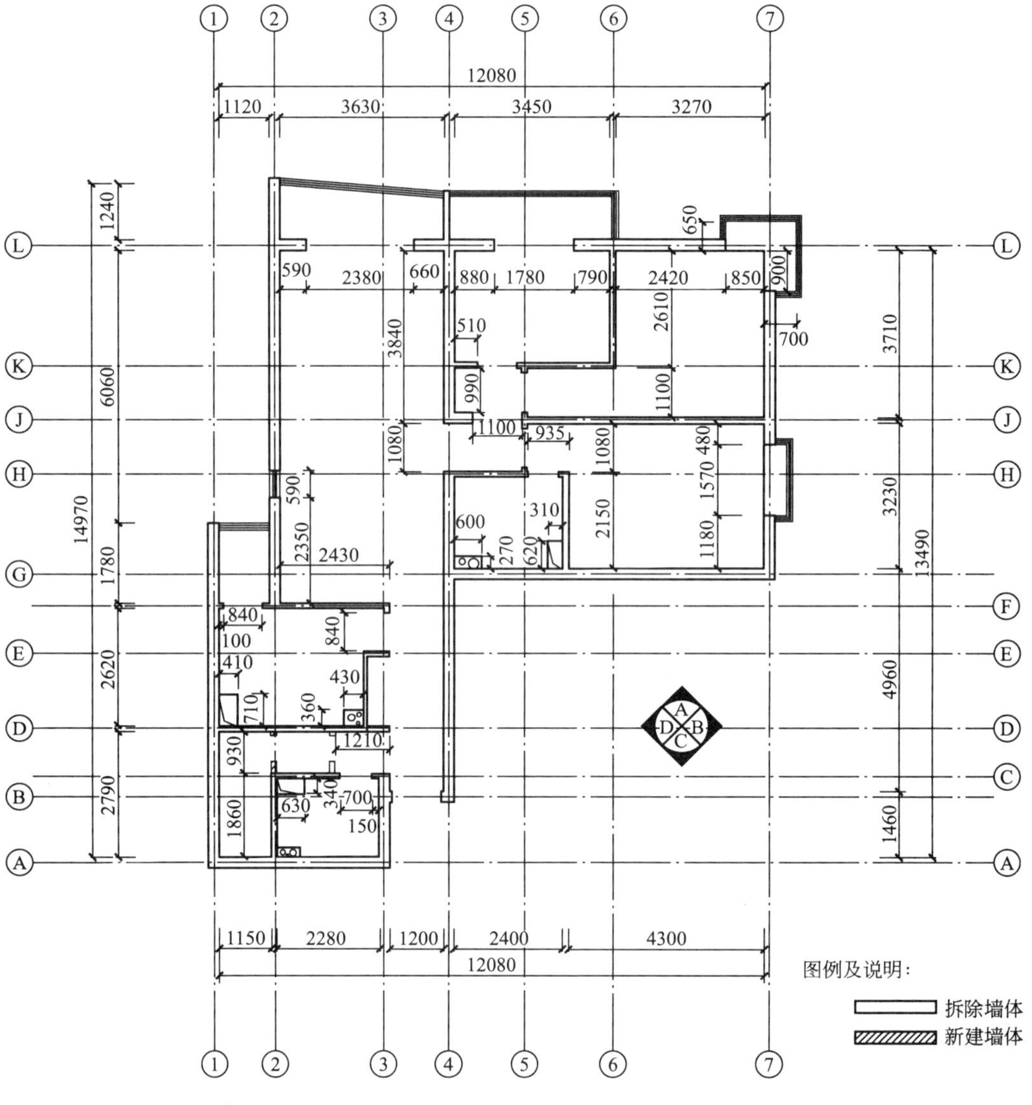

原始结构图1:100

图 5－2　原始结构图

地面做法即可。地面铺装图的主要内容如下。

(1) 原有墙、柱、门、窗、楼梯、电梯、管道井、阳台、露台、栏杆、台阶、坡道等的平面尺寸及必要的文字标注。

(2) 地坪界面的空间内容及关系，固定于地面的设施和设备，如固定家具、设备与造景，及其平面尺寸和必要的材料说明。

(3) 地坪材料的名称、规格及编号。如作分格，应标出分格大小；如作图案，要标注尺寸，必要时可另画详图，并标注出详图索引符号。

(4) 如果地面有其他地埋式设备，则需要表达出来，如埋地灯、暗藏光源、地插座等。

(5) 注明地坪相对标高。地坪如有标高上的落差，需要节点剖切，则表达出剖切的节点索引号。

（6）楼地面标高、楼梯平台标高。

（7）轴线编号、轴线尺寸和总尺寸。

（8）图名、比例及相关编号，如图5－3所示。

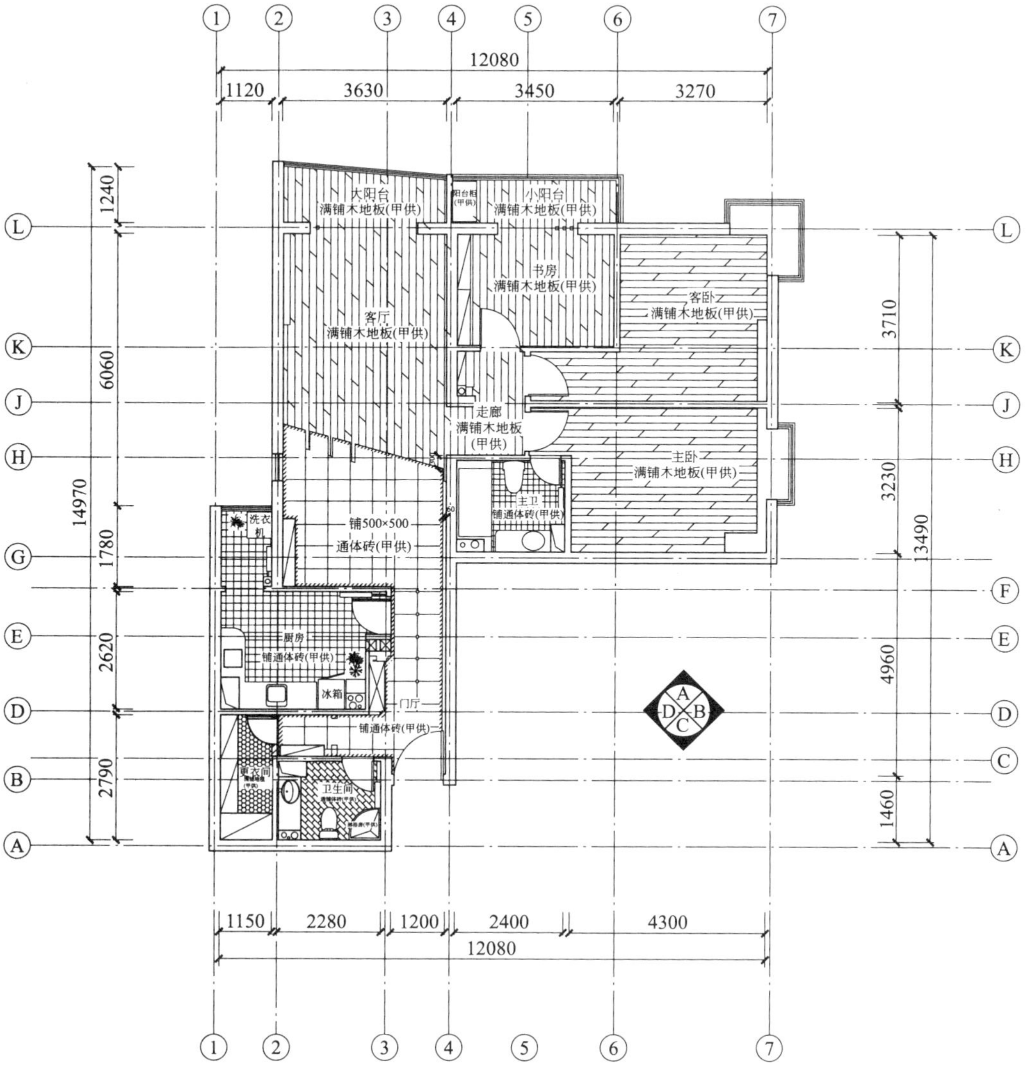

地面铺装图 1:100

图5－3 地面铺装图

5．立面索引图

立面索引图即在平面图中标示出立面索引符号和剖切符号的图纸，当立面图和剖切图较多时，需要用立面索引图来表达出其空间位置关系。为表示室内立面图在平面图上的位置，应在图上用内视符号注明视点位置、方向及立面编号，立面索引图的主要内容如下。

（1）原有墙、柱、门、窗、楼梯、电梯、管道井、阳台、露台、栏杆、台阶、坡道等的平面尺寸及必要的文字标注。

（2）详细表达出各立面、剖立面的索引号和剖切号，表达出平面中需要被索引部分的详图号。

(3) 表达出隔墙、隔断、固定家具、构件等。不标示活动家具、陈设等。

(4) 详解表达出剖切线以下的平面空间布置内容及关系。

(5) 楼地面标高、楼梯平台标高。

(6) 轴线编号、轴线尺寸和总尺寸。

(7) 图名、比例及相关编号，如图 5－4 所示。

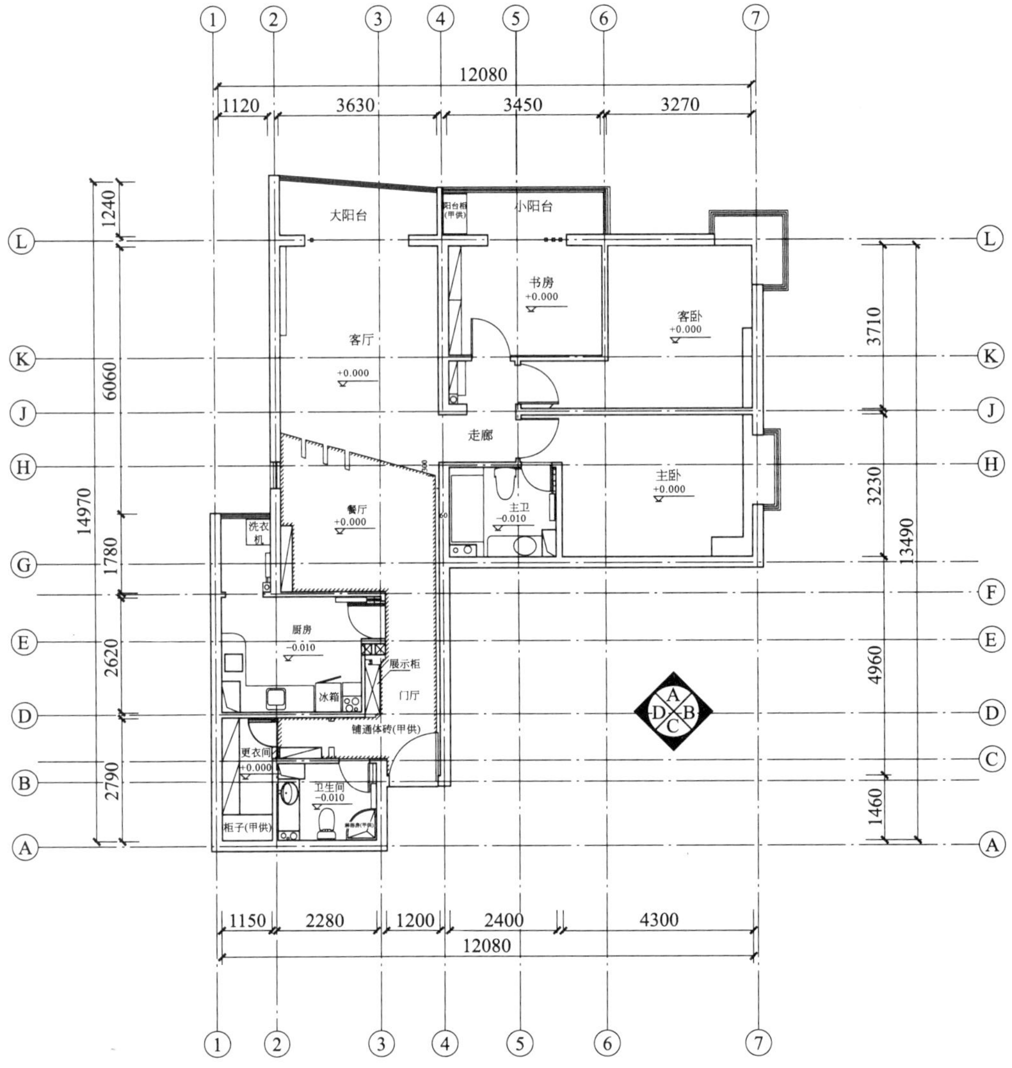

立面索引图 1:100

图 5－4　立面索引图

6. 防火平面图

对于一些大型工程项目或防火要求较高的工程项目，应专门绘制反映防火要求的防火平面图。防火平面图除具备平面图具备的一般内容外，还应具备以下内容。

(1) 表明防火分区、消防通道、防火门、消防电梯、疏散楼梯、防火卷帘、消防栓等设施的位置、定位尺寸及相关尺寸。

(2) 标示出消防监控中心的位置。

(3) 标注出重点及必需的材料和型号。

7. 灯具布置图

当室内设计中灯具布置比较复杂时，一般需要作平面灯具布置图，内容是指平面及立面上的灯具，需要注意与顶面灯具区分开来，平面灯具布置图的内容如下。

(1) 平面中的每一款灯光和灯饰的位置及图形。

(2) 立面中各种壁灯、镜前灯、挂灯的平面投影位置。

(3) 暗藏于平面、地面、家具及装修中的光源。

(4) 地坪上的地理灯及踏步灯等。

(5) 注明地坪标高关系。

在室内设计中，平面图是施工图中的重要组成部分，一般放在整套图纸的最前面，利于把握室内设计的整体方案构思，通过以上介绍，可以了解平面图一般可以细分为总平面图、原始结构图、平面布置图、地面铺装图、立面索引图、防火平面图、平面灯具布置图等，但并不是所有工程都需要全套绘制。对于一些规模小、内容简单的工程来说，一般只画出平面布置图和其他所需图纸即可。

5.1.4　室内平面图的常用制图规范

室内平面图和其他施工图一样，要遵守共和制图规范，下面介绍室内平面图的常用规范。

1. 室内平面图的图名比例

如本节第三部分所讲，室内平面图包括总平面图、原始结构平面图、平面布置图、地面铺装图、立面索引图、防火平面图、平面灯具布置图等，即室内平面图的具体图名。

室内平面图的常用比例有 1∶200、1∶100、1∶50，一般根据建筑面积大小及图纸幅面大小确定制图比例。

2. 室内平面图的线型

室内平面图的内容比较复杂，为使绘制的图样主次分明，表达清晰，须使用不同的线型线宽。了解和掌握室内平面图的线型设置，不仅是绘制图纸的需要，同时可以看懂别人的图纸，这就是规范作图的必要性。

一般地，凡是被剖切的墙、柱轮廓线应用粗实线表示；家具陈设、固定设备的轮廓线用中实线表示，其余投影线用细实线表示。

3. 室内平面图的尺寸标注

室内平面图中最基本的尺寸标注是原有建筑中被保留下来的和新增的柱与墙的轴线间的尺寸和总尺寸。在实际工作中，室内设计师一般会从业主方得到一套建筑图纸，其中包含建筑平面图，建筑的墙柱结构都有详细的尺寸标注。所以，建筑图纸可作为室内设计的重要参考，但由于室内设计对于建筑室内空间尺寸要求很高，所以在室内设计师进行方案设计之前一般会组织现场量房。在量房过程中所得尺寸，即室内建筑结构净尺寸，此时应注意还需要测量墙体厚度及房高，才能依据所测量尺寸画出完整的室内平面图。

众所周知，一些大型工程项目平面图比较多，一般包括总平面图、原始结构平面图、平面布置图、地面铺装图、立面索引图等。在这些平面图中，根据图纸需要表示的重点内容的不同，图纸尺寸标注的侧重点也不同。例如，总平面图重点标出建筑墙柱间的轴线尺寸即可；而原始结构图则要清晰反映整个建筑结构和各种配件的平面尺寸，包括已有的固定设备、设施；平面布置图除基本建筑尺寸之外还要表示出固定设备、设施，重要的隔墙、隔断、家具、陈设的定位尺寸和其他必要尺寸；地面铺装图要重点标出地坪材料的分格大小及图案定位尺寸和其他必要尺寸；防火平面图要重点标注防火设备的定位尺寸及其他相关尺寸。总之，不同的图纸类型，尺寸标注的侧重点不同，但目的一致，就是要把室内设计方案表达完整，为现场施工提供细致、完整的尺寸数据。

5.1.5 室内平面图的画图步骤

室内平面图与建筑平面图的画法基本相同，这里作一些基本的介绍。

1. 画墙柱的定位轴线

首先，设置图形界限。确定图纸幅面以及需绘制的建筑总尺寸，从而确定合适的制图比例。

其次，设置线型，可以将实线部分全用细线画完整，然后再局部加粗。若是 Auto CAD 制图，还应设置图层和颜色。一般墙柱的定位轴线用细点划线，单独设置一个图层。

最后，绘制网轴。根据所设置线型及给定参考尺寸，在图纸或选定图层上绘制墙柱的定位轴线。另外，为了看图和查阅方便，定位轴线需要进行编号，沿水平方向编号采用阿拉伯数字从左向右依次编写；沿垂直方向的编号，采用大写拉丁字母从下向上依次注写，为避免和水平方向的阿拉伯数字混淆，垂直方向的编号不能使用“I、O、Z”这 3 个拉丁字母，如图 5－1 所示。

2. 绘制墙、柱、门、窗

首先，设置线型和图层，在平面图中墙与柱应用粗实线绘制，需要单独设置一个图层。一般先画外墙，后画内墙。为使图样清晰，可将砖垒墙、柱用粗实线绘制，钢筋混凝土墙、柱涂成黑色。

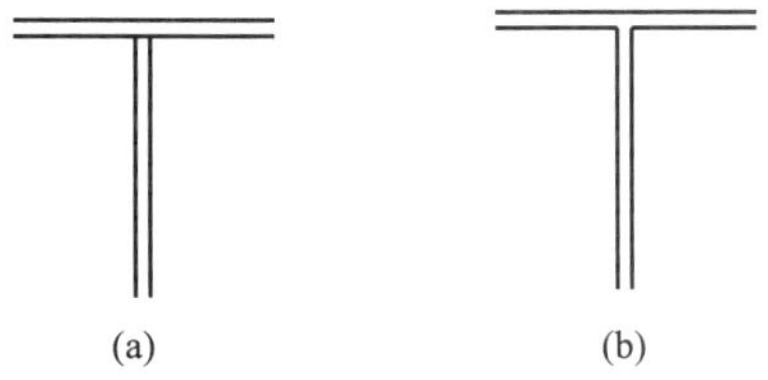

图 5－5 墙体相交

其次，确定墙厚，画墙体。室内墙体一般情况下由承重墙体和非承重墙体构成。承重墙属于外墙，一般厚度为 360mm，非承重墙砖混结构内墙，厚度为 240mm，另外还有 120mm 的隔墙等。一般情况下，不同材料的墙体相接或相交时，相接或相交处要画断，如图 5－5(a)所示。反之，同种材料相接或相交时不必画断，如图 5－5(b)所示。

3. 画室内设计细部内容

室内设计细部内容应用细实线绘制，包括家具与陈设、固定设备、设施、绿化、景观、地面、灯具、壁画、浮雕等，一般可参考常用室内工程图例。

在比例尺较小的图样中，可以适当简化，画出家具、陈设或各类设施的外轮廓即可，在比例尺较大的图样中，可以详细绘制家具、陈设、设备设施的内容和款式，并视情况加画一些具有装饰意味的符号或图案，加注必要文字标注。

4. 标注尺寸、图名及比例

按照尺寸标注规范要求，对图纸进行尺寸标注，通常平面图图示内容的侧重点不同，尺寸标注的详略与重点也有所差异。最后在图样下方规范注写图样的图名和比例，即作出一套完整的平面图。

5.1.6 室内平面图示例

室内平面图示例，如图 5 - 6 所示。

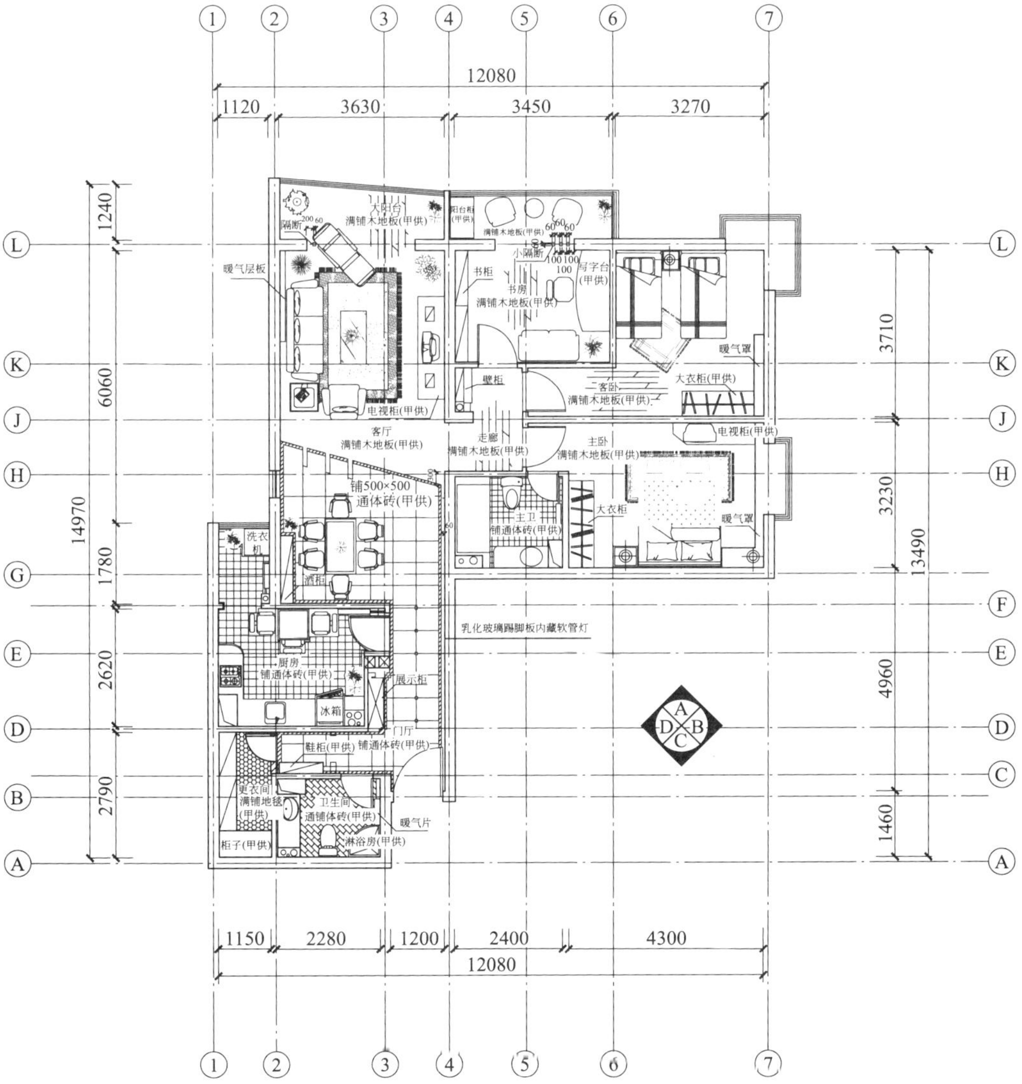

平面布置图 1:100

图 5 - 6 平面布置图

5.2 室内天花平面图

本节引言

室内天花平面图，又称顶棚平面图。室内设计的顶棚设计施工图由天花平面图来表现，要表达出天花的材料、造型、施工方法及结构配件的种类、型号等。在天花平面图中要注意标高及顶棚设备的定位尺寸等标注。

5.2.1 室内天花平面图的用途

室内天花平面图又称顶棚平面图，是室内设计工程图中的重要图样。在室内设计中，天花设计常配合平面设计进行功能分区，并形成一套整体的空间设计。一般利用吊顶、灯光、浮雕、角线等来烘托气氛，达到理想的空间效果。室内天花平面图，包括天花装饰的平面形式、尺寸、材料、灯具和其他各种顶部的室内设施，是指导现场施工的重要图样。

5.2.2 室内天花平面图的形成

用一个假想的水平剖切面，从窗台上方把房间剖开，移去下面的部分，向顶棚方向看，并按正投影原理画图，详细表达出剖切线上面的内容，即得到室内天花平面图。

室内天花平面图和室内平面图的形成原理相同，只是投射方向恰好相反。

5.2.3 室内天花平面图的图示内容

室内天花平面图主要内容有：墙柱门窗洞口的位置；天花造型，包括吊顶、线角、浮雕等；天花上的灯具、通风口、扬声器、烟感、喷淋等设备的位置；天花标高等。它一般包括天花布置图和天花装修尺寸图。

1. 天花布置图

天花布置图是室内工程图的主要图样，它一般能全面表示室内天花的所有造型、构造、灯具、设备等。天花布置图的主要内容如下。

(1) 剖切线上的建筑与室内空间的造型及其关系及门窗洞口的位置。

(2) 天花上的灯具图例及其他装饰物。

(3) 窗帘及窗帘盒。

(4) 风口、烟感、温感、喷淋、广播、检查口等设备安装。

(5) 室内天花不同层次的标高，一般标注该层次距本层楼面的高度。

(6) 表达出轴号及轴线关系。

2. 天花装修尺寸图

当室内设计吊顶工程比较复杂时，为将设计意图表达清晰完整，一般需要天花装修尺寸图，其主要内容如下。

(1) 剖切线上的建筑与室内空间的造型关系及门窗洞口的位置。

(2) 室内天花详细的装修安装尺寸。

(3) 天花上的灯具及其他装饰物的定位尺寸。

(4) 窗帘、窗帘轨道及相关尺寸。

(5) 风口、烟感、温感、喷淋、广播、检查口等设备安装的定位尺寸。

(6) 天花及吊顶的装修材料及造型排列图样和相关尺寸。

(7) 天花的标高关系。

(8) 表达出轴号及轴线关系。

对于一般的室内装饰工程，通常只需要画出天花布置图即可。当遇到大型工程或比较复杂的天花装饰工程时，就需要另作天花装修尺寸图，来详细表示其工程做法及尺寸。

5.2.4 室内天花平面图的制图规范

室内天花平面图和天花图的制图规范比较类似，下面作一些简单的介绍。

1. 室内天花平面图的图名比例

室内天花平面图包括天花布置图和天花尺寸装修图，室内天花平面图的比例尺一般较小，常用比例有 1∶200，1∶100，1∶50，一般根据建筑面积大小及图纸幅面大小确定制图比例。

2. 室内天花平面图的线型

天花平面图实际上是水平剖面图，一般情况下，凡是剖到的墙、柱轮廓线应用粗实线表示；室内天花造型投影线用中实线表示，其余投影线及各类设备等用细实线表示。注意，吊顶暗藏灯带用细虚线表示，其他不同类型灯具、电器一般引用室内装饰常用图例示意即可。

3. 室内天花平面图的尺寸标注

室内天花平面图的尺寸标注内容如下。

(1) 天花底面和分层吊顶标高。

(2) 分层吊顶的尺寸材料。

(3) 灯具、风口等设备的名称、规格及其定位尺寸。

(4) 详图索引符号。

(5) 图名和比例尺。

为表达清楚，避免产生歧义，一般把天花平面图中使用过的图例列表加以说明(表 5-1)。

5.2.5 室内天花平面图的画图步骤

室内天花平面图和室内平面图的画图步骤比较相似，画法如下。

1. 画墙、柱、门、窗洞口

由于室内天花平面图和室内平面图的形成过程基本相同，都是窗台上方位置将房间剖开形成水平剖面图，所以其剖切到的墙、柱线完全一致，画法也相同。

一般情况下，绘制天花平面图，可以通过修改平面图得到。首先，在 AutoCAD 界面打开平面图，因为在天花图中只需要墙体图形，不需要门窗造型，所以在平面图的门洞处需要延伸墙体线，将墙体断开口的缺口处进行连接封闭，得到天花顶面与墙体交线的效果。

2. 绘制吊顶、线脚等天花造型

按正投影原理，天花上的吊顶、浮雕等造型均应画在天花平面图上。当有些浮雕、线脚或装饰图案比较复杂时，可以用轮廓线示意的方法表示，然后另画一张详图表示。

3. 绘制灯具、通风口、烟感器和喷淋等设备

室内常用的灯具一般有花枝吊灯、筒灯、射灯、吸顶灯、镜前灯、灯带等类型，因其种类繁多，因此在目前的装饰行业基本形成了统一的灯具图例(表 5-1)，在绘制天花平面图时直接引用图例即可。

通风口、烟感器、喷淋等也同样可以引用图例，但由于其专业性强，一般需要相关资料和技术人员的配合才能完成，如果条件不具备，可暂且不画。

4. 天花装饰材料填充及文字标注

吊顶的装饰材料，一般有石膏板、格栅、木板、木线、PVC、铝扣板、桑拿板等。对于不同材料的装饰吊顶，需要用线条、网格或其他形式表示。将材料填充之后，对于特殊材料和工艺的装饰部分，需要进行必要的文字标注。

5. 室内标高

标高是建筑制作中常用的符号，标高单位采用 m 为单位，标高符号用细线画出，一般标注该层距本层楼面的高度。

6. 尺寸标注，图名比例

参照室内天花平面图的制图规范进行尺寸标注，最后在图下方标注图名和比例尺。

5.2.6 室内天花平面图示例

室内天花平面图如图 5-7 所示。

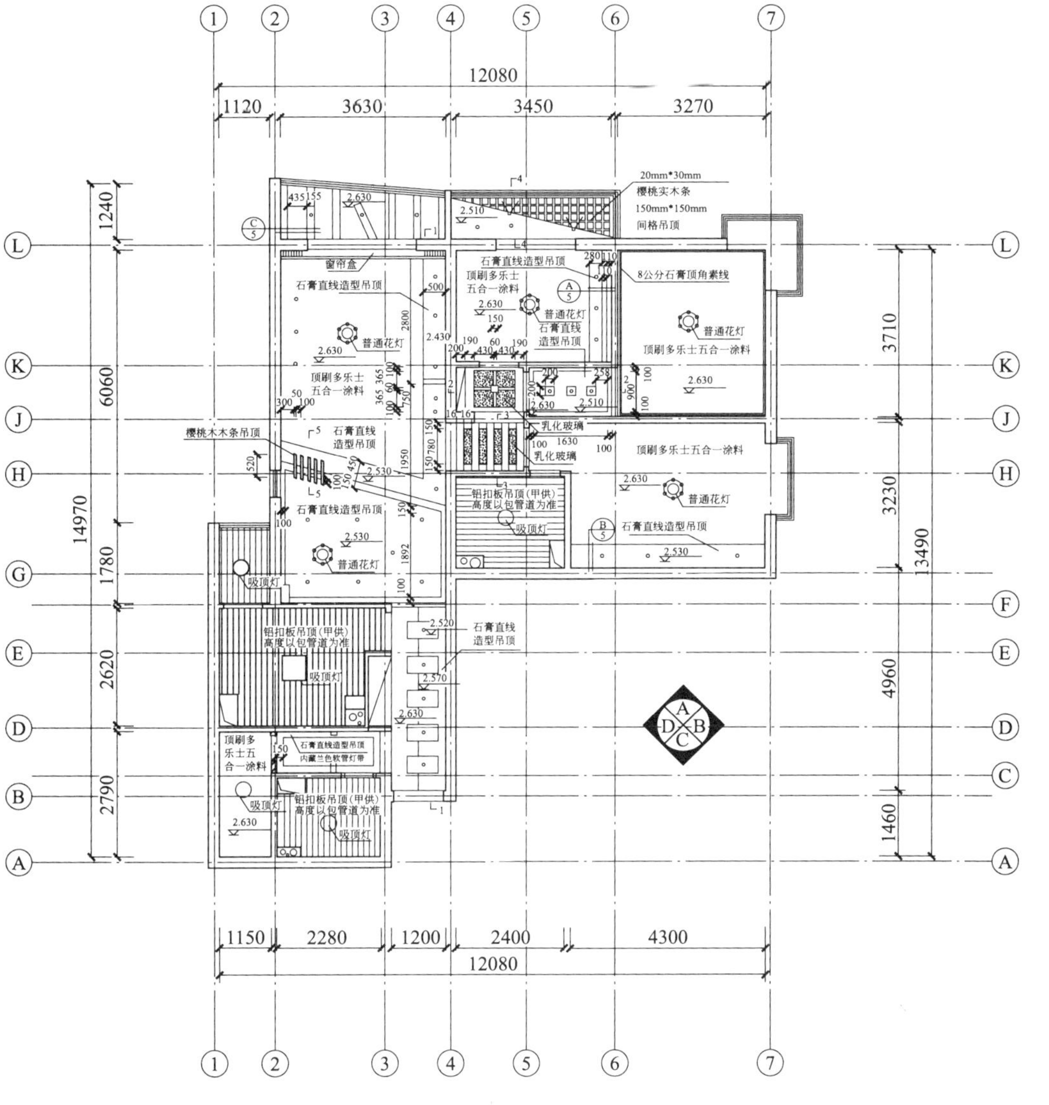

天花平面图 1:100

图 5-7 天花平面图

5.3 室内立面图

本节引言

室内立面图是用来表示垂直界面的装饰设计，是室内设计中不可缺少的工程图样。室内立面图作为室内设计工程的指导图样，应该选取室内设计中最复杂、最精彩、最有代表性的界面，将其装修做法，包括材料、工艺、造型、尺寸等标注详实，对于结构复杂或标注不清楚的装修细部，可以加注详图索引符号，在详图中另作图样。

5.3.1 室内立面图的用途

室内设计工程图中的立面图，是一种与垂直界面平行的正投影图。它能够反映垂直界面的形状、装修造型及做法和室内家具陈设，可以直观、详实地表达出室内设计的立面空间效果。

室内立面图要求表达出墙、柱面门窗隔断及立面造型的装修做法，包括材料、工艺、造型、尺寸等。立面图是施工现场的重要指导图样，所以立面图的施工图纸规范也显得尤为重要。

在室内设计工程图中，施工图的数量与立面图的选取，依房屋和室内设计的具体情况而定，以充分表达设计意图为原则。例如，在一间矩形的房间内，4 个界面中有的界面非常简单，没有单独画图的必要。这种情况下，可能只挑 1 个或 2 个重点立面做施工图。立面图的选取应该既能充分反映室内的空间、构件以及装饰、装修的部位，又能把室内设计中最复杂、最精彩、最有代表性的部分表现出来。当垂直界面较长，而某个部位又用处不大时，允许截选其中的一段，并在断掉的地方画折断线。

5.3.2 室内立面图的形成

室内立面图是在室内设计中，平行于某空间的立面方向，假设有一个竖直平面从顶至底将该空间剖切后所得到的正投影图。剖切线上的物体(一般为墙体、天花、楼板)只需画出其内表面，位于剖切线后的物体的截立面形式表示，它的形成实质是某一方向墙面的正视图。

立面图是表现室内墙面布置的图样，除了画出固定墙面装修外，还可以画出墙面上可灵活移动的灯具、挂件、壁画等装饰品，以及地面上的家具、陈设等设施。当图样比例尺较小时，可以只画重点内容，其他辅助内容只需勾勒出轮廓即可；当图样比例尺较大时，尽可能将立面空间表现得具体详实，甚至可以示意性地画些陈设品、绿化等，使图样生动、富有表现力。

5.3.3 室内立面图的图示内容

室内立面图一般需要表达出室内某立面的界面形式、装修内容及家具陈设等，其主要内容如下。

(1) 墙柱面的装修做法，包括材料、造型、尺寸等。

(2) 门窗及窗帘的形式和尺寸。

(3) 剖视方向的可视装修内容和固定家具、灯具及其他。如果没有单独的陈设立面图，则在本图上表示出活动家具、灯具等立面造型，比如隔断、屏风等的外观和尺寸；表示墙柱面上的灯具、挂件、壁画等装饰；表示山石、水体、绿化的做法形式等。

（4）表达出重点图示内容的尺寸、定位尺寸及标高。
（5）装修材料的编号及必要文字说明。
（6）节点剖切索引号、大样索引号。
（7）该立面图的轴号、轴线尺寸等。

5.3.4　室内立面图的制图规范

1. 室内立面图的比例图名

室内立面图的常用比例是1∶50、1∶30，在这个比例范围内，基本可以清晰地表达出室内立面上的形体。

室内立面图下方应标注图名和比例尺，其常用的标注方法有3种(图5－8)。其中，第一种方法书写方便，故为常用方法；第二种方法能够指明平面图所在的图纸号，便于查到与立面图相关的平面图。若平面图中无轴线标注时，可按视向命名，在平面图中标注所示方向，如A立面，另外也可以按平面图中轴线编号命名。

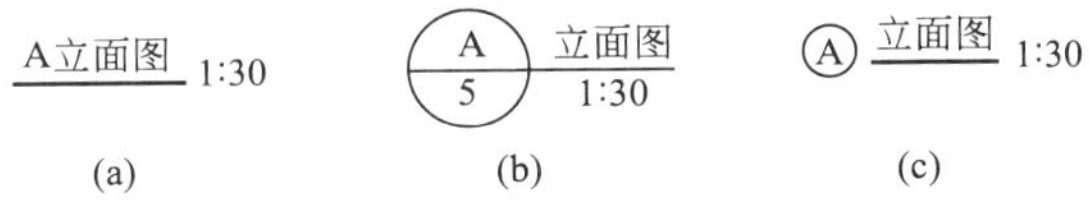

图5－8　立面图的图名

平面形状曲折的建筑物可绘制展开室内立面图；图形或多边形平面的建筑物，可分段展开绘制室内立面图，但均应在图名后加注“展开”两字。

2. 室内立面图的线型

立面图的最外轮廓线用粗实线绘制，地平线可用加粗线(粗于标注线宽的1.4倍)绘制，装修构造的轮廓和陈设的外轮廓线，用中实线绘制，对材料和质地的表现宜用细实线绘制。

3. 室内立面图的尺寸标注

室内立面图要标注纵向尺寸、横向尺寸和标高，以及必要的文字说明，注明材料名称、工艺做法等，需要绘制详图的要绘制样图索引号。

5.3.5　室内立面图的画图步骤

室内立面图应按以下提示方法绘制。
（1）选定图幅，确定比例。
（2）画出立面轮廓线及主要分割线。
（3）画出门窗家具及立面造型的投影。
（4）完成各细部作图。
（5）检查后，擦去多余图线并按线型、线宽加深图线。

5.3.6 室内立面图示例

室内立面图示例如图 5－9～图 5－12 所示。

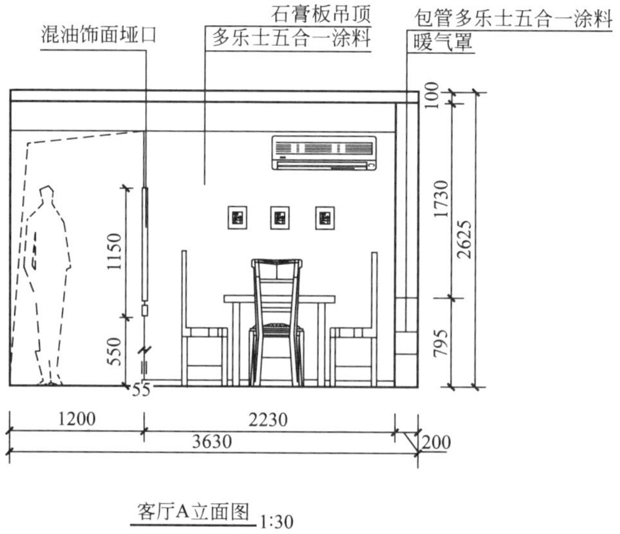

图 5－9 客厅 A 立面图

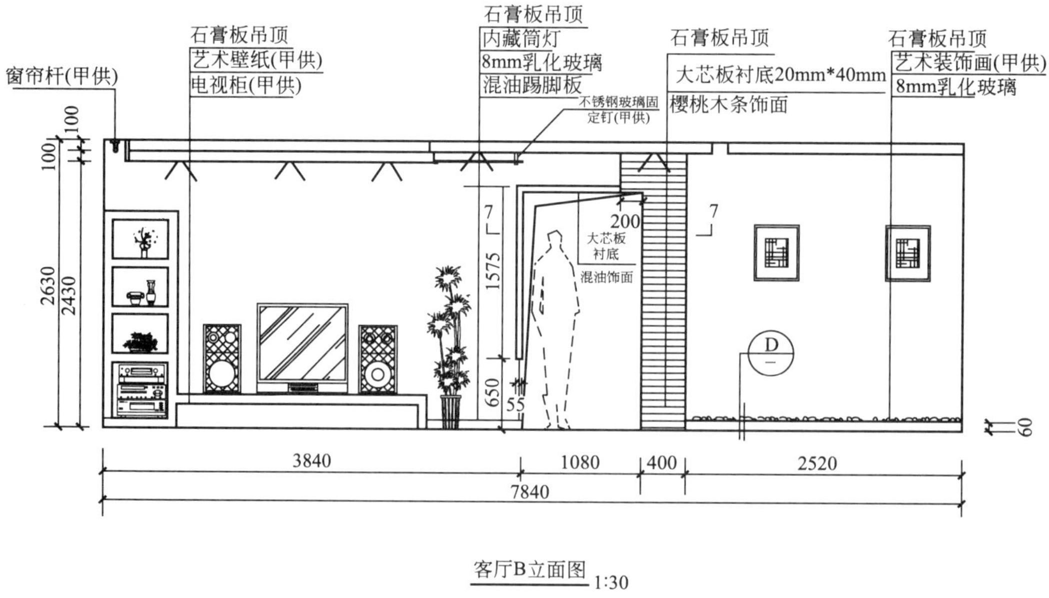

图 5－10 客厅 B 立面图

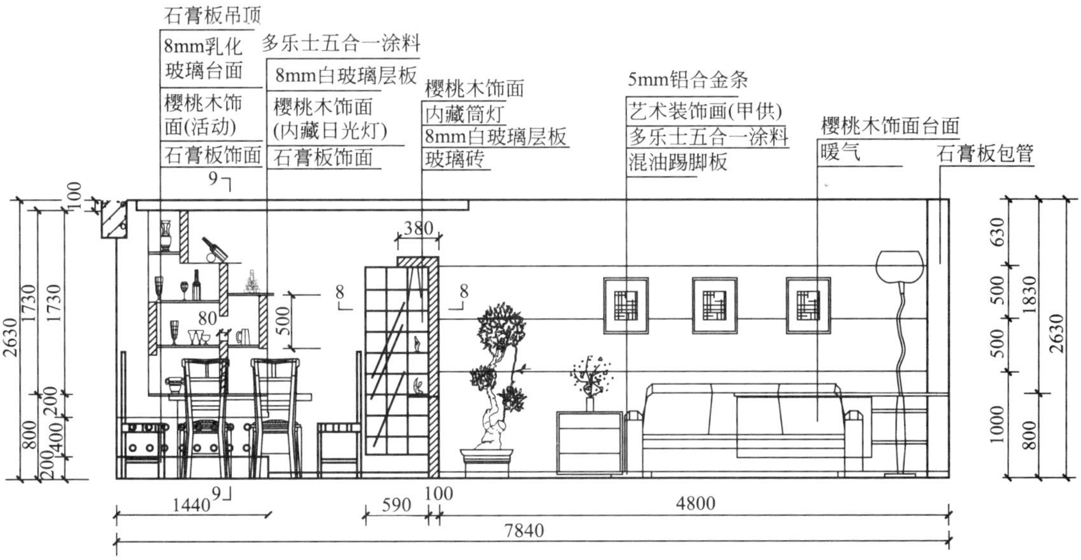

客厅D立面图 1:30

图 5-11 客厅 D 立面图

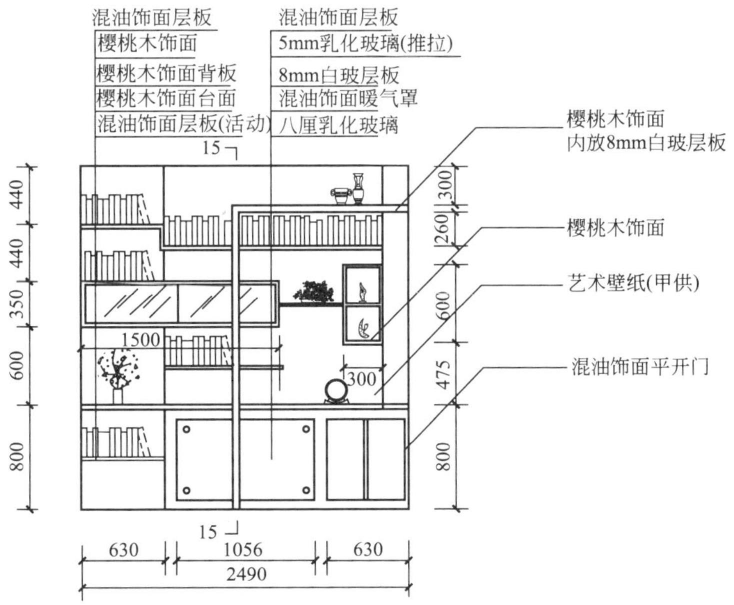

书房D立面图 1:30

图 5-12 书房 D 立面图

5.4 室内剖面图

本节引言

在室内设计中，一般有两种不同的图样反映垂直界面的状况：一种是立面图，另一种是剖面图。其主要区别在于，剖面图需要画出被剖的墙、柱、天花、楼板及吊顶等；而立面图是直接绘制垂直界面的正投影图，画出侧墙内表面，不必画侧墙及楼板等。

5.4.1 室内剖面图的用途

通常情况下，剖面图因其表达内容不同可分为两种，一种是表示空间关系的大剖面图，一种是表示构配件具体构造的局部剖面图，本节所讲的室内剖面图属于前者，用来表示室内空间关系，反映房屋和室内设计的具体情况的剖面图。

5.4.2 室内剖面图的形成

室内剖面图是指房屋的垂直剖面图，就是用假想的竖直平面剖切房屋，移去靠近视点的部分，对剩余部分按正投影原理绘制正投影图。剖面图应包括被垂直剖切面剖到的部分，也应该包括虽未剖到，但能看到的部分，如门窗、家具、设备等。

剖面图的数量与剖切位置，视房屋和室内设计的具体情况而定，总的原则是能够充分表达设计意图。在室内界面中，有些界面非常简单，可不必绘制剖面图。选择剖切位置时，应选择最有效的部位，既能充分反映房屋建筑结构形式，又能反映出室内设计的装饰、装修部位，把室内设计最精彩、最有代表性的部分表示出来，注意剖切位置最好贯通平面图的全长，且剖切面不要穿过柱子和墙体。

室内剖面图和立面图一样，同属表达室内垂直界面的正投影图。那么，在室内设计中，究竟用剖面图还是用立面图表示室内界面，不同国家和地区、不同的室内设计师有着不同的制图习惯。从事建筑设计工作的设计师一般习惯采用剖面图显示空间环境关系和结构连接方法，所以早期从建筑设计中分离出来的室内设计师在绘制室内工程图时，多用剖面图，而专业从事环境艺术设计的室内设计师则多习惯采用立面图，直接截取画面，表现灵活、生动。近些年，由于环境艺术设计专业的学生相继毕业，并逐步占领了国内的室内设计领域的大部分市场，所以室内立面图的图示方法逐步得到推广。

5.4.3 室内剖面图的图示内容

室内剖面图主要用来表达空间的总体环境，即图示空间与邻里空间的关系、墙上门窗洞口、楼板的做法以及楼板与吊顶的关系等。室内剖面图的具体内容如下。

（1）轴线、轴线编号、轴线间尺寸和总尺寸。

（2）被剖墙体及其上的门窗洞口，顶界面和底界面的内轮廓，主要标高，空间净高度及其他必要尺寸。

（3）按剖切位置和剖视方向可以看到的墙柱、门窗、家具、陈设及电视机、冰箱等，它们的定位尺寸和其他必要尺寸。

（4）墙、柱、门、窗及图示重要装饰造型的材料与做法。

（5）图示编号及索引符号。

（6）图名与比例。

5.4.4　室内剖面图的制图规范

关于室内剖面图的制图规范，应重点注意剖切符号的标注和剖切符号的选取。

（1）剖切符号由剖切位置线和剖视方向线组成，它们垂直相交呈曲尺形，用粗实线绘制。注意剖切线不应与建筑的轮廓线相交。

（2）剖切位置应选在最有效的部位，最好能贯通平面图全长。如果没有必要，也应贯通某个空间的全宽或全长，保证剖面图的两侧均有被剖的墙体。

（3）剖切面不要穿过柱子和墙体，因为这样不能反映墙柱的装修做法，也不能反映柱面与墙面上的装饰与陈设。

（4）剖切面转折，为了更好地表现重要的立面内容，可以用剖切面转折的方法，但最多只能转折一次(图 5－13)。

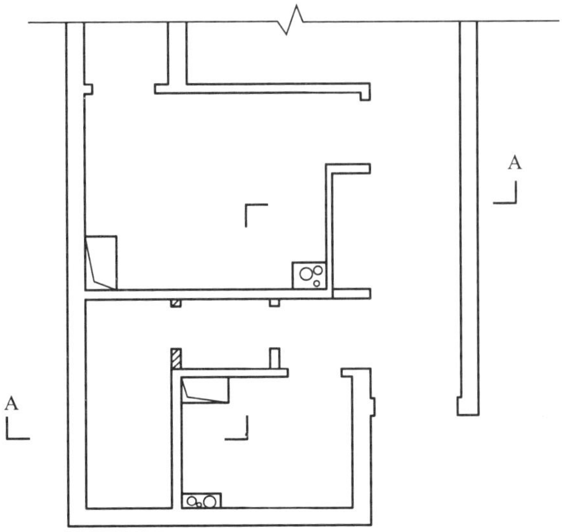

图 5－13　剖切面的转折

（5）垂直界面为折面或曲面时，可将不与剖切面平行的部分旋转到与剖切面平行的位置，再按正投影图绘制原理绘制剖面图，但必须在图名后面加注“展开”两字。

5.4.5 室内剖面图的画法步骤

室内剖面图与立面图的画法类似，其主要区别在于，剖面图需要画出被剖的墙、柱、天花、楼板及吊顶等；而立面图是直接绘制垂直界面的正投影图，画出侧墙内表面，不必画侧墙及楼板等。其画图步骤如下。

(1) 选定图幅，确定比例。

(2) 画出被剖墙、柱、门、窗及固定隔断、家具及其他构件。

(3) 按正投影原理绘出从视点看到但未剖到的家具陈设及其他设施的正投影图。

(4) 完成细部作图。

(5) 检查后，擦去多余图线并按线型、线宽加深图线。

5.4.6 室内剖面图示例

在室内设计施工图中，为了更直观、完整地表达设计方案，常将剖面图与立面图配合使用(图 5-14 和图 5-15)。

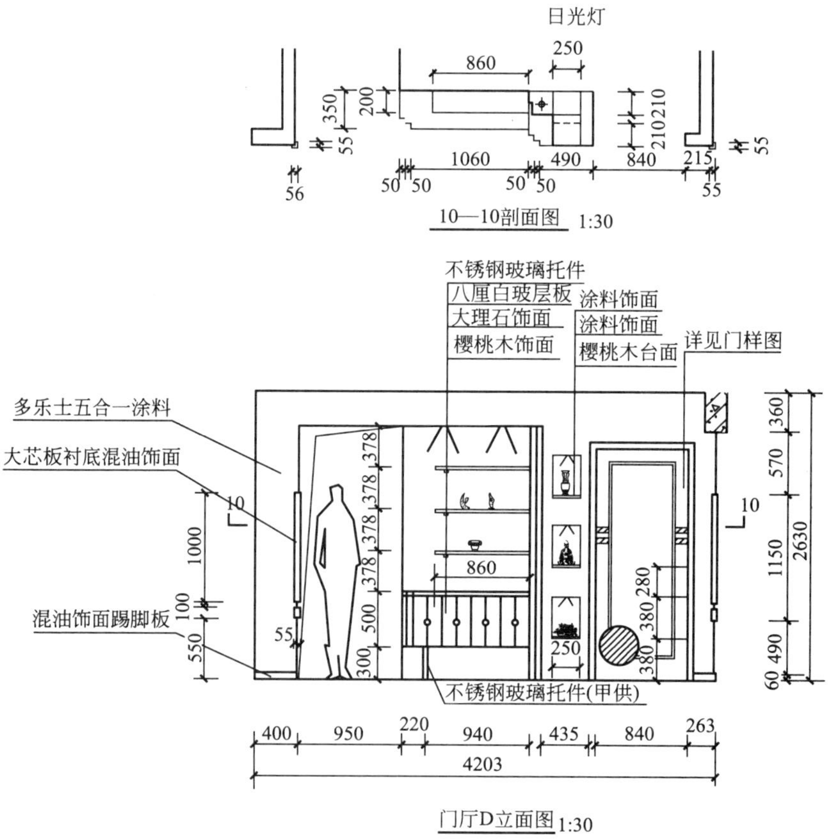

图 5-14 门厅剖面图、立面图

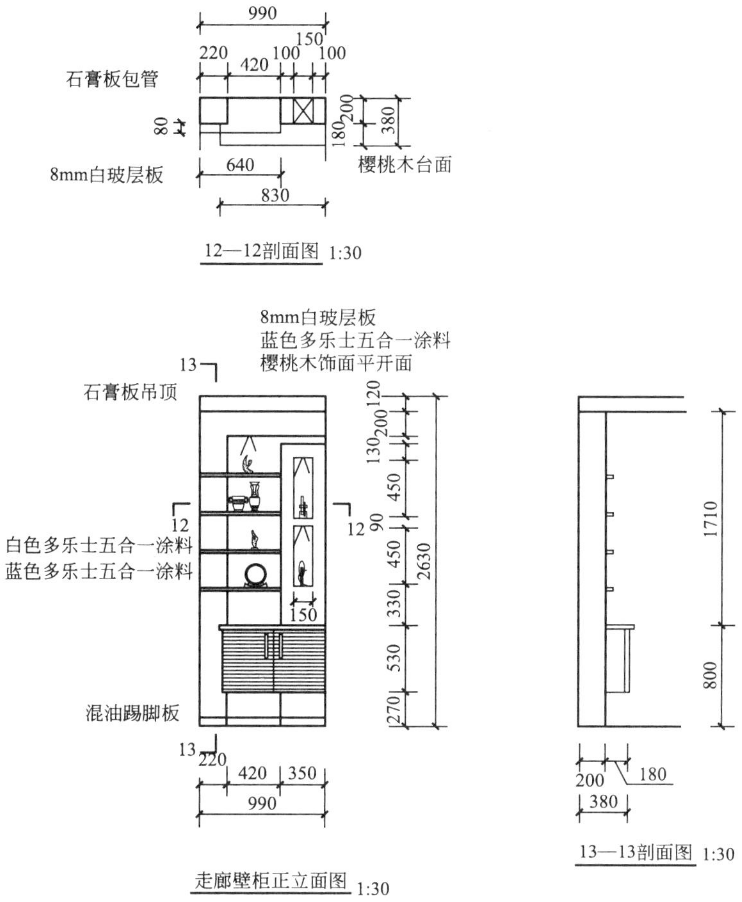

图 5－15　走廊剖面图、立面图

5.5 室内设计详图

本节引言

在室内设计中，一般平面图、天花图、立面图、剖面图的图纸比例较小，不能把所有要素都画清楚。因此对于结构复杂或标注不清楚的装修细部，必须用更大的比例绘制某些构配件和装饰细部的详图。

5.5.1　详图的概念与分类

详图指局部详细图样，是室内设计中重点部分的放大图和结构做法图。

详图是室内设计工程图样中不可缺少的一部分。因为平面图、天花图、立面图、剖面图的图纸比例较小，不能把所有要素都画清楚。因此必须用更大的比例绘制某些构配件和装饰细部的详图。一套室内设计施工图需要画多少详图，画哪些部位的详图，要根据设计情况和工程的大小及复杂程度而定。

通常情况下，详图有大样图、节点图和断面图 3 类图纸组成。

大样图是指把平面图、天花图、立面图、剖面图中某些需要详细表达的设计部分局部放大的比例图样。

节点图是反映某设计造型局部的施工构造截面图，又称构造详图。它一般需要综合使用多种图样，完整地反映某些构配件、连接点或设计造型的构造。

断面图是指由剖立面、立面图中引出的自上而下贯穿整个剖切线与剖切物体相交得到的图形。

5.5.2 详图的主要内容

一般装饰工程详图，需要绘制墙面详图、柱面详图、特殊的门、窗、隔断、暖气罩和天花、吊顶等建筑构配件详图；服务台、酒吧台、壁柜、洗面池等固定设施、设备详图；水池、喷泉、假山、花池等造景详图；专门为该工程设计的家具、灯具详图等。绘制内容通常包括大样图、节点图和断面图。

5.5.3 详图的制图规范

详图中有大多数都是局部剖面图，凡是剖到的建筑结构和材料的断面轮廓线均以粗实线绘制，其余的用细实线绘制。详图的线型、线宽选用与建筑详图相同，当绘制较简单的详图时，可采用线款比为 b : 0.25b 的两种线宽组。

室内详图应画出构件间的连接方式，应详细标注加工尺寸、材料名称以及工程做法。

5.5.4 详图图例

某大厅墙面详图如图 5－16 所示。

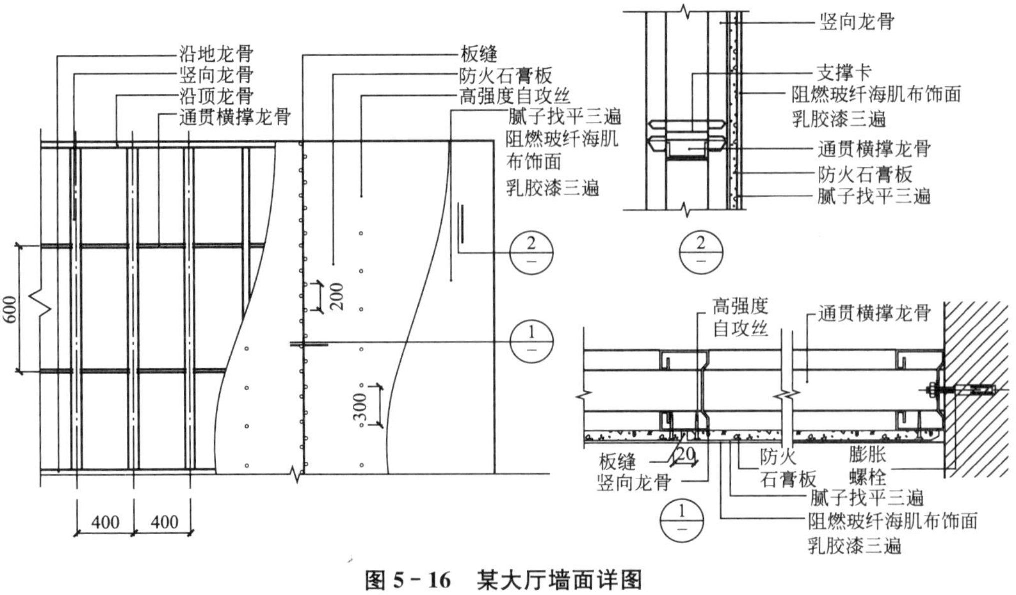

图 5－16 某大厅墙面详图

5.6　室内电气系统平面图

本节引言

电气系统包括强电系统和弱电系统两类，其中电视机、冰箱、空调、洗衣机等属于强电系统，电话、有线电视、网络宽带则属于弱电系统。在室内设计中，用来表现电路的分布情况的图纸叫做电气系统平面图，也称电路图。电路图一般有强电系统电路图和弱电系统电路图两大类。

5.6.1　电气系统基础知识

电气工程图的制作规范及规定相当复杂，其主要参考规范有：《民用建筑电气设计规范》JGJ 16—2008，《建筑照明设计标准》GB 50034—2004，《建筑设计防火规范》GB 50016—2006，《低压配电系统设计规范》GB 50054—1995，《智能建筑设计标准》GB/T 50314—2006 等。在这里简单介绍电路图中常用的图形、图例、箭头主要指引线的一般规定(表 5-1)。

表 5-1　电力系统图例

1. 暗装单联开关	10. TP 电话插孔	19. 镜前灯
2. 暗装双联开关	11. WN 宽带网插孔	20. 侧放筒灯
3. 暗装三联开关	12. 普通花灯	21. 软管灯
4. 暗装四联开关	13. 吸顶灯	22. 日光灯
5. 暗装双控开关	14. 浴霸	23. 防水防尘灯
6. 暗装电源插座	15. 筒灯	24. 防爆灯
7. 暗装防水电源插座	16. 射灯	25. 配电箱
8. K 暗装防水空调插座	17. 牛眼灯	
9. TV 电视插孔	18. 装饰壁灯	

在室内设计中，电气系统的有着严格的施工规范，如下所示。

(1) 电线及用电器的质量必须符合现行国家标准。

(2) 室内的电线必须用PVC管套敷设，PVC管要求连接牢固，无缝隙存在。房屋顶部布置PVC管时，应将PVC管与墙顶固定，PVC管入线时，应与线盒用锁扣连接。

(3) PVC管作为阻燃管，其穿线数量是一定的，16mm的PVC管内可穿入3根电源线，20mm的PVC管内可穿入4根电源线。多穿会影响电源线路的正常工作。

(4) 强弱电线不可在同一PVC管内布置，应减少它们之间的电源干扰。尤其是通信线，信号线布线线型流畅，取向距离要短，暗管水平铺设不宜超过30m，否则应加装过路盒。与电力线、金属给水关的间距应不小于500mm，与金属排水管、热水管的平行间距不小于100mm。

(5) 吊平顶时，不得将电器配管固定在平顶的吊筋或龙骨上。

(6) 开关、插座要有暗盒，暗盒表面平整，外观完好，安装牢固。

(7) 插座离地面一般为300mm，不应低于200mm。开关一般距地1300mm，安装时应考虑使用方便。

(8) 穿管敷线的管内导线的截面积之和不应超过管内面积的40%，管内不得有接头和扭结。

(9) 电线与暖气、热水、煤气管平行间距应大于300mm，交叉间距大于100mm。

(10) 电源线的火线、零线、地线3线应分别用两根一色线、一根双色线，禁止使用花线做火线。当电源线进行分支时，应使用分线盒。

5.6.2 强电系统电路图

强电系统电路图主要分为照明系统和插座系统，包括照明开关、照明灯具、照明线路、插座以及插座线路等。在强电系统电路图中，需要绘制：各类灯具的具体布置，包括灯具类型、位置和数量；电线的走向；种类开关的位置以及用途。

1. 照明系统电路图的绘制

(1) 在天花平面图上绘制照明灯具。在室内照明灯具中常用的有：筒灯、防水防尘灯、普通花灯、吸顶灯、射灯、镜前灯、餐灯、牛眼灯、浴霸灯。

(2) 绘制开关。开关是用来切断和接通电源的，种类很多，家庭中最常见的开关就是单控开关，也就是一个开关控制或多件电器。根据所联电器的数量可以分为单联、双联、三联、四联等多种开关。

(3) 绘制照明线路。照明线路中的灯具和开关可以使用弧线进行连接，如图5-17所示。

2. 插座系统电路图的绘制

(1) 修改平面图，将平面图中墙柱、门、窗、尺寸标注之外的内容删去。

(2) 在所得平面图中绘制插座。如图5-17所示，图中有电路图中常用插座图例。

(3) 连接插座电路，如图5-17所示。

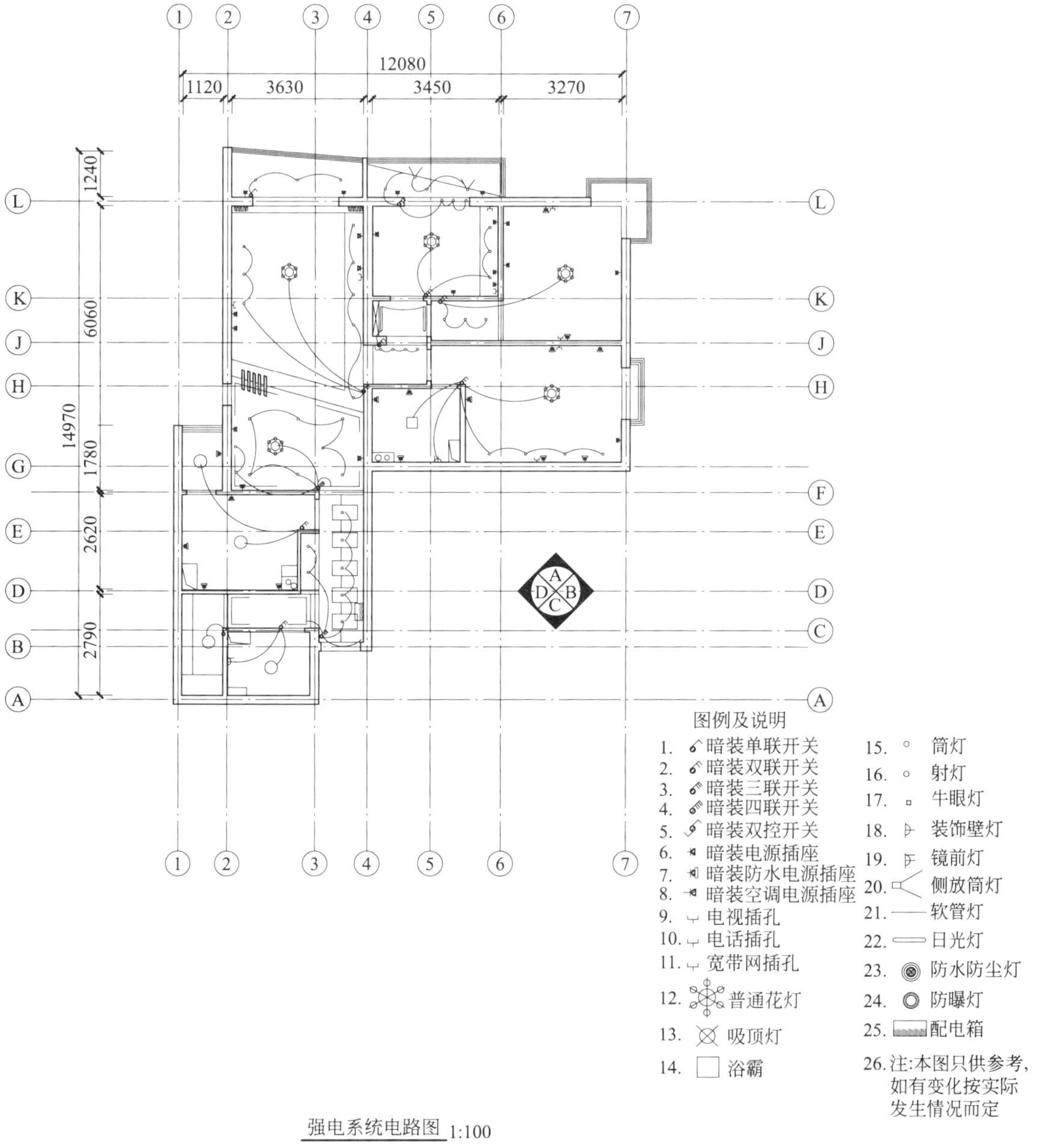

图 5-17 强电系统电路图

5.6.3 弱电系统电路图

弱电设备主要包括电话、有线电视以及网络宽带线路等，弱电图例见表 5-1。

弱电系统电路图的绘制步骤如下。

(1) 修改插座系统电路图，将插座的连接线删去。

(2) 绘制弱电设备。

(3) 连接弱电设备，将各种弱电设备连接到门口的弱电箱，如图 5-17 所示。

习　　题

1. 室内设计施工图的主要内容有哪些？试阐述其主要用途。
2. 室内平面图的图示内容有哪些？试述其画图步骤。
3. 室内剖面图与立面图有何不同？室内剖面图的制图规范有哪些？
4. 什么是室内设计详图，其绘制内容有哪些？

第6章 室内透视制图原理及画法

课前训练

• **训练内容**：安排每位学生选择一张简单的室内平面布置图，根据平面图所提供的内容与要求，尝试来分析绘制该平面图内容所应体现的三维透视效果图。通过对室内效果图中室内景物的透视规律变化的合理分析与把握，来充分体现室内平面布置图的设计理念和整体效果。

• **训练注意事项**：建议每位同学在进行室内透视效果表现时选择较为简单的平面布置图，大胆分析注意景物透视之间的关系，确定透视灭点位置，明确透视特点；绘制过程中可简化概括室内景物的形态。

训练要求和目标

• **要求**：学生在进行透视效果练习过程中，紧密结合平面图的设计规划，并建立尺寸比例观念，通过室内透视效果图恰当地阐述平面布置图的设计理念。

• **目标**：了解室内透视图的特点，认识室内透视图在室内工程制图中的重要性，建立起良好的制图理念；现在绘制室内透视效果图方式繁多，画法各异，为了在绘制室内透视效果图中更恰当地阐述平面布置图的设计理念，图面整体展示清晰，符合设计理念要求，便于技术交流，以及提高制图绘制的效率上学习和掌握室内制图基本透视规律和透视绘制技法；为以后正式的室内工程设计测绘等学习打下良好基础。

本章要点

- 常用透视的基础知识
- 室内平行透视图的形成、特征及制图画法
- 室内成角透视图的形成、特征及制图画法
- 室内透视制图的简捷画法
- 室内倾斜透视图的形成、特征及画法
- 室内阴影透视

本章引言

室内设计透视图是室内装饰工程的设计效果展示图样，是展示设计方案理念、指导和检验设计方案的有效依据与参考。在工程正式开展实施之前，设计师可以通过室内布置的立体整体展示，在图纸上与理论上更好检验设计方案的可行性，提前预知设计方案的效果，将工程中产生的不利因素和因盲目施工产生的损失降到最低程度。绘制室内效果图必须掌握透视学的原理以及常用的制图方法。一张好的透视图必须符合几何投影规律，真实地反映预想的或特定的室内空间效果。

因此，室内设计透视图不只是设计效果的展示，更重要的是其理论上对设计方案的再次检验，由此可见室内透视效果图在室内工程制图中的重要性，在工程制图的学习中掌握一定室内制图基本透视规律和透视绘制技法，是环境艺术专业学生必须掌握的一项内容。

6.1 常用透视的基础知识

本节引言

常用透视基础知识包含了透视形成的基本原理、常用术语、视觉直线分类等，只有掌握和熟悉这些基本知识，才能更好地掌握各类透视中灭点的形成和透视变化规律，准确完成制图表达室内布局中各物体之间关系位置，较好地展示室内设计的理念。

6.1.1 透视形成的基本原理及透视现象中的基本特征

透视是一种理性的推理观察方法，它把眼睛作为一个投射点，依靠与物体间的光学直线，即视线的传递，通过在视点与景物中间设立理想的透明的画面，在画面一定区域范围内截取这些视线，把在理想画面上留下的视线截点互为连接，就构成了现实三维空间中实物在平面画面的投影——透视图。

这种透视形成的原理与人的视觉形成、照相机成像的原理是一致的，假设在眼睛与物体之间设一块玻璃，透过玻璃观察远处的景物，并在玻璃上按着景物的外轮廓描绘出景物的形态，那么在玻璃上所反映的就是物体的透视图(图 6 - 1)。

图 6 - 1　相机与人视觉的成像原理

透视现象中的基本特征有以下几点：一是近大远小，近距离的物体偏大，远距离的物体偏小，无限远距离的逐渐消失；二是近疏远密，对于等距的物体，近距离的物体间距偏大，远距离的物体间距偏小，直至消失；三是现实中相互平行直线在透视画面中会交于同一点或相互平行没有交点。

6.1.2 常用透视术语

为了正确表现室内透视图效果，必须掌握透视学中一些基本概念及名称(图 6－2)。

(1) 足点 *SP*——观察者站立的位置。

(2) 视点 *S*——观察者眼睛的位置。

(3) 视高 *EL*——观察者从足点到视点的高度。

(4) 视平线 *HL*——过画面心点的水平直线。

(5) 灭点(余点)*V*——相互平行的直线在无穷远交会集中的点，也称消失点。

(6) 画面 *PP*——人与物体间的假设面。

(7) 基线 *GL*——画面与基面相交的界线。

(8) 基面 *GP*——物体放置的平面。

(9) 心点 *CV*——过视点垂直于画面与画面相交的一点，且垂直画面相互平行的直线无限远处交汇于此点。

(10) 测点 *M*——也称量点，求透视图中物体尺度的测量点。

(11) 视距——从视点到画面最短的距离。

(12) 视中线——过视心的垂直线。

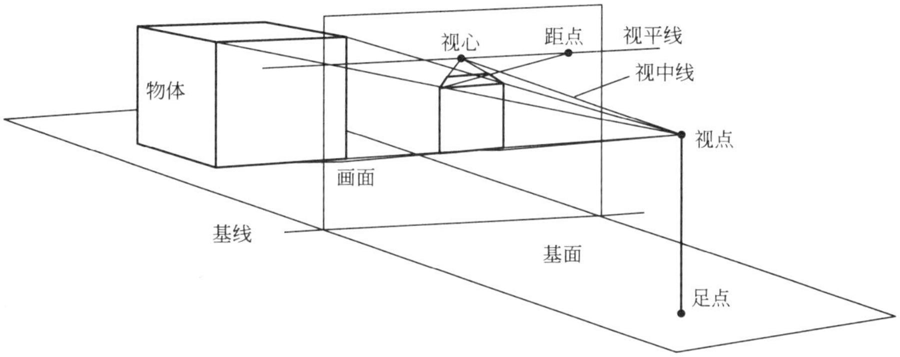

图 6－2 透视图的形成原理

6.1.3 透视中直线的视觉分类及视点与灭点的关系

透视是二维平面再现三维空间中物体形变的规律，也就是研究物体轮廓边线的变化，物体的边线大多是直线，在现实空间呈多种状态，因此直线的视觉变化也是丰富的，研究物体的透视实质就是研究直线的透视。

1. 透视中直线的视觉分类

依据直线与画面、基面的关系以及视觉变化消失状态，直线可分为有消失变化的变线和无消失变化的原线。与画面成角度，在画面上产生灭点的直线称为变线；与画面平行，在画面上不产生灭点，只有近大远小变化的直线称为原线。

直线的空间透视变化大致可分为以下几类：第一类，与画面及基面平行，在画面上没有灭点；第二类，与画面平行，与基面成角或垂直，在画面上没有灭点；第三类，与基面平行，与画面成角，灭点在视平线上；第四类，平行于基面且垂直于画面，灭点在视心上；第五类，与画面、基面分别成角的直线，灭点在视平线的上下位置。

2. 透视中视点与灭点的关系

一组彼此平行的直线与画面成角度时，延伸该组直线到无限远处时，要消失到同一灭点。根据这一现象原理，从视点引一条与这组直线(变线)平行的视线，必然也消失到同一灭点。因此一切与画面成角度的变线灭点，都可以由视点引变线的平行视线，与画面的相交确定，这是灭点的形成原理。

6.1.4 室内设计常见的透视图基本类型

室内透视的学习，实质是对立方体内部空间变化的学习。视点通过画面无论是平视，还是倾视立方体，当立方体有一个可视平面与画面平行时其透视图就会产生一点消失变化，称为“一点透视”，也称为平行透视；当立方体有一条棱边与画面最近且平行时，其透视图就会产生二点消失变化，称为“二点透视”，也称为成角透视；当立方体有一个棱角与画面最近时其透视图就会产生三点消失变化，称为“三点透视”。

因此在室内设计中常见的透视可分为室内平行透视和室内成角透视，以及表现室内楼梯或坡面的倾斜透视。

6.1.5 影响透视图效果的因素

在绘制室内透视图过程中视点、画面和景物之间相对位置的变化，视平线的高低变化直接影响所绘透视图的形象。从几何学理论观点来说，视点、画面和物体相对位置，不论如何安排，都可以准确地画出物体的透视图来。但是，要使透视图中所描绘物体的形象，尽可能符合人们在正常情况下直接观看该物时所获得的视觉印象，或设计展示所需的要求，就不能不从科学的角度考虑人眼的视觉范围。如果忽略了这个问题，就可能使透视图产生畸形失真，不能正确地反映人们的设计意图。同时，为了让人们从透视图中尽可能多地获知室内环境的造型特征，就应该将视点、视平线等放在最恰当的位置上来画出透视图，以免引起错觉和误解。

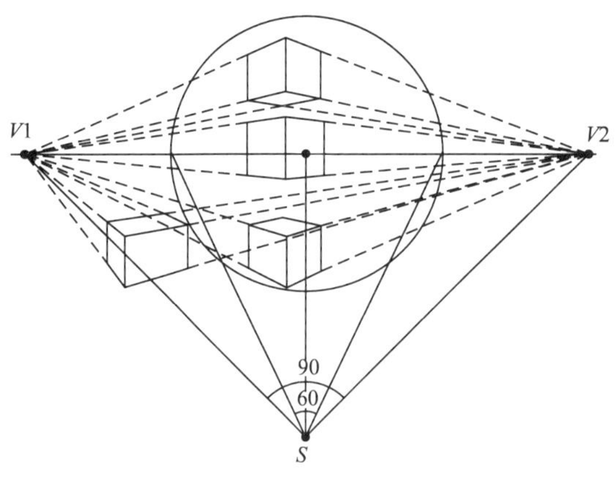

图 6-3 视觉范围

1. 视觉范围选择影响(图 6-3)

当人不转动自己的头部，而以一只眼睛观看前方的环境和物体时，其所见是有一定范围的，一般是 60°的视角，此范围是以人眼为顶点、以中心视线为轴线的锥面称为视锥。视锥的顶角，称为视角。视锥面与画面相交所得到的封闭曲线内的区域，称为视域；正常视域为 60°视域。在绘制景物透视图时，生理视角通常被控制在 60°以内，即将所描绘的室内景物纳入设定的生理视角范围之内，以 30°～40°为佳，这样透视起来比较真切、自然。在特殊情况下，比如绘制室内透视，由于受到空间的限制，视角可稍大于 60°；如果超过正常视域，透视就开始产生畸形失真的倾向。处于视域外的形象，其透视形象则出现不同程度的变形，让观者难以接受。

2. 视点的选定影响

视点的选定，包括在平面图上确定站点的位置和确定视点的位置，应考虑以下几点要求。

(1) 站点的选定应使绘成的透视图能充分体现出室内布置的整体造型特点。

如图 6－4 所示，当站点 *S* 选(a)图位置处，则透视不能表达室内景物的整体造型特点，站点 *S* 选(b)图位置处，则透视图效果比较好。

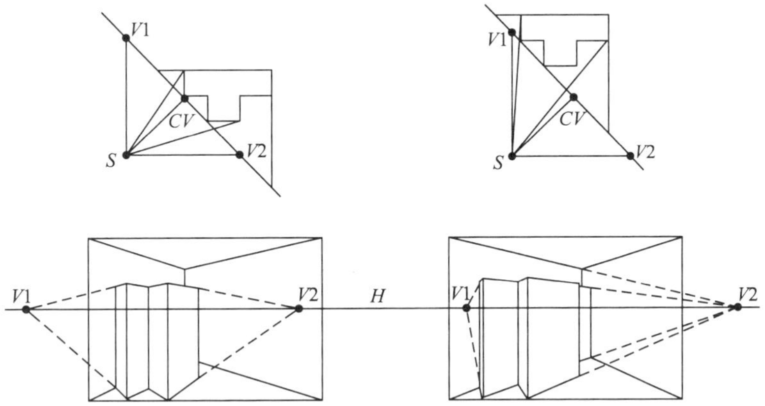

(a) (b)

图 6－4 视点的选定

(2) 站点应尽可能确定在实际环境所许可的位置上；要考虑有利于室内环境主题的表现。室内以哪个墙面为主，就将视点移至能较多地看到这个位置主要的造型内容。

3. 视平线的确定影响

视平线的高度一般定在 1.5 米左右，但可根据需要作相应调整(图 6－5)。比如要表现室内空间的高耸感，像宾馆门厅或共享空间可适当将视点放低，使天顶的面积增大，地面的面积相对减小。若表现某些较大的室内空间，如超级市场、展览厅，应将视点适当提高成俯视，使地面物展示充分，能表现出景深内的更多物体。此外，还要注意到视平线的位置不宜放在透视图高度的 1/2 高处，因为这样放置的视平线将透视图分成上下对等的两部分，图像会显得呆板。图 6－6 所示画面室内透视中由于适当地提高了视平线，使室内家具布置一览无遗。

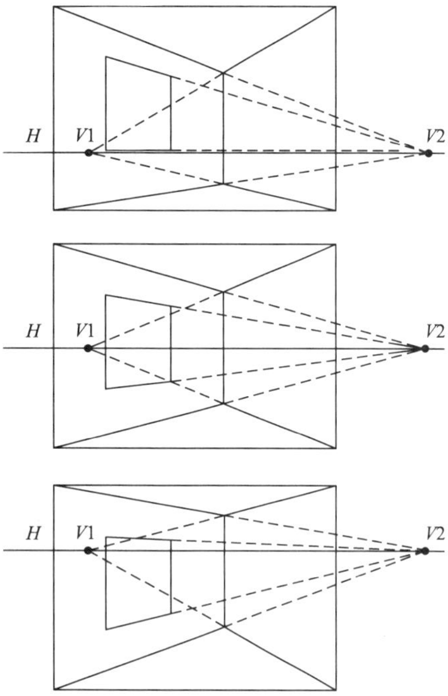

图 6－5 视平线的确定

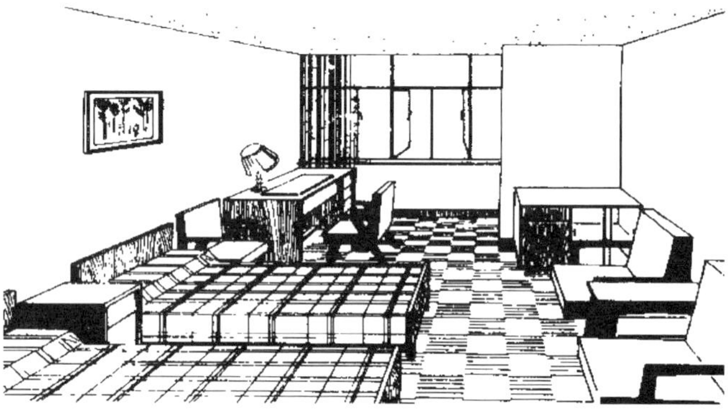

图 6－6 室内场景展示

6.2 室内平行透视图的形成、特征及制图画法

本节引言

室内平行透视图是室内设计展示中的基本形式，主要表现室内场景与画面，形成垂直角度时在视觉中的变化规律，室内展示效果多为正视时的形象。室内平行透视图可较为客观地反映出室内场景的布局特点、消失特征与环境特点；室内物体的形状和空间关系变化稳定，制图规律较容易掌握。

6.2.1 室内平行透视的形成原理及特征

1. 室内平行透视的形成

所谓的室内平行透视即一点透视。以方体为例，只要满足离画幅最近的一个面与画幅保持平行，与画幅垂直的一组平行线必然只有一个主向灭点——主点，那么在这种状态下投射透视图就是平行透视；由于它只有一个失点，所以又叫“一点透视”，也称平行透视。室内一点透视则表现为，方形的室内空间有一组墙体与画面保持平行，另一组墙体与画面为垂直关系。

2. 室内平行透视特征

(1) 以方形室内空间为例，不同方向墙体的边棱主要呈现3种状态：与画面平行的水平组线，与基面垂直的边线组线和垂直于画面的组线，最后的组线是一点透视中唯一的变线。

(2) 不管呈何种位置、室内平行透视中只存在一个消失点——画面心点 CV，室内空间的水平截面的对角线的灭点在视平线上的距点(D)上，且从距点到视心的距离等于视距(图6-7)。

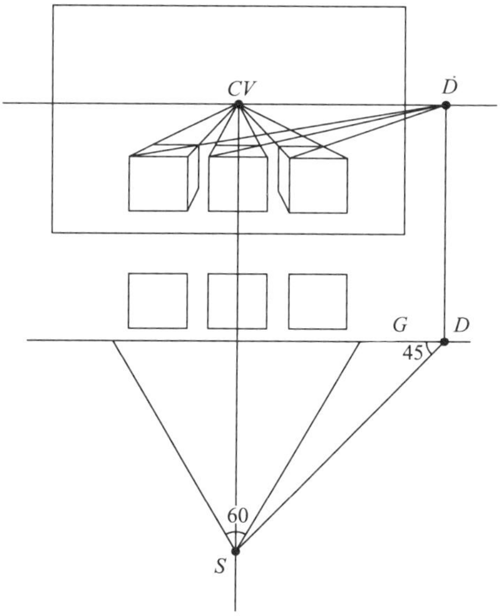

图6-7 平行透视图的形成

6.2.2 室内平行透视制图的原理与画法

以图6-8所示室内布局进行制图参照。

1. 视点法室内透视制图

视点法是科学运用人眼的中心投影成像的原理进行的制图方法，是利用视线的水平投影，求得直线位置的透视画法。从视点 S 与平面图中被视物体位置定点连线在画面线上相应的交点，按垂直方向引线并交至翻转透视图上各点相应的变线位置上来作图。

如图6-9所示，先求室内空间透视，作图步骤如下：①先确定室内平面图与画面的位置关系；再以室内正面图真高、真宽比例确定画幅宽高比例，视平线，CV 点(心

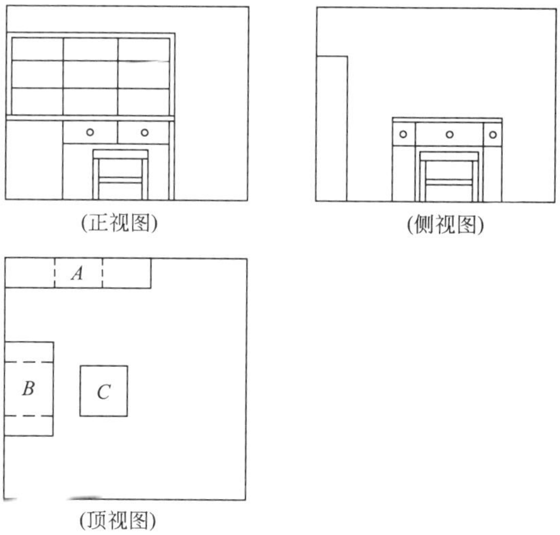

图6-8 室内场景三视图

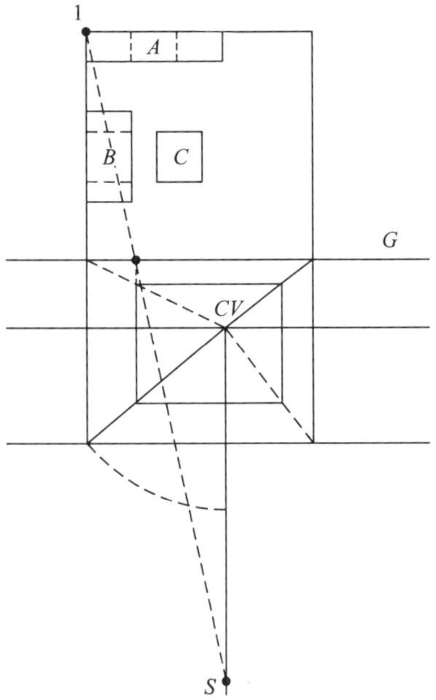

图 6－9　室内空间透视

点)；以 CV 点到画幅最远端角的 2 倍距离来确定视点 S 到 CV 点的距离；②先从平行室内透视图的画幅四角的截点引直线分别向心点 CV 连接，画出室内深度的全长透视；③再由室内远端一角点 1 处引直线与视点 S 相连，过 G 线交得一迹点，从该迹点向下引垂线切割室内深度的全长透视线，得到室内空间透视深度截点，再依次过截点做水平与垂直引线，完成平行室内深度透视。

如图 6－10 所示，求室内书柜的透视，作图步骤如下：①在正视画面的基线上由 $a1$ 点至 $a2$ 点截取书柜等比例长度，以及等比例截点 $a3$，$a4$；②由 $a1$，$a2$，$a3$，$a4$ 各点引出直线连接心点，求得书柜的深度全长透视；③从顶视图中的点 1 点 2 处引直线到视点，过 G 线获取两个视线截点，并由这两个截点处向下做垂直线切割 $a1$ 点的全长透视线得到两个深度截点，即求出书柜的透视深度，再由深度截点作水平直线依次过 $a2$，$a3$，$a4$ 全长透视线截得书柜在基面上的透视投影；④在 $a1$ 处设立书柜的真高及书柜各层的真高比例截点，然后由各截点引直线向心点 CV 连接，与 $a1$ 全长透视线上的书柜深度截点所立垂直线相交，求得书柜在画面中的透视高度和各层高度截点；⑤由书柜透视高度的各截点依次作水平直线与书柜基面透视投影上各截点处的垂直线相交，完成书柜的画面透视。

如图 6－11 所示，求室内书桌的透视，作图步骤如下：①在正视画面的基线上由 $b1$

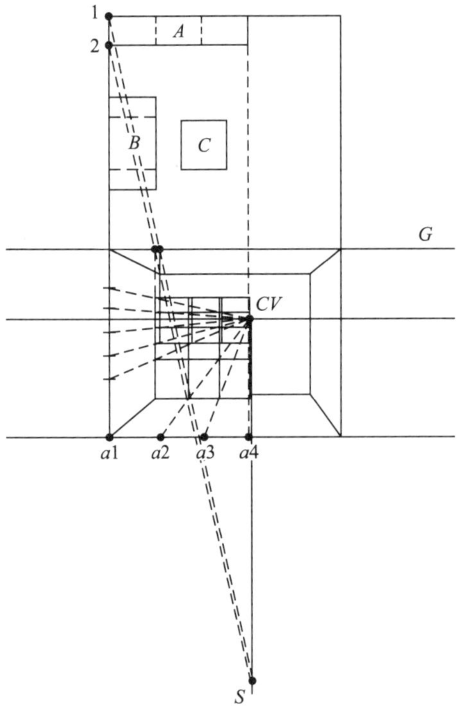

图 6－10　室内书柜透视

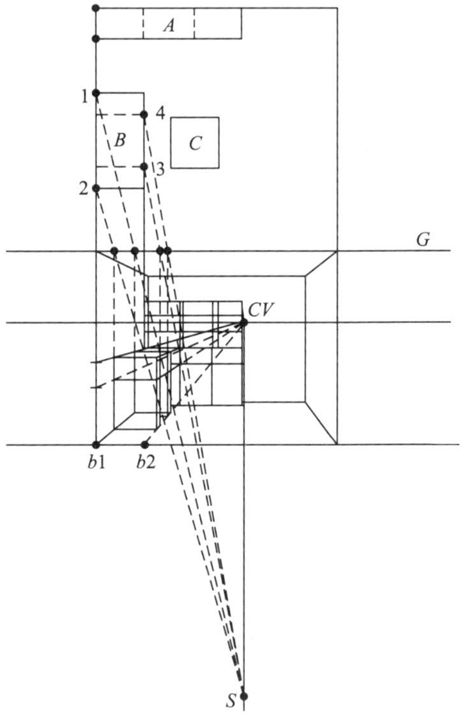

图 6－11　室内书桌透视

点至 $b2$ 点截取书桌等比例宽度；②由 $b1$，$b2$ 各点引出直线连接心点，求得书桌的深度全长透视；③从顶视图中的点 1 点 2 点 3 点 4 处分别引直线到视点，过 G 线获取 4 个视线截点，并由这 4 个截点处向下做垂直线切割点 $b1$，$b2$ 的全长透视线得到 4 个深度截点，即求出书桌的透视深度，再由深度截点作水平直线依次过 $b1$，$b2$ 全长透视线截得书桌在基面上的透视投影；④在点 $b1$（或点 $b2$）点处设立书桌的真高及书桌各层的真高比例截点，然后由各截点引直线向心点 CV 连接，与 $b1$ 全长透视线上的书桌深度截点所立垂直线相交，求得书桌在画面中的透视高度和各层高度截点；⑤在书桌透视高度的各截点依次作水平直线与书桌基面透视投影上各截点处的垂直线相交，完成书桌的画面透视。

如图 6－12 所示，求室内书凳的透视，作图步骤如下：①顶视图中的书凳两侧边棱向画面做延长直线，过画面截取两迹点并平移到正画面的基线上，得到 $c1$，$c2$ 两点，$c1$ 到 $c2$ 两点距离等于书凳的真宽；②由 $c1$，$c2$ 两点分别引出直线连接心点 CV，求得书凳的深度全长透视；③从顶视图中的点 1，点 2 处分别引直线到视点，过 G 线获取两个视线截点，并由这两个截点处向下做垂直线切割点 $c1$ 点的全长透视线得到两个深度截点，即求出书凳的透视深度，再由深度截点作水平直线依次过 $c1$，$c2$ 全长透视线截得书桌在基面上的透视投影；④在点 $b1$（或点 $b2$）处设立书凳的真高及真高比例截点，然后由各截点引直线向心点 CV 连接，与 $c1$ 全长透视线上的书桌深度截点所立垂直线相交，求得书凳在画面中的透视高度；⑤在书凳透视高度的各截点依次作水平直线与书凳基面透视投影上各截点处的垂直线相交，完成书凳的画面透视。

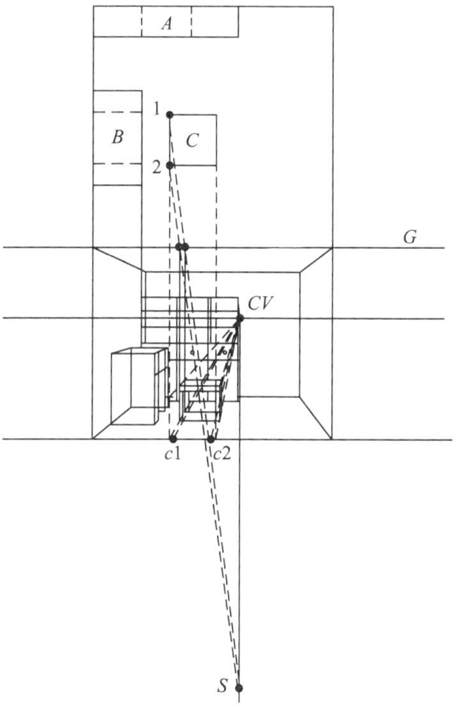

图 6－12 室内书凳透视

2. 距点法室内透视制图

所谓的距点法，就是利用 45°角直角三角形原理，在平行透视图上来测量垂直于画面线段长度的画法。距点到心点的距离，正好等于视点到画面的距离，视点到距点的连线与视平线夹角呈 45°，方体水平截面的对角线至灭点的连线，与垂直于画面且灭点位于心点的连线相交截出方体的深度变化。

如图 6－13 所示，先求室内空间透视，作图步骤如下：①先确定室内平面图与画面的位置关系，再确定画幅，画幅的高与宽和室内正面图的高与宽同比（1：1），确定视平线，在视平线上确定（主点）CV，确定基线，再从 CV 点立垂线并以 CV 点到画幅最远端角的 2 倍距离确定视点 S，以距点 V 到 CV 点的距离等于 CVS 的长度来确定距点 V；②求室内空间透视：首先由正视画面 4 个角分别引直线向 CV 点相连，完成室内透视深度的全长透视；③从已知顶视平面图中量取室内深度，在画幅基线上，由点 1 向右在基线上截取室内的深度，得点 2，自点 2 引直线向距点 D 消失，与点 1 到 CV 点的直线相交截得一点，求得室内透视深度；④从该点分别作水平线与垂直线，通过相交，室内深度的透视完成。

如图 6-14 所示求室内书柜透视，作图步骤如下：①先从已知顶视平面图中量取书柜的宽度，再在基线上自点 1 向右在基线上截取书柜的宽度至点 2，然后再由点 2 处引直线向 *CV* 点消失，完成书柜透视深度的全长透视；②再从已知顶视平面图中量取画面到书柜的距离深度，在画幅基线上，由点 1 向右在基线上截取画面到书柜的距离深度得点 3，自点 3 引直线向距点 *D* 消失，与点 1 到 *CV* 点的直线相交截得一点，求得室内书柜透视深度；④从该点作水平线与点 2 到 CV 点的直线相交，书柜在基面上的透视投影完成；⑤在点 1 处设立书柜的真高及书柜各层的真高比例截点，然后由各截点引直线向心点 *CV* 连接，与点 1 处书柜全长透视线上的深度截点上所立垂直线相交，求得书柜在画面中的透视高度和各层高度截点；⑥由书柜透视高度的各截点依次作水平直线与书柜基面透视投影上各截点处的垂直线相交，完成书柜的画面透视。

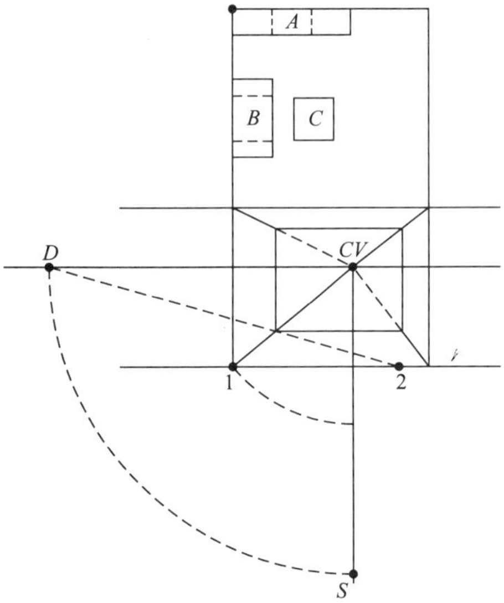

图 6-13　室内空间透视

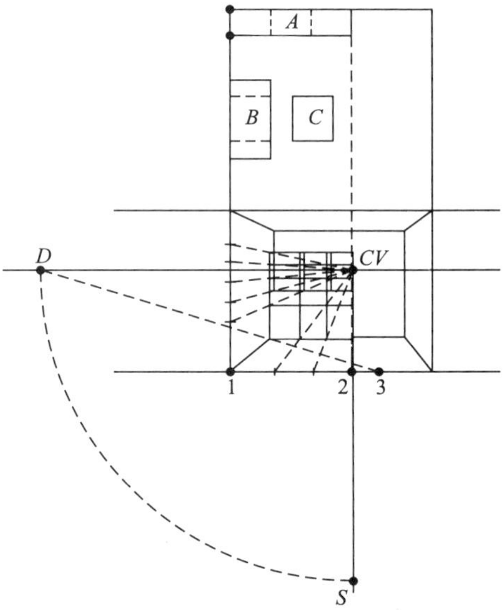

图 6-14　室内书柜透视

图 6-15 为求室内书桌透视；作图步骤如下：①先从已知顶视平面图中量取书桌的宽度，再在基线上自点 1 向右在基线上截取书桌的宽度至点 2，然后再由点 2 处引直线向 *CV* 点消失，完成书桌透视深度的全长透视；②再从已知顶视平面图中，分别量取画面到书桌最近端、最远端以及书桌各深度截点比例的距离深度，在画幅基线上，由点 2 向右在基线上截取画面到书桌最近端、最远端以及书桌各深度截点比例的距离深度，得到点 3、点 4、点 5，分别由点 3、点 4、点 5 引直线向距点 *D* 消失，与点 2 到 *CV* 点的直线相交截得各点，求得室内书桌透视深度；④并从各点作水平线与点 1 到 *CV* 点的直线相交，书桌在基面上的透视投影完成；⑤在点 2 处设立书桌的真高及书桌各层的真高比例截点，然后由各截点引直线向心点 *CV* 连接，与点 2 处书桌全长透视线上的深度截点上所立垂直线相交，求得书桌在画面中的透视高度和各层高度截点；⑥由书桌透视高度的各截点依次作水平直线与书桌基面透视投影上各截点处的垂直线相交，完成书桌的画面透视。

图 6-16 为求室内书凳透视，作图步骤如下：①从顶视图中的书凳两侧边棱向画面做延长直线，过画面截取两迹点并平移到正画面的基线上，得到点 1、点 2，两点之间距离

等于书凳的真宽；由点 1、点 2 两点分别引出直线连接心点 CV，求得书凳深度的全长透视；②再从已知顶视平面图中，分别量取画面到书凳最近端、最远端的距离深度，在画幅基线上由点 2 向右在基线上截取画面到书凳最近端、最远端的距离深度，得到点 3、点 4，分别由点 3、点 4 引直线向距点 D 消失，与点 2 到 CV 点的直线相交截得各点，求得室内书凳透视深度；④并从各点作水平线与点 1 到 CV 点的直线相交，书凳在基面上的透视投影完成；⑤在点 2 处设立书凳的真高及各层的真高比例截点，然后由各截点引直线向心点 CV 连接，与点 2 处书凳全长透视线上的深度截点上所立垂直线相交，求得书凳在画面中的透视高度和各高度截点；⑥由书凳透视高度的各截点依次作水平直线与书凳基面透视投影上各截点处的垂直线相交，完成书凳的画面透视。

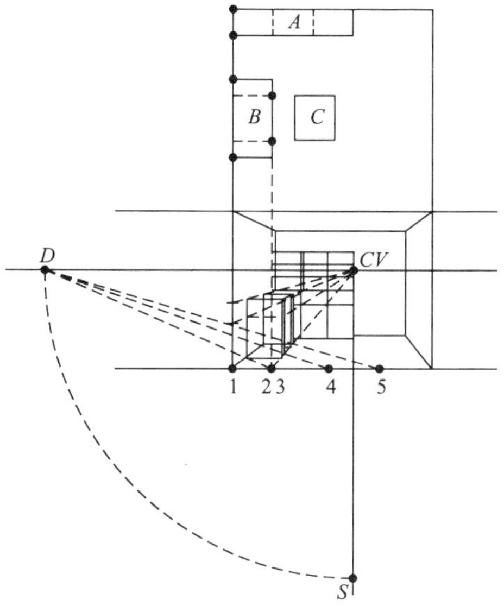

图 6-15 室内书桌透视

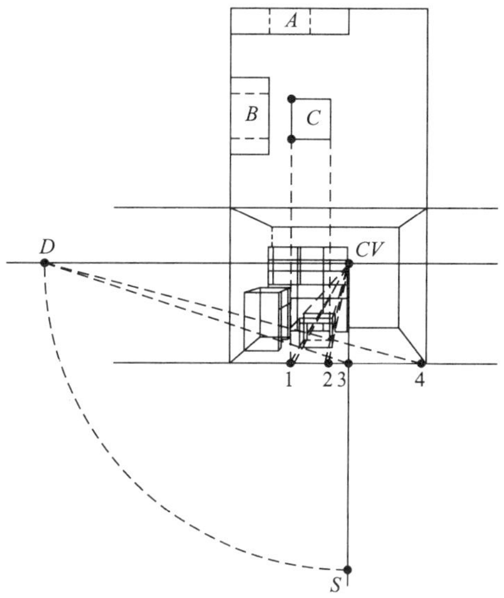

图 6-16 室内书凳透视

6.3 成角透视图的形成、特征及画法

本节引言

室内成角透视图是室内设计展示中的常见形式，主要表现室内场景与画面，形成一定角度时在视觉中的变化规律，室内成角透视图可丰富生动地反映出室内场景的布局特点、消失特征与环境特点；室内展示效果可兼顾主次形象，充分地表现物体的形状和空间关系，增加设计的生动性。

6.3.1 成角透视的形成原理及特征

1. 室内成角透视的形成

所谓的室内成角透视即两点透视。以方体为例，只要满足离画幅最近的是方体的一个角，那么方体左右两对竖立面必然与画幅呈一定角度，且两角相加为 90°，在这种状态下投射成的透视图就是成角透视；由于它有两个消失点，所以又叫“两点透视”；室内两点透视则表现为：方形的室内空间有两组不同方向深度的墙体与画面形成一定角度，并形成两个灭点。

2. 室内成角透视的透视特征

①以方形室内空间为例，不同方向墙体的 3 组边棱呈现两种状态：与基面垂直的组线和与画面成角的两组不同方向的组线；②形成两组变线，两个灭点，两灭点都在视平线上，在视心的两侧。

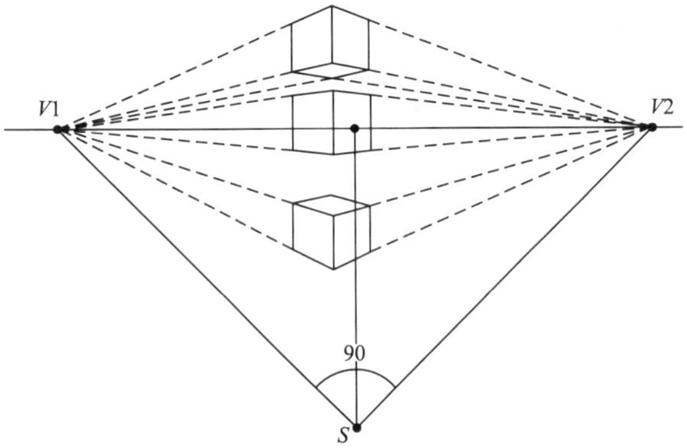

图 6－17　成角透视形成原理及消失特点

室内两点透视的消失点的确定，可根据透视变线的灭点形成原理：一切与画面成角度的变线灭点，都可以由视点引变线的平行视线，与画面的相交确定。以正方体为例，先确定画幅、视点 E、视平线、主点 CV，再通过两角相加为 90°，由视点目测出展开，分别从视点引出与方体组线平行的视线，与画面相交，确定其变线消失的灭点(图 6－17)。

6.3.2　室内成角透视的制图画法

以图 6－8 所示室内布局进行制图参照。

1. 室内成角透视视点法制图

室内成角透视制图中的视点法依然是运用人眼的中心投影成像原理进行的制图方法，是利用视线的水平投影，求得直线位置的透视画法。从视点 S 与平面图中被视物体位置定点连线在画面线上相应的交点，按垂直方向引线并交至翻转透视图上各点相应的变线位置上来作图。

如图 6－18 所示，先求室内空间透视，作图步骤如下：①先确定室内顶视平面图与画面的成角位置关系；以室内顶视平面图与画面 G 线相截的画面宽幅与室内真高比例分别确定画幅宽高比例；②确定视平线与 CV 点(心点)；以 CV 点到画幅最远端角的 2 倍距离来确定视点 S 到 CV 点的距离，再过视点 S 分别引线平行于成角平面图的两组墙面成角直线交于画幅视平线上，在心点左右得消失余点 $V1$，$V2$；③求室内空间的透视深度，先从画幅一侧点 1，点 2 分别引直线向其中一灭点 $V2$ 连接，画出室内该侧墙体的深度全长透视；④再由室内远端一角截点处引直线与视点 S 相连，过 G 线交得一迹点，从该迹点向下引垂线切割室内深度的全长透视线，得到室内空间透视深度截点，再依次从截点引直线分别连接画面另一侧得到完整的室内空间成角透视。

如图 6－19 所示，为求书柜透视，作图步骤如下：①先由顶视图中表示等比例分割柜

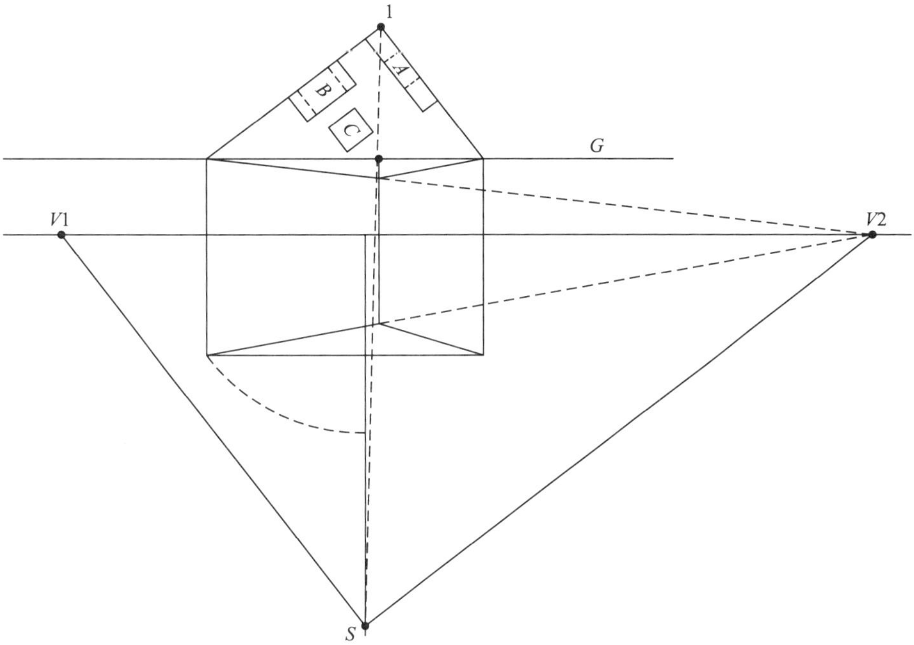

图 6-18 室内空间成角透视

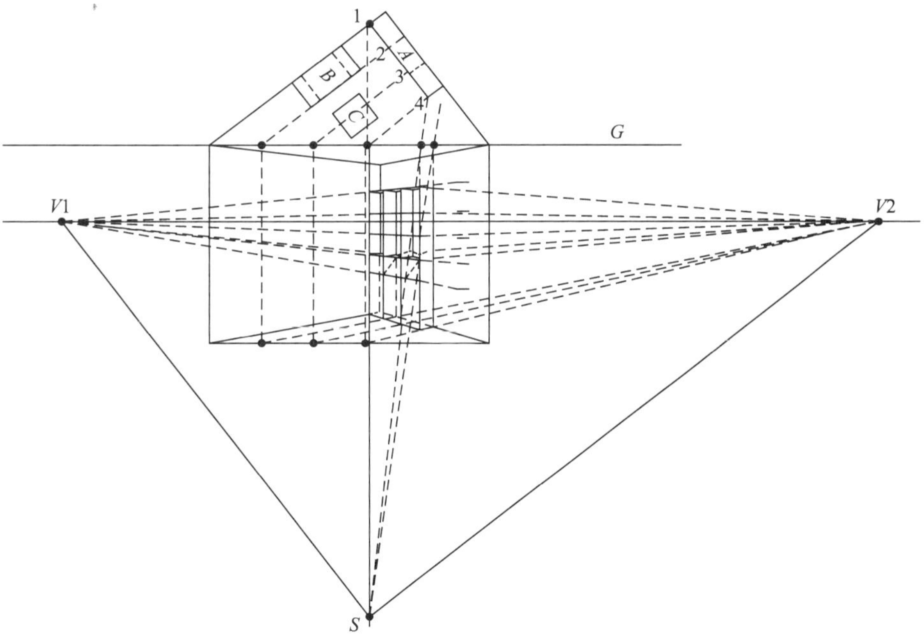

图 6-19 书柜的画面透视

体长度的各点 1、2、3、4，作延长线交于 G 线，得到柜体长度分割各迹点，平移各迹点到画面基线上，然后由各点引直线连接右端的灭点 $V2$，得到书柜的深度全长透视线；②由书柜 1、4、5 截点引视线过画面 G 线交于视点，在过 G 线所得截点处向下引垂直线，截取书柜的全长透视线，得到书柜在基面上的的透视投影；③再由截点 4 在画面基线上的迹点处设立书柜的真高及书柜各层的真高比例截点，然后由各截点引直线向灭点 $V2$ 连接，与书柜全长透视线上的深度截点上所立垂直线相交，求得书柜在画面中的透视高度和各层高度截点；④由书柜透视高度的各截点依次引直线连接视平线上的灭点 $V1$、$V2$，与书柜基面透视投影上各截点处的垂直线相交，完成书柜的画面透视。

如图 6－20 所示，为求书桌透视，作图步骤如下：①先由顶视图中表示等比例分割书桌长度的各点 1、2、3、4，作延长线交于 G 线，截得各迹点，平移各迹点到画面基线上，然后由各点引直线连接左端的灭点 $V1$，得到书桌的深度全长透视线；②由书桌 1、4、5 截点引视线过画面 G 线交于视点，在过 G 线所得截点处向下引垂直线，截取书桌的全长透视线，得到书桌在基面上的的透视投影；③再由截点 1 在画面基线上的迹点处设立书桌的真高及各层的真高比例截点，然后由各截点引直线向灭点 $V1$ 连接，与书桌全长透视线上的深度截点上所立垂直线相交，求得书桌在画面中的透视高度和各层高度截点；④由书桌透视高度的各截点依次引直线连接视平线上的灭点 $V1$、$V2$，与书桌基面透视投影上各截点处的垂直线相交，完成书桌的画面透视。

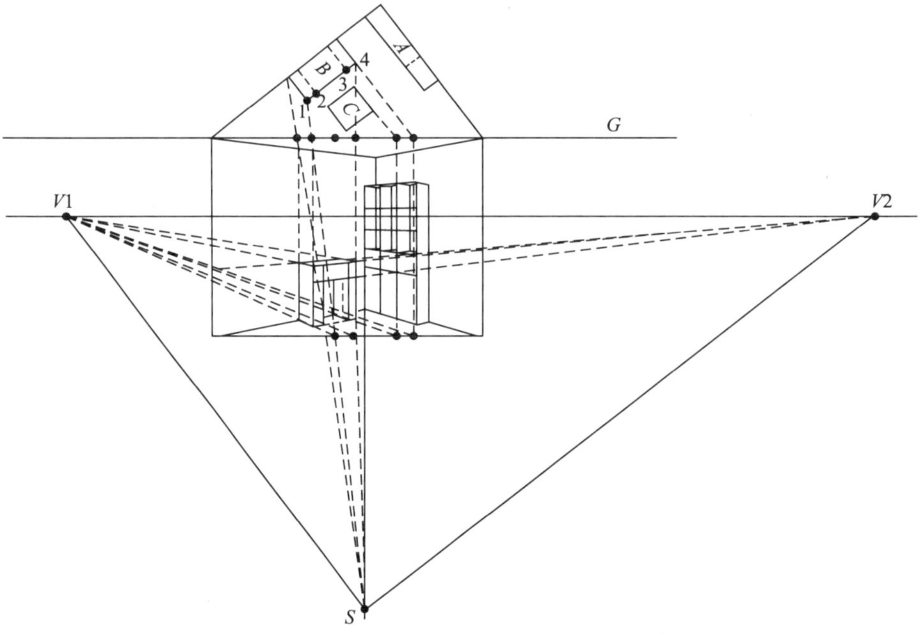

图 6－20　书桌画面透视

如图 6－21 所示，为求书凳透视，作图步骤如下：①先由顶视图中书凳的点 1、点 2、各点处作延长线交于 G 线，截得各迹点，平移各迹点到画面基线上，然后由各点引直线连接左端的灭点 $V2$，得到书凳的深度全长透视线；②由书桌 2、3 截点引视线过画面 G 线交于视点，在过 G 线所得截点处向下引垂直线，截取书凳的全长透视线，得到书凳的透视深度截点；③由深度截点引直线向左端 $V1$ 灭点连接，求得书凳在基面上的的透视投影；④再由截点 2 在画面基线上的迹点处设立书凳的真高，然后由各截点引直线向灭点 $V2$ 连接，与书凳全长透视线上的深度截点上所立垂直线相交，求得书凳在画面中的透视高度截点；

⑤由书凳透视高度截点依次引直线连接视平线上的灭点 $V1$、$V2$，与书凳基面透视投影上各截点处的垂直线相交，完成书凳的画面透视。

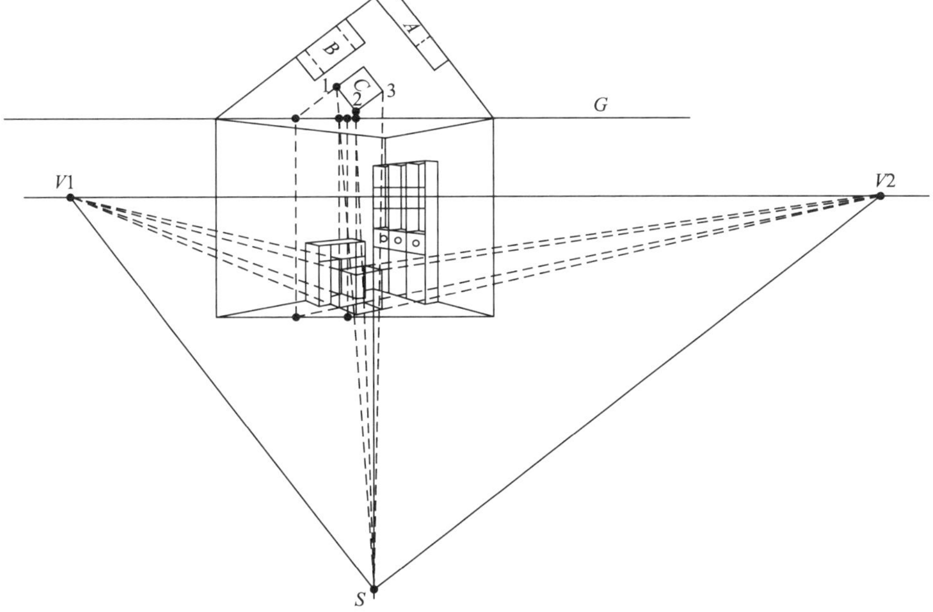

图 6－21 书凳画面透视

2. 室内成角透视全线相交法制图

如图 6－22 所示，先求室内空间透视，作图步骤如下：①先确定室内顶视平面图与画面的成角位置关系；以室内顶视平面图与画面 G 线相截的画面宽幅与室内真高比例分别确定画幅宽高比例；②确定视平线与 CV 点(心点)；以 CV 点到画幅最远端角的 2 倍距离来确定视点 S 到 CV 点的距离，再过视点 S 分别引线平行于成角平面图的两组墙面成角直线交于画幅视平线上，在心点左右得消失余点 $V1$、$V2$；③求室内空间的透视深度，画幅两侧高度为室内真高，先由画幅两侧点 a、$a1$ 与点 b、$b1$ 分别引直线向其中一灭点视平线上 $V1$、$V2$ 两灭点连接，分别画出室内左右侧墙体的深度全长透视；④左右两侧墙体的深度全长透视在画面中相交得到上下两截点，再连接两截点完成室内空间成角透视。

如图 6－23 所示，为求书柜透视，作图步骤如下：①先由顶视图中书柜长度比例分割的各截点 1、2、3，向左作直线延长线交于 G 线，从点 3 再向右作直线延长线交于 G 线，分别得到各迹点 $a1$、$a2$、$a3$、$a4$，平移各迹点到画面基线上，然后由 $a1$、$a2$、$a3$ 平移的各迹点引直线连接右端的灭点 $V2$，$a4$ 点引直线连接左端的灭点 $V1$，完成书柜的两侧深度全长透视线，并相交得到书柜在基面上的的透视投影；②再由迹点 $a4$ 在画面基线上的迹点处设立书柜的真高及各层的真高比例截点，然后由各截点引直线向灭点 $V1$ 连接，与书柜基面透视投影上各截点处的垂直线相交，求得书柜在画面中的透视高度和各层高度截点；③再由画面书柜透视高度的各截点依次引直线连接视平线上的另一灭点 $V2$，完成书柜的画面透视。

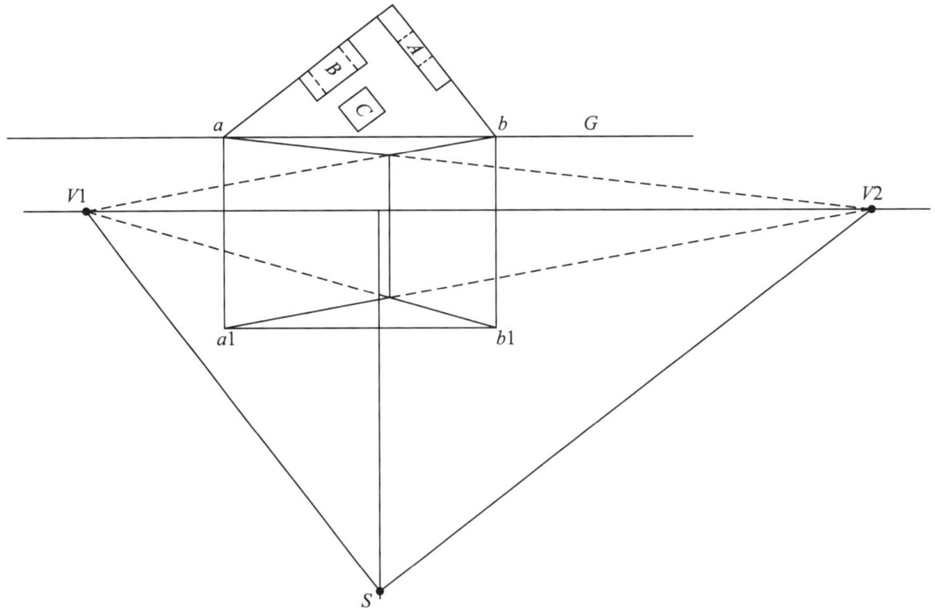

图 6－22　室内空间成角透视

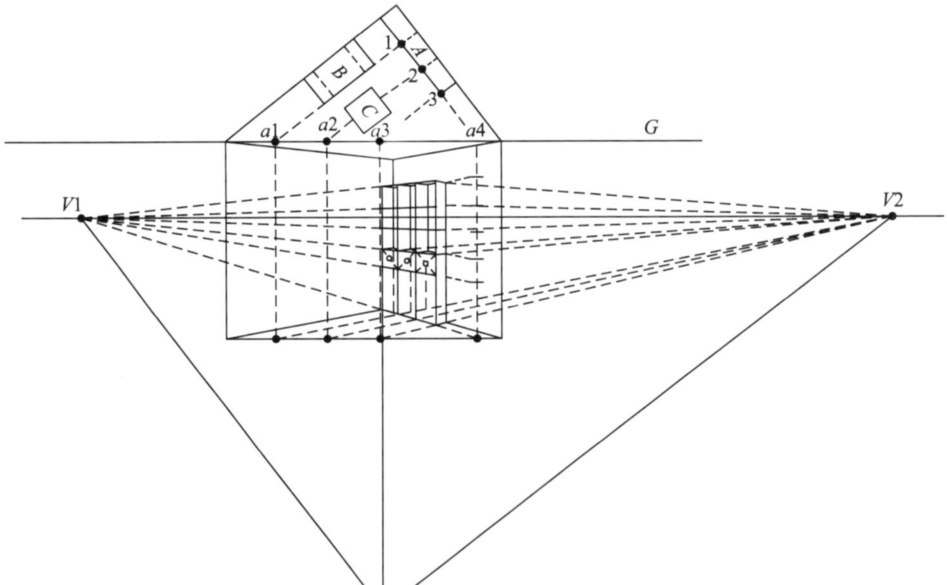

图 6－23　书柜成角透视

如图 6－24 所示，为求书桌透视，作图步骤如下：①由顶视图中书桌长度的各截点 1、2、3、4，向右作直线延长线交于 G 线，从截点 1 再向左作直线延长线交于 G 线，分别得到各迹点 $b1$、$b2$、$b3$、$b4$、$b5$，平移各迹点到画面基线上，然后由 $b2$、$b3$、$b4$、$b5$ 平移的各迹点引直线连接左端的灭点 $V1$，$b1$ 平移迹点引直线连接右端的灭点 $V2$，完成书桌的两侧深度全长透视线，并相交得到书桌在基面上的透视投影；②再由迹点 $b1$ 在画面基线上的迹点处设立书桌的真高及各层的真高比例截点，然后由各截点引直线向灭点 $V2$ 连接，与书桌基面透视投影上各截点处的垂直线相交，求得书桌在画面中的透视高度和各层高度截点；③再由画面书桌透视高度的各截点依次引直线连接视平线上的另一灭点 $V1$，完成书桌的画面透视。

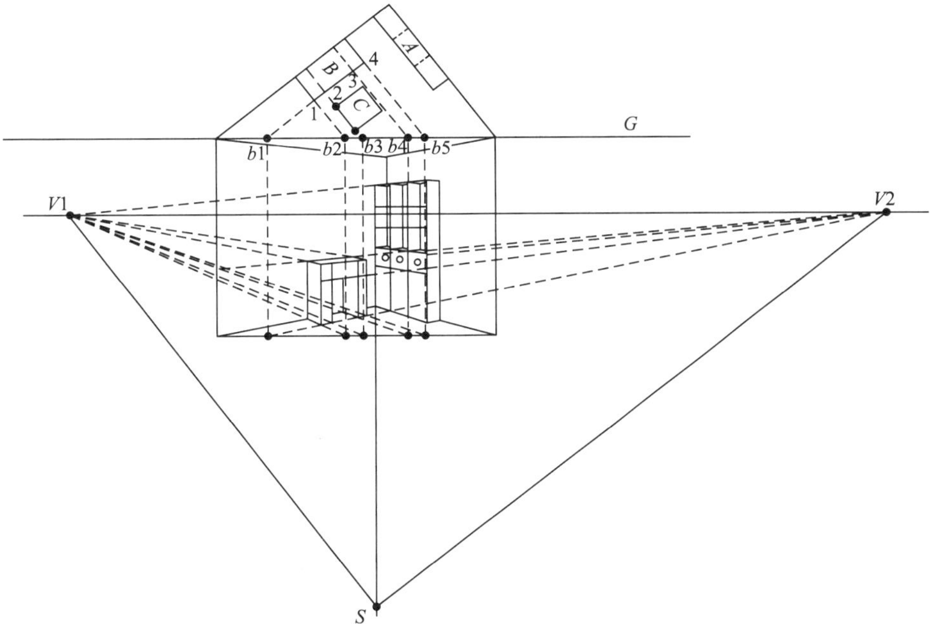

图 6－24 书桌成角透视

如图 6－25 所示，为求书凳透视，作用步骤如下：①由顶视图中书凳截点 1、2，向左作直线延长线交于 G 线，从截点 2、3 再向右作直线延长线交于 G 线，分别得到各迹

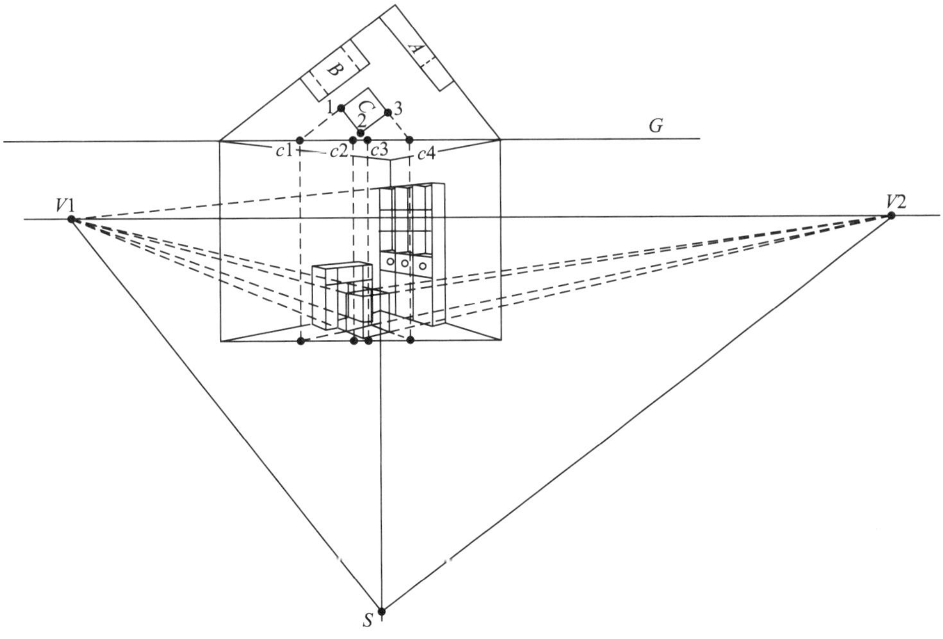

图 6－25 书凳成角透视

点 c1、c2、c3、c4，平移各迹点到画面基线上，然后由 c3、c4 平移的各迹点引直线连接左端的灭点 V1，c1、c2 平移迹点引直线连接右端的灭点 V2，完成书凳的两侧深度全长透视线，并相交得到书凳在基面上的透视投影；②再由迹点 c2 或 c3 在画面基线上的迹点处设立书凳的真高比例，然后由各截点引直线向灭点 V1 连接，与书凳基面透视投影上各截点处的垂直线相交，求得书凳在画面中的透视高度截点；③再由画面书凳透视高度的各截点依次引直线连接视平线上的另一灭点 V2，完成书凳的画面透视；即完成成角室内透视。

3. 室内成角透视测点法制图

所谓成角透视测点法，就是分别以视心两侧的余点为圆心，余点到视点的距离为半径与视平线相交得 M 点(测点)，并由此通过测点来测量物体透视深度的制图法。

如图 6－26 所示，先求室内空间透视，作图步骤如下：①先确定室内顶视平面图与画面的成角位置关系；以室内顶视平面图与画面 G 线相截的画面宽幅与室内真高比例分别确定画幅宽高比例；②确定视平线与 CV 点(心点)，以 CV 点到画幅最远端角的 2 倍距离来确定视点 S 到 CV 点的距离；③确定成角透视的灭点位置，过视点 S 分别引线平行于成角平面图的两组墙面成角直线交于画幅视平线上，在心点左右得消失余点 V1、V2；④确定测点位置，分别以心点 S 到视平线上两灭点 V1、V2 的距离为半径，V1、V2 两点为圆心在视平线上分别截得 M1、M2 两测点(量点)；⑤求室内空间的透视深度，先由画幅一侧上下两截点分别引直线向灭点 V1 连接，画出室内右侧墙体的深度全长透视；⑥以顶视平面图右端 g 点为圆心，g 点到 g1 点的距离为半径在顶视画面 G 线上截得一迹点，并平移该迹点到画面基线上；⑦再由墙体深度透视的两截点分别引线连接画面另一侧上下两截点，得到完整的室内空间成角透视。

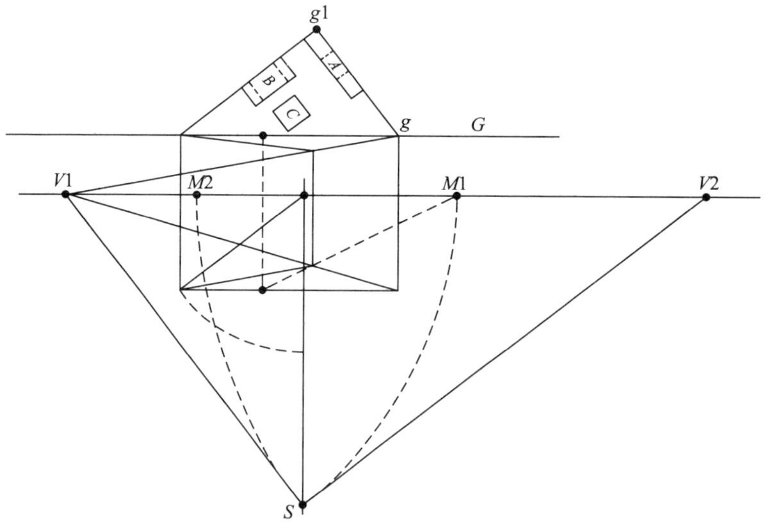

图 6－26　室内成角透视测点法制图

如图 6－27 所示，为求书柜透视，作图步骤如下：①先由顶视图中柜体长度上点 a3 处，作延长线交于 G 线，得到迹点 a，平移迹点到画面基线上，然后从该点引直线连接左端的灭点 V1，得到书柜向左深度的全长透视线；②分别以点 a 为圆心，a1、a2、a3 为半径，以点 b 为圆心，$b1$、$b2$、$b3$ 为半径，在 G 线上截取各迹点，平移各迹点到画面基线上，由各迹点引直线连接 $M1$ 测点，过书柜向左深度的全长透视线上截得各点，并连接各截点，求得书柜在基面上的透视投影；③在由点 a 平移到画面的迹点处设立书柜的真高及书柜各层的真高比例截点，由书柜真高的各截点依次引直线连接视平线上的灭点 $V1$，与书柜基面透视投影上各截点处的垂直线相交，完成书柜的画面透视。

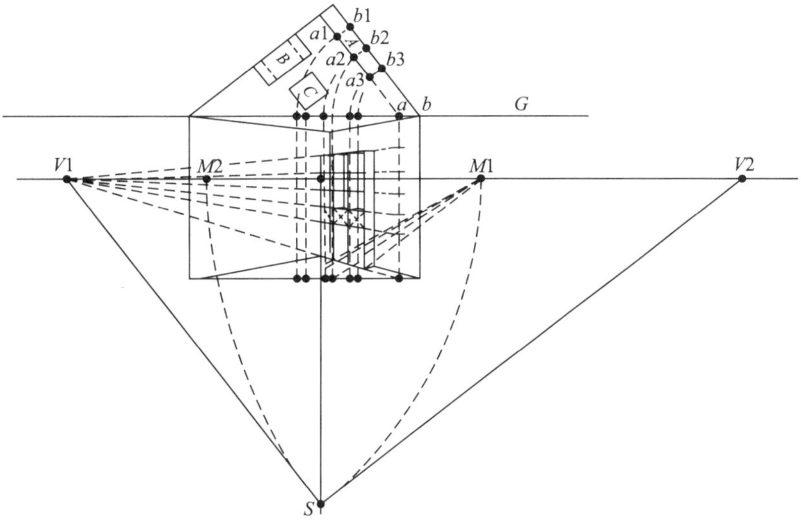

图 6-27　书柜测点法透视

如图 6-28 所示，为求书桌透视，作图步骤如下：①先由顶视图中书桌 $a1$ 点处，作延长线交于 G 线，得到迹点 a，平移迹点到画面基线上，然后从该点引直线连接右端的灭点 $V2$，得到书桌向右深度的全长透视线；②分别以点 a 为圆心，$a1$、$a2$、$a3$、$a4$ 为半径，以点 b 为圆心，$b1$、$b2$、$b3$、$b4$ 为半径，在 G 线上截取各迹点，平移各迹点到画面基线上，由各迹点引直线连接 $M2$ 测点，过书桌向右深度的全长透视线上截得各点，并连接各

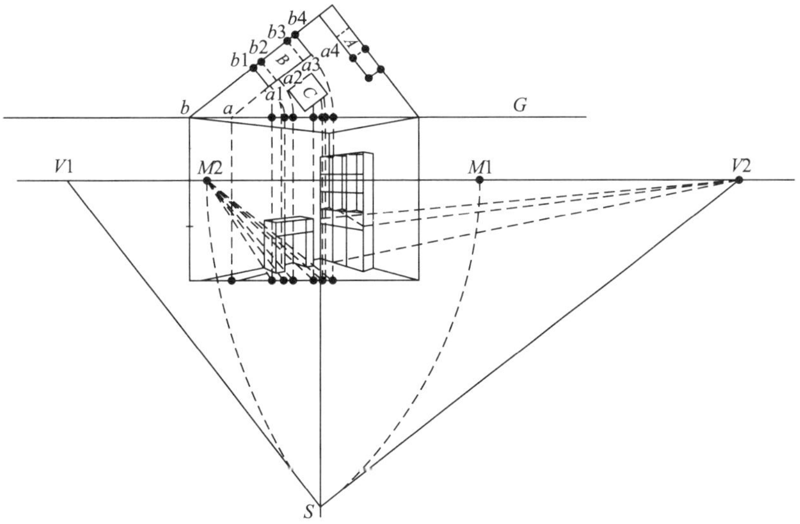

图 6-28　书桌测点法透视

截点，求得书桌在基面上的透视投影；③在由点 a 平移到画面的迹点处设立书桌的真高及书桌各层的真高比例截点，由书桌真高的各截点依次引直线连接视平线上的灭点 $V2$，与书桌基面透视投影上各截点处的垂直线相交，完成书桌的画面透视。

如图 6－29 所示，为求书凳透视，作图步骤如下：①先由顶视图中书桌点 $a1$、点 $b1$ 处，分别作延长线交于 G 线，得到迹点 a、b，平移迹点到画面基线上，然后从两点分别引直线连接右端的灭点 $V2$，得到书凳向右深度的全长透视线；②分别以点 a 为圆心，$a1$、$a2$ 为半径，以点 b 为圆心，$b1$、$b2$ 为半径，在 G 线上截取各迹点，平移各迹点到画面基线上，由各迹点引直线连接 $M2$ 测点，过书凳向右深度的全长透视线上截得各点，并连接各截点，求得书凳在基面上的的透视投影；③在由点 a、点 b 平移到画面的迹点处设立书凳的真高，由书凳真高的各截点依次引直线连接视平线上的灭点 $V2$，与书凳基面透视投影上各截点处的垂直线相交，完成书凳的画面透视；即完成成角室内透视。

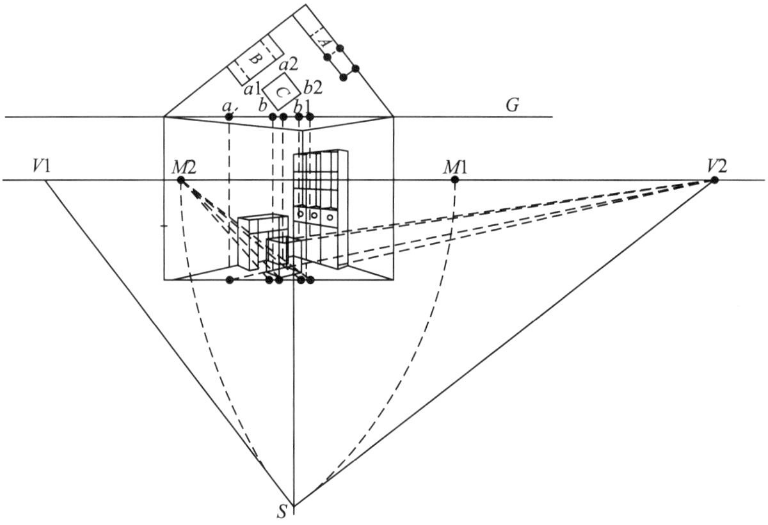

图 6－29　书凳测点法透视

6.4 室内透视制图的简捷画法

本节引言

透视图的辅助画法常在画出室内的透视轮廓线之后，利用平行线、矩形的透视特性等知识画出室内环境细部的透视，能够简化作图过程，提高制图效率。受图板限制时的透视画法在绘制场景透视图，有时会出现形体较大、视点离画面较远、两个灭点相距较远等情况，在透视图的绘制过程中，灭点往往越出图板之外，使作图遇到困难。这时，就可采用一些简易的画法来解决。

6.4.1 室内透视制图局部简捷的画法

1. 直线的分割

从平面几何原理可知，一组平行线可将任意两直线分割成比例相等的线段。当直线不平行于画面时，直线上各线段长度之比在透视图中将产生变形，不等于实际分段之比。但是，可以根据画面平行线各线段长度之比在透视图中不发生改变的透视特性，来求得画面相交线的各分点的透视。

1）截取成比例的线段

如图 6－30 所示，已知一室内平行空间透视，室内深度边线透视 AB，求将室内深度边线透视 AB 分为三段，使三段长度之比为 2：1：2 的透视。首先在画面基线上过点 A，以适当长度为单位向右截取分点 $B3$、$B2$ 与 $B1$。$AB3$：$B3B2$：$B2B1$＝2：1：2，连接 $B1$ 和 B，并延长使其与视平线相交于一余点 M，然后从点 M 向分点 $B2$、$B3$ 引直线，分别与 AB 相交得 2、3 两截点，即为室内深度线段 AB 所求长度之比为 2：1：2 的分割点透视。

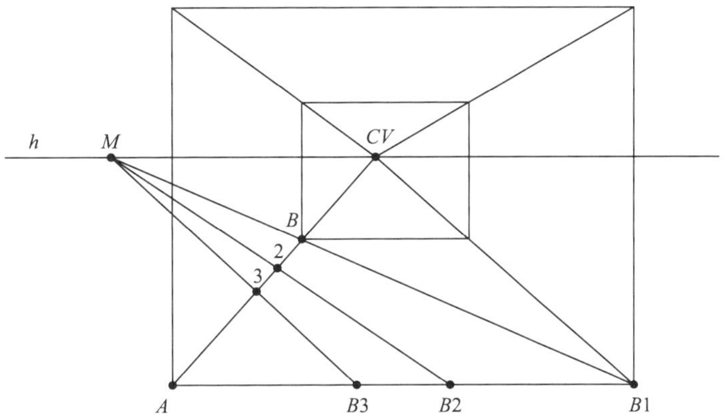

图 6－30　截取成比例线段的透视画法

室内成角空间透视中线段分割也适用此法，如图 6－31 所示，做法同上。

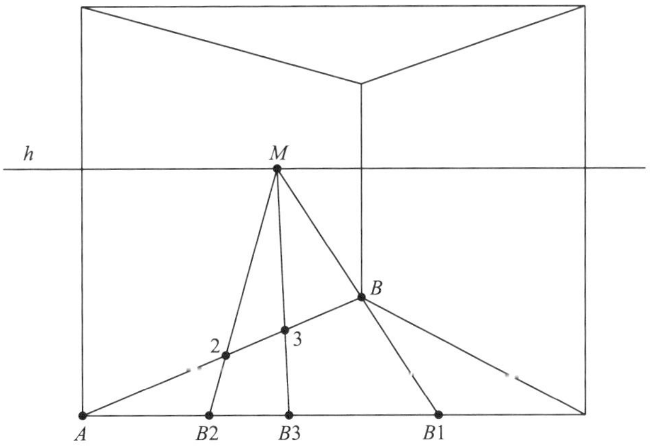

图 6－31　室内成角透视的成比例线段分割作法

2）截取等长的线段

如图 6－32 所示，已知一室内空间透视，室内深度边线透视 *AB*，求将室内深度边线透视 *AB* 分为五段等长的线段透视。首先画面基线上过点 *A* 截取以任意长度为单位，*AB*5∶*B*5*B*4∶*B*4*B*3∶*B*3*B*2∶*B*2*B*1＝1∶1∶1∶1∶1，自点 *B*1 连接点 *B*，并延长与视平线相交于点 *M*(余点)，然后分别连接 *MB*5、*MB*4、*MB*3、*MB*2，分别与 *AB* 相交得 4 截点，即为室内深度线段 *AB* 所求长度之比为 1∶1∶1∶1∶1 的分割点透视。

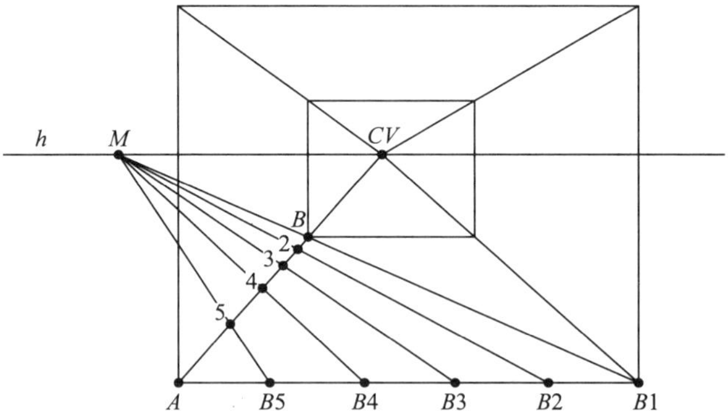

图 6－32　截取等长线段的透视画法

2. 矩形的分割

在透视制图中也可利用图中矩形对角线和一组平行线，将矩形分割成若干全等的矩形，或按比例分割成几个小的矩形。图 6－33 所示是已知室内平行空间透视，要求将它一主向墙 *ABCD* 竖向分割成三个 2∶1∶2 的矩形。首先，以适当长度为单位，在画幅一侧边线 *AB*1 上，按 2∶1∶2 比例截取两个分点 *B*2、*B*3；然后分别连线视心 *CV* 点与这一主墙的对角线 *BB*1 相交截得两点，分别过两截点各作铅垂线，即将主向墙分割成 2∶1∶2 的三个矩形。

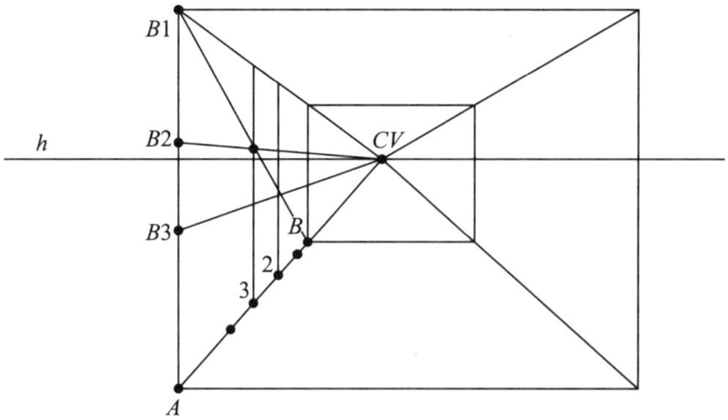

图 6－33　平行透视矩形分割透视画法

图 6－34 所示是已知成角室内空间透视，要求也将它一主向墙 *ABCD* 竖向分割成三个 2∶1∶2 的矩形。作图方法与图 6－33 基本相同，只是在画幅边线 *AB*1 上截取 2∶1∶2 长度之比的截点分别连线一侧灭点 *V*2，而不是心点。

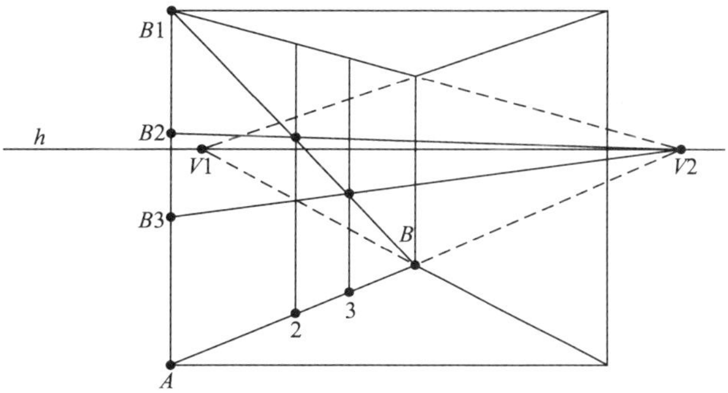

图 6 - 34 将成角透视分割矩形的画法

6.4.2 室内透视灭点在画板以外的制图方法

在室内透视制图过程中，经常会遇到一个主向灭点或距点(测点)落在图板之外，从而不利于完成室内完整透视，为求得完整透视图，可利用心点、距点(测点)或分测点、分距点作为辅助灭点来完成制图。

1. 心点辅助灭点法制图

成角室内透视画面一个主向灭点 $V2$ 落在图板之外，为求该成角室内的完整透视，可利用心点作为辅助灭点。

(1) 先求室内空间及物体的基面投影透视，如图 6 - 35 所示，作图步骤如下。

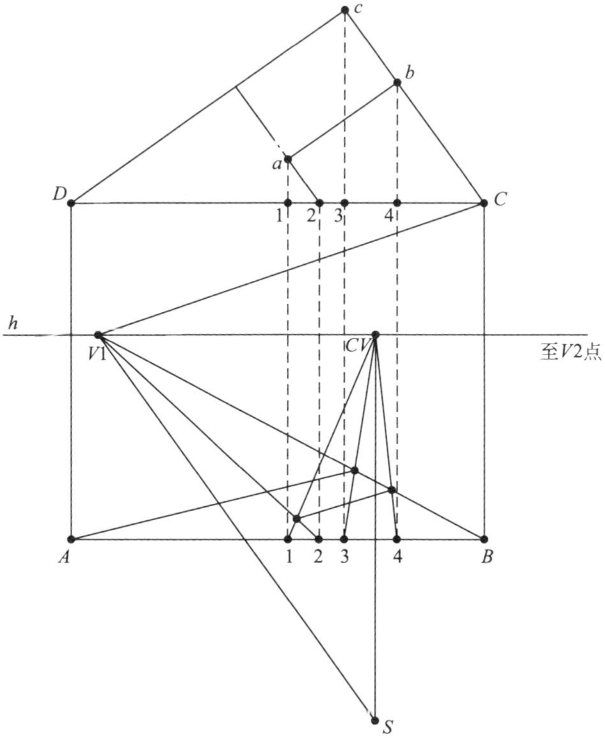

图 6 - 35 室内空间及物体基面投影透视作法

先由顶视图中 a 点作延长线交于顶视画面线截得迹点 2，再分别过 a、b、c 各点引直线垂直交于顶视画面线截得 1、3、4 各点；平移 1、2、3、4 各迹点到画面基线 AB 上，然后由画面点 2、点 B 处引直线连接左端的灭点 $V1$，画出室内一侧主墙和物体深度全长透视线；再由 1、3、4 各点引直线连接画面心点 CV，分别与一侧主墙和物体的深度全长透视线相交截得各深度截点；最后由点 A 连接最远处深度截点，得到室内空间及物体在基面上的投影透视。

(2) 完成室内空间及物体透视，如图 6－36 所示，作图步骤如下。

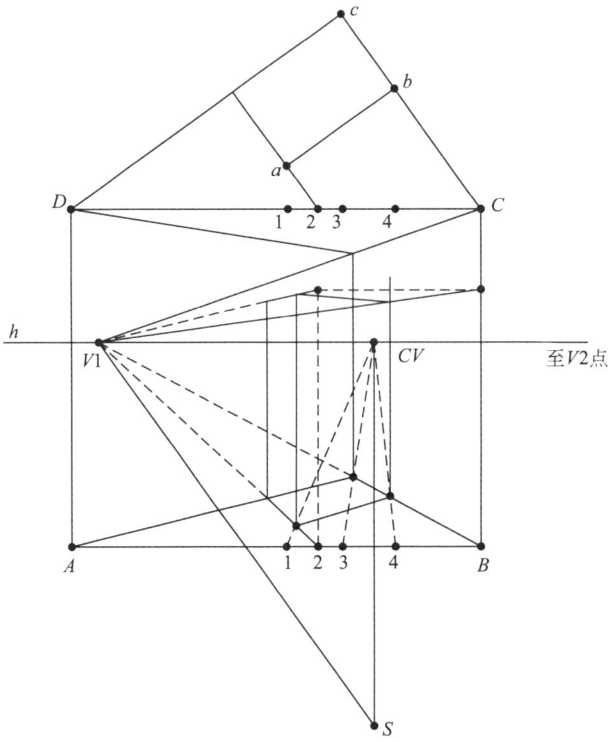

图 6－36 室内成角透视完成图

在画面基线上点 2、点 B 处设立物体的真高，然后由各真高顶端点与 C 点引直线向灭点 $V1$ 连接，与到室内空间及物体在基面上的投影透视各截点上所立垂直线相交，求得室内及物体在画面中的透视高度截点；依次连接各截点，完成成角室内的完整透视。

2. 测点(余点)辅助灭点法制图

成角室内透视画面有一个主向灭点 $V2$ 落在图板之外，为求该成角室内的完整透视，也可利用测点作为辅助灭点完成制图。

(1) 先求室内空间及物体的基面投影透视，如图 6－37 所示，作图步骤如下。

先由顶视图中 a 点作延长线交于画面 CD 线，截得迹点 3，分别以点 C 为圆心，Cc、Cb 为半径，以点 3 为圆心，$a3$ 为半径，在 CD 线上截取各迹点，截得 1、2、4 各点；平移 1、2、3、4 各迹点到画面基线 AB 上，然后由画面点 3、点 B 处引直线连接左端的灭点 $V1$，画出室内一侧主墙和物体深度全长透视线；再由 1、2、4 各点引直线连接视平线右侧测点 M，分别与一侧主墙和物体的深度全长透视线相交截得各深度截点；最后由点 A 连

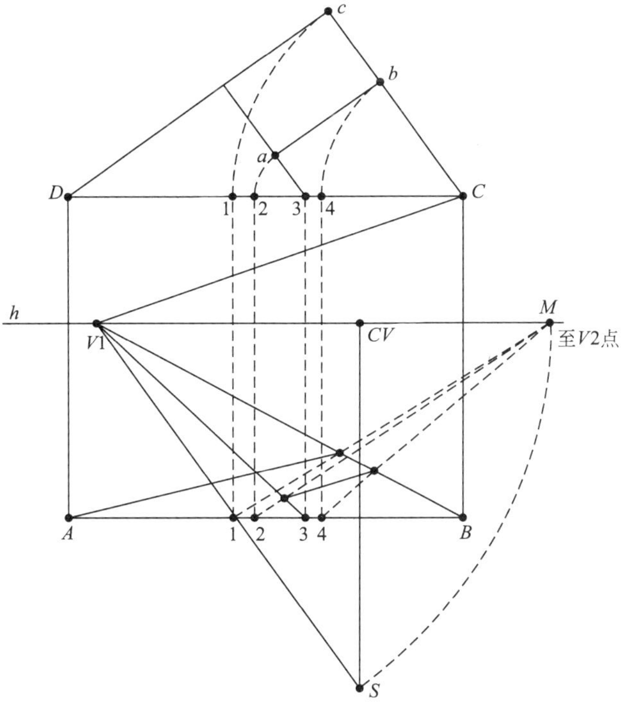

图 6-37 室内空间及物体基面透视作法

接最远处深度截点，得到室内空间及物体在基面上的投影透视。

(2) 完成室内空间及物体透视，作图步骤同心点辅助法相同，如图 6-38 所示。

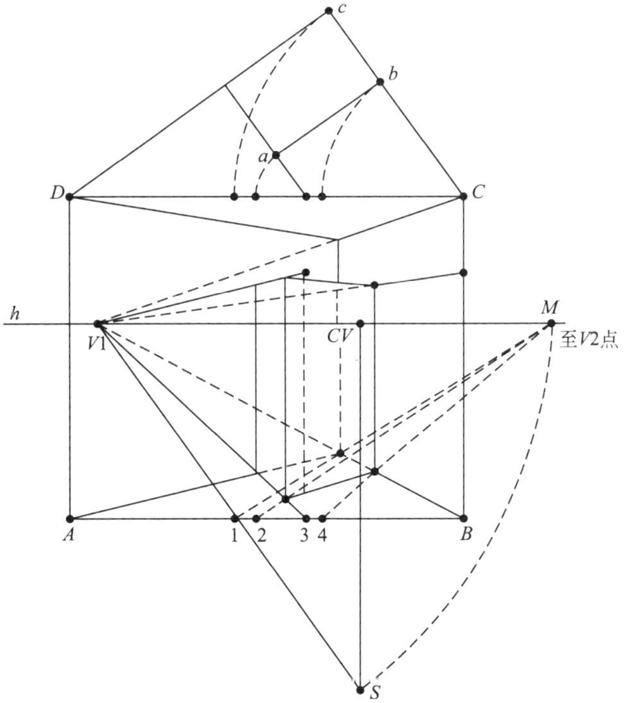

图 6-38 室内及物体透视完成图

3．分距点制图和分测点制图

在绘制室内平行透视时，画面的深度透视长度通常利用距点 D 来确定。由于视距较远，致使距点 D 也越出图板之外，或沿基线裁量的透视深度真长较大也超出图板范围，给作图造成不便。为求完整的透视，可利用分距点制图，如图 6－39 所示，作图步骤如下。

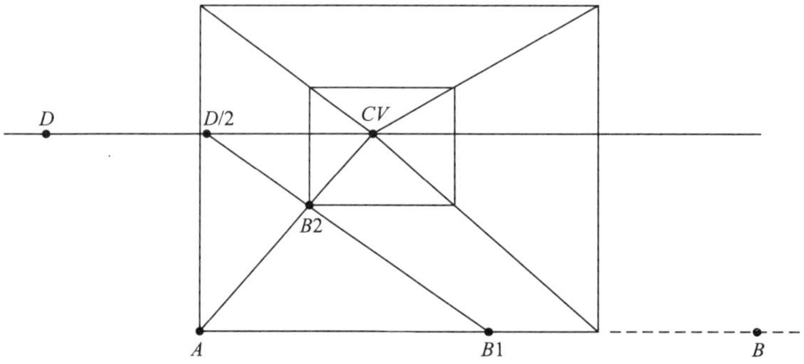

图 6－39　分距点制图

首先按视心到距点 D 或视距的 1/2(或更小，如 1/3、1/4)，在视平线上，自心点 CV 起，截得点 $D/2$，同时在画面基线上量取 AB 深度真长度的 1/2 截点 $B1$；连接 $B1$ 点与点 $D/2$ 与室内全长透视线相交也可截得 $B2$ 点，截取透视深度；点 $D/2$ 称为分距点。用分距点作图的正确性不难自行证明。

同样，在绘制成角透视时，一主灭点在画板之外，通常利用另一灭点到视点距离所得测点来完成透视；主灭点距视点较远，致使所得测点 M 也会越出图板之外，给制图造成不便。为求完整的透视，可利用分测点来解决深度透视的长度问题，如图 6－40 所示，作图步骤如下。

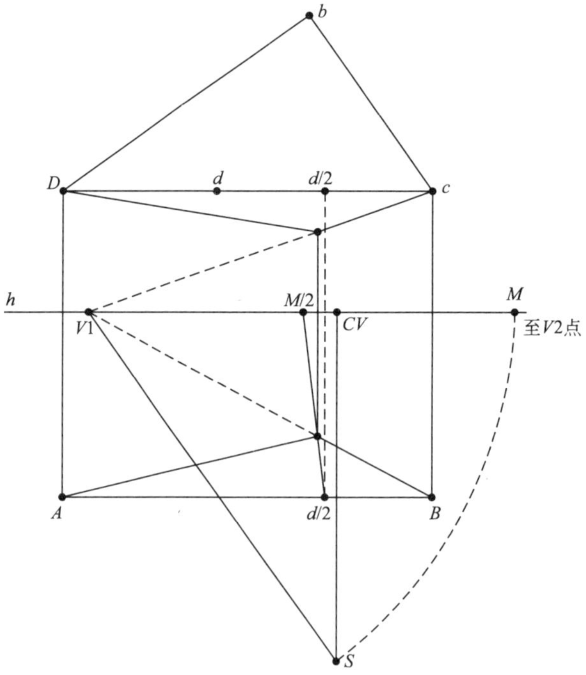

图 6－40　分测点制图

首先按主灭点 $V1$ 到测点 M 距离的 1/2(或更小，如 1/3、1/4)，在视平线上，自 $V1$ 起，截得点 $M/2$；同时在顶视画面上分别以点 C 为圆心，Cb 为半径，在 CD 线上截取迹点 d，再以 C 点起截取 Cd 长度的 1/2 截点 $d/2$，平移该点到画面基线 AB 上；由画面点 B 处引直线连接左端的灭点 $V1$，画出室内一侧深度全长透视线；再由 $d/2$ 点引直线连接视平线上分测点 $M/2$，与室内一侧深度全长透视线相交即可截得室内深度截点。

6.5 室内倾斜透视图的形成、特征及画法

本节引言

室内倾斜透视图是室内设计展示中重要组成部分，主要表现室内坡面楼梯在视觉中的消失变化规律、在室内场景中的布局与环境特点。学习该部分可结合室内平行透视与室内成角透视内容。

6.5.1 室内倾斜透视的形成特征及制图原理

倾斜透视一般泛指视向是平视视域范围，物体的斜面与画面基面均成成角状，近高远低或近低远高不平行的投影透视。室内倾斜透视多表现为室内坡面和室内楼梯透视投影。

室内倾斜透视根据坡面、楼梯与画面所呈现不同位置关系分为室内平行倾斜透视和室内成角倾斜透视。

(1) 室内平行倾斜透视，倾斜面的透视消失方向在视平线上过视心的中垂线上方(天点)或下方(地点)(图 6-41)。

(2) 室内成角倾斜透视，倾斜面的透视消失方向在过视平线上，视心左右的两余点垂线的上方(天点)或下方(地点)(图 6-42)。

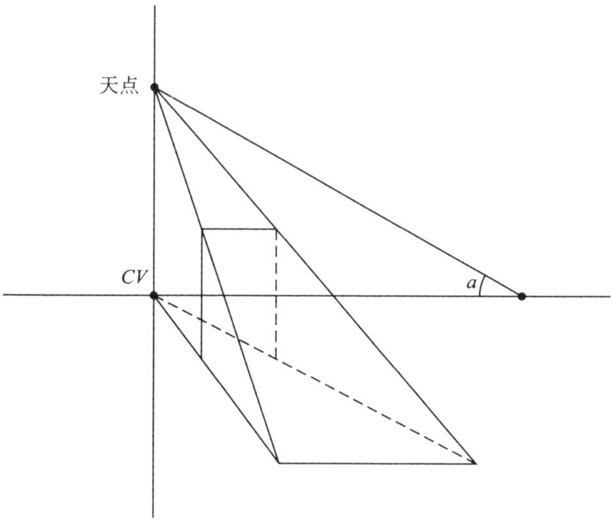

图 6-41 室内平行倾斜透视

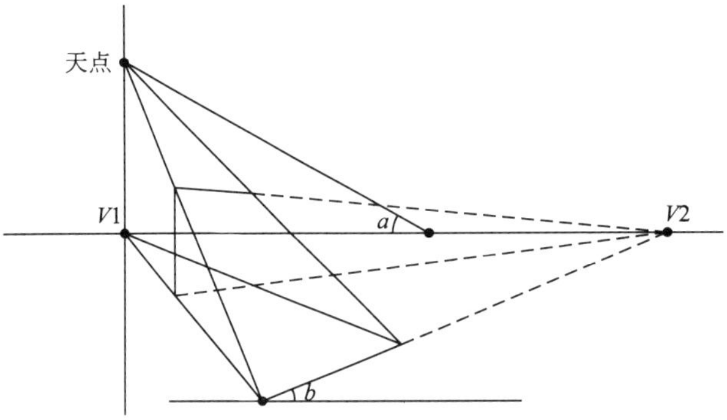

图 6-42　室内成角倾斜透视

(3) 室内平行倾斜透视、成角倾斜透视的天点、地点的位置随着斜面的角度大小而变化，角度越大，天点越高，地点越低；反之则亦然。

6.5.2　室内倾斜透视图的画法

1. 楼梯透视图作法

已知一成角楼梯坡面透视图，如图 6-43 所示，求该完整楼梯透视图。

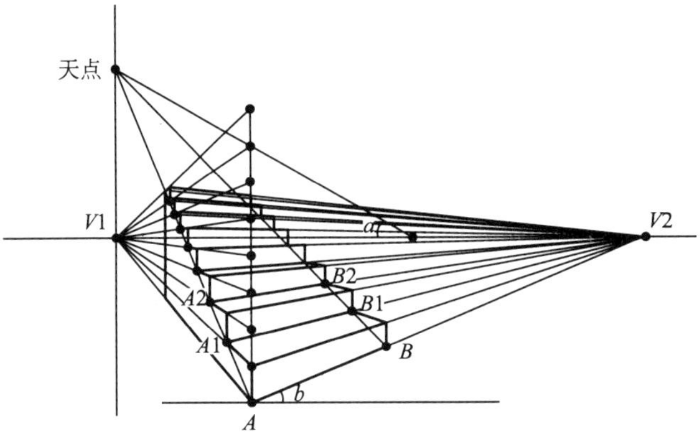

图 6-43　成角楼梯透视图

(1) 先求出楼梯坡面的消失灭点，作图步骤如下：首先根据楼梯和画面所成角度，先确定楼梯基面投影透视的灭点 $V1$、$V2$ 点；再以 $V1$ 为圆心，$V1$ 至视心为半径在视平线上截取一测点，在该测点处以楼梯的坡面的角度 a 引倾斜直线，与灭点 $V1$ 处的垂直线相交得到楼梯坡面的透视灭点即天点。

(2) 求出楼梯完整透视，作图步骤如下：从楼梯基面投影透视截点 A、B 点处引直线连接天点，完成楼梯坡面的全长透视线；在截点 A 点处设立楼梯的真高，并按楼梯台阶数量等分真高线并依次连接 $V1$ 点，与 A 点处全长线相交截得楼梯高度与各层台阶透视截点 $A1$、$A2$ 等，再由这些截点处依次连接 $V2$ 点和 B 点处的全长线相交截得 $B1$、$B2$ 等截点，由 A、A、A、与 B、B、B 等各截点，引向 $V1$ 灭点的直线与各截点处所立向上垂直线相交截得各层台阶透视高度截点，依次连接左右各层截点完成楼梯透视。

2. 室内楼梯透视图作法

已知一室内楼梯三视图(图 6－44)，求该室内楼梯的室内平行透视图。

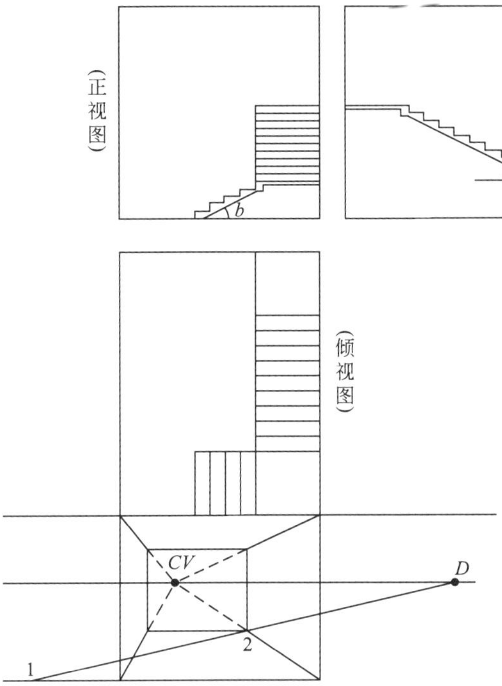

图 6－44 室内楼梯三视图

(1) 先求室内空间透视，如图 6－44 所示，作图步骤如下：先根据室内平行制图的方法确定画面比例、视心、视平线以及距点的位置；再由画面 4 个角分别引直线向 *CV* 点相连，完成室内透视深度的全长透视。

从已知顶视平面图中量取室内深度，在画幅基线上，由画面右端向左截取室内的深度至点 1 处，自点 1 引直线向距点 *D* 消失，与右侧到 *CV* 点全长透视直线相交截得点 2，求得室内透视深度截点；然后从该点分别作水平线与垂直线，完成室内空间透视。

(2) 求楼梯前段透视，如图 6－45 所示，作图步骤如下：先由顶视平面图中点 *a*、*b* 垂直平移到画面基线上，得到点 1、点 4；由点 1 处画 *b* 角度倾斜直线，与点 4 处的垂直线相交，截得该段楼梯的高度截点；由该截点和点 1 处引直线连接 *CV* 心点，完成该段楼梯的全长宽度透视线；由点 1 处向左截取楼梯的宽度至点 2 处，自点 2 引直线向距点 *D* 消失，与点 1 到 *CV* 点全长透视直线相交截得点 3，求得该段楼梯透视宽度截点；在点 1 处设立等分真高，过各截点作水平线与点 1 处斜线相交，得到台阶各截点，并由各截点引直线连接心点 *CV*，与过点 3 处画 *b* 角度倾斜直线相交得各截点；在各截点上立垂直线与过截点的水平之线相交，完成该段楼梯透视。

(3) 求第二段楼梯透视，如图 6－46 所示，作图步骤如下：过距点处画 *a* 角度倾斜直线与 *CV* 心点处的中垂线相交得第二段楼梯的天灭点；从画面点 1、点 2 处引直线连接天点，完成楼梯坡面的全长透视线；由画面右端在基线上向左截取楼梯距画面的深度至点 3 处，自点 3 引直线向距点 *D* 消失，与室内右侧边线相交截得点 4，求得该段楼梯在基面上透视深度截点；在该截点向上做垂直线与楼梯全长透视线相交，截得点 5，过该点作水平直线交于另一全长透视线，截得点 6，完成第二段楼梯的坡面透视高度与深度；在点 2 处设立楼梯的一真高，并按楼梯台阶数量等分真高线并依次连接 *CV* 点，与全长线相交截得楼梯高度与各层台阶透视截点；再如前面楼梯作法，在各截点处立向上垂直线相交截得各层台阶透视高度截点，依次连接左右各层截点完成楼梯透视(图 6－47)。

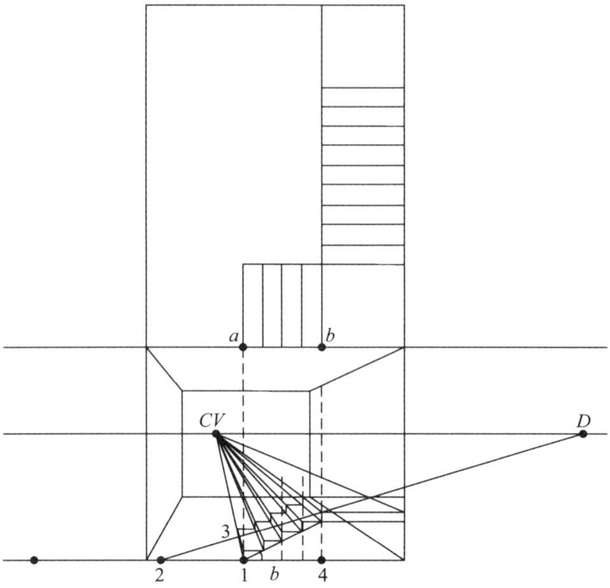

图 6－45　楼梯前段透视

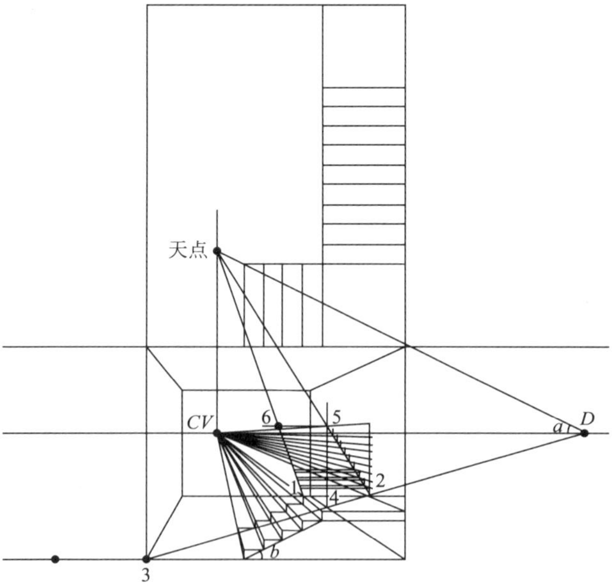

图 6－46　第二段楼梯透视

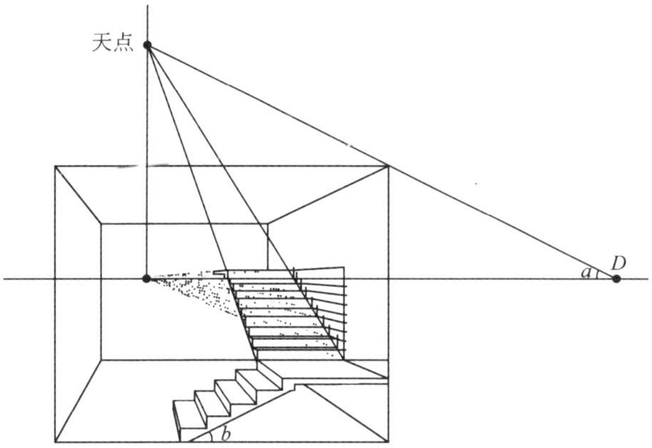

图 6－47 室内楼梯透视完成图

6.6 室内阴影透视

本节引言

室内阴影透视主要表现物体阴影在视觉中的变化规律，物体的阴影透视形状直接反映着物体的角度、消失特征与环境特点，准确地描绘物体阴影可以更充分地表现物体的形状和空间关系，表现景物的立体感和空间感，烘托气氛，增加生动性；同时体现室内设计中对光线的设计要求。

6.6.1 阴影透视中常用基本术语与概念

明部——物体在光的照射下，产生的对光面，对光面也称为阳面；暗部——物体在光的照射下无法照射到背光部位，也称为阴面。阴线——明部和阴部的交界线；阴点——构成阴线的点；阴足——从阴点引铅垂线与基面的交点；受光体的影——因受光体的遮掩，其近旁物不受光照射的阴暗部分；影线——影的轮廓线；受影面——影所在的面；阴影——阴与影统称(图 6－48)。

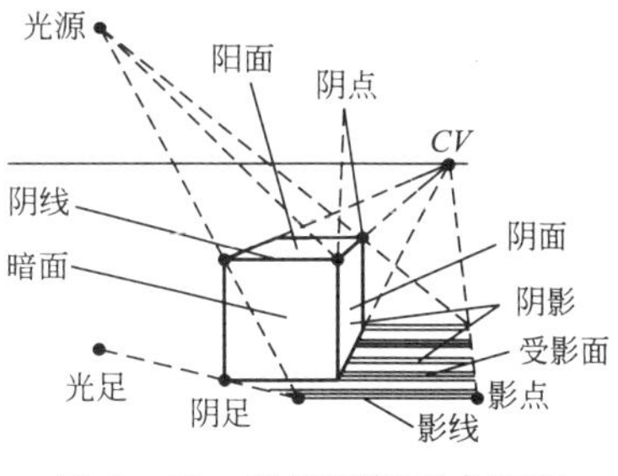

图 6－48 阴影透视形成原理

6.6.2 室内阴影常见类别及阴影透视特征

1. 阴影类别

由于光源的性质不同，阴影可以分为两类：一类由自然光源形成的是日光阴影(平行光)；一类由人工光源形成的是灯光阴影(点光源)，在室内设计中多见人工光源，因而室内阴影透视多为灯光阴影特征。根据室内透视类别，室内阴影透视又可分为平行室内阴影透视与成角室内阴影透视。

2. 灯光阴影的特征

点射状的灯光光源位置一般在有限的距离内，因此它发射出来的光线是辐射状。光点的基透视——从光点引垂线与受影面的交点，称为光足；由于灯光源在有限距离内，因此光足不在视平线上。

3. 影的长度

从光源的位置(光点)引直线通过阴点，与从光点得基透视(光足)引直线通过阴点的基透视(阴足)，两直线相交得影点，从而得出影的长短(图 6-49)。

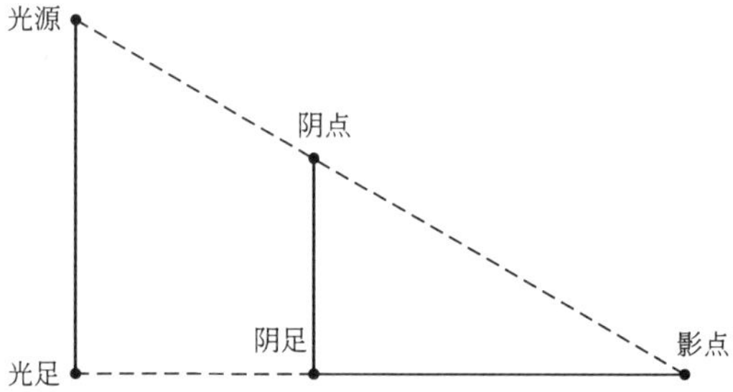

图 6-49 影的长度

4. 灯光阴影透视的基本规律(图 6-48)

(1) 垂直于受影面的直线的落影向受影面上的光足集中。

(2) 平行于受影面的直线的落影与该直线的透视方向一致。

6.6.3 室内阴影透视的基本画法

1. 平行室内阴影透视作法

已知一平行室内透视，画出室内家具的灯光阴影，求完整的平行室内阴影透视。

(1) 先求光源及光足的透视位置，如图 6-50 所示，作图步骤如下：首先根据顶视平面图确定画面比例、视平线、视心、距点等；依照前面平行室内透视制图法，完成室内空间及各个物体的透视。再过顶视图画面光源位置，作垂直于画面直线截得迹点 $A2$，由点 $A2$ 向右截取光源距画面的深度至点 $A3$ 处；由点 $A2$ 引直线连接 CV 点，与 $A3$ 连接 D 点的直线相交截得 $A0$，即为光源在画面的透视位置；将 $A2$ 平移到画面基线上，得一截点并连接 CV 心点，与过 $A0$ 向下的垂直线相交截得 $A1$ 点，即为光足。

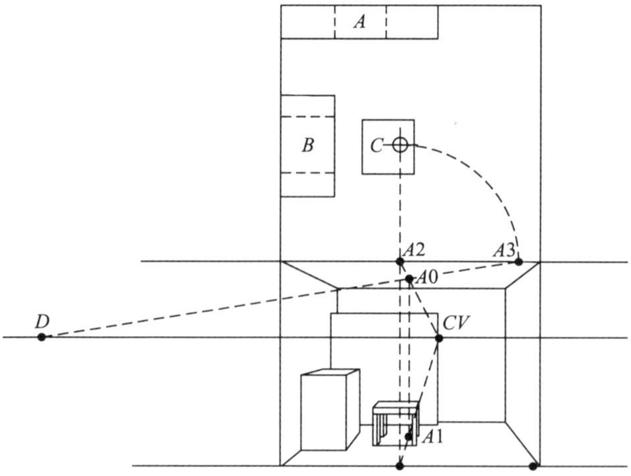

图 6-50 光源与光足的透视

(2) 求室内家具 A 的灯光阴影透视，如图 6－51 所示，作图步骤如下：由光源 $A0$ 引直线过家具 A 上阴点 $a0$；由光足 $A1$ 引直线过家具 A 上阴足 $a2$，与室内后墙边线交得影点 $a3$；过 $a3$ 点向上作垂直线与过阴点 $a0$ 的直线截得影点 $a1$ 点，连接各点完成家具 A 的灯光阴影透视。

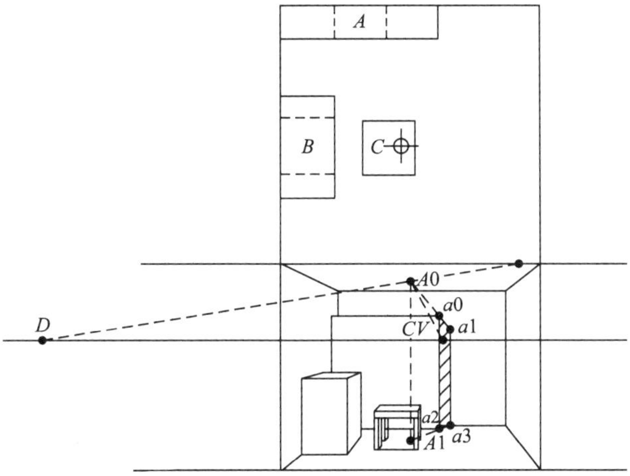

图 6－51 A 的灯光阴影透视

(3) 求室内家具 B 的灯光阴影透视，如图 6－52 所示，作图步骤如下：先由光源 $A0$ 引水平直线交与左侧主墙边线，求得侧光足 $A2$；再由光源 $A0$ 引直线过家具 B 上阴点 $b0$，侧光足 $A2$ 引直线过家具 B 上阴点 $b2$，光足 $A1$ 引直线过家具 B 上阴足 $b1$，过阴点 $b0$ 的直线与过阴足 $b1$ 的直线相交得影点 $b3$；过 $b3$ 点作水平直线与过阴点 $b2$ 的直线截得影点 $b4$ 点，连接各点完成家具 B 的灯光阴影透视；

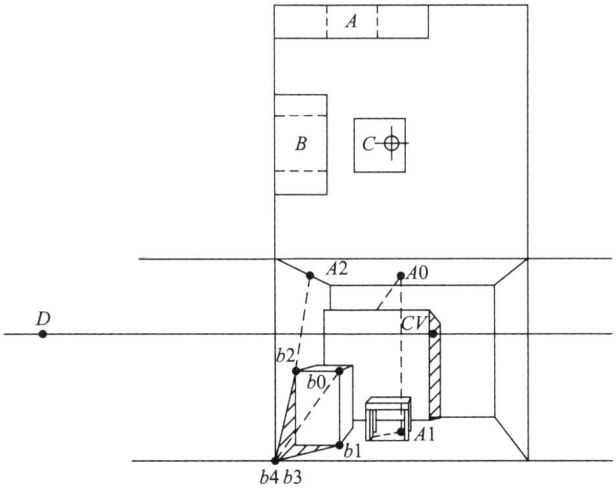

图 6－52 B 的灯光阴影透视

(4) 求室内家具 C 的灯光阴影透视，如图 6－53 所示，作图步骤如下：由光源 $A0$ 分别引直线过家具 C 上阴点 $c0$、$c1$、$c2$，与光足 $A1$ 过家具 C 上各阴足所引直线相交，截得影点 $c3$、$c4$、$c5$ 等，连接各影点完成家具 C 的灯光阴影透视；完成该平行室内阴影透视。

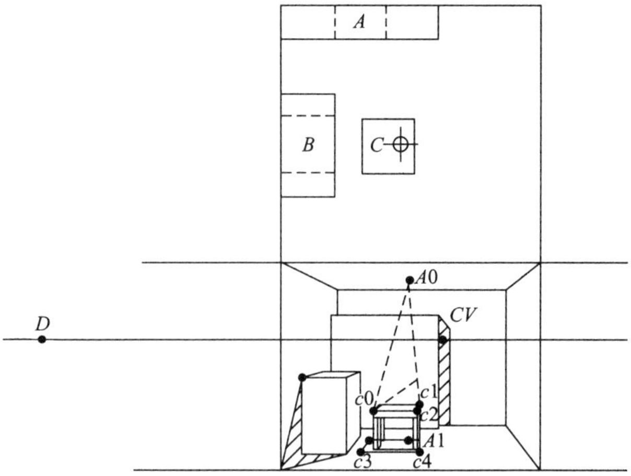

图 6－53　C 的灯光阴影透视

2. 成角室内阴影透视作法

已知一成角室内透视，画出室内家具的灯光阴影，求完整的成角室内阴影透视。

(1) 先求光源及光足的透视位置，如图 6－54 所示，作图步骤如下：首先根据顶视平面图确定画面比例、视平线、左右灭点 $V1$、$V2$ 等；依照前面成角室内透视制图法，完成室内空间及各个物体的透视。再过顶视图画面光源位置，分别引两条与室内两主墙方向平行的直线，与顶视画面截得两点；由该两点分别相向引直线连接视平线上 $V1$、$V2$，交得一点 $A0$，即为光源在画面的透视位置；将画面上边线两截点其中一点平移到画面基线上，得一截点并连接相应 $V1$ 点，与过 $A0$ 向下的垂直线相交截得 $A1$ 点，即为光足。

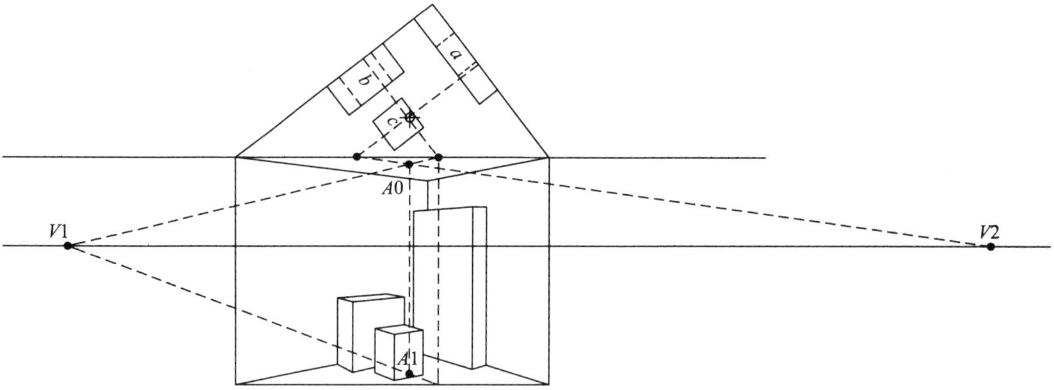

图 6－54　光源及光足的透视位置

(2) 求室内家具 A 的灯光阴影透视，如图 6－55 所示，作图步骤如下：先由光源 $A0$ 引直线连接 $V2$ 灭点，交于右侧主墙边线，求得侧光足 $A2$；再由光源 $A0$ 引直线过家具 A 上阴点 $a0$，侧光足 $A2$ 引直线过家俱 A 上阴点 $a1$，光足 $A1$ 引直线过家具 A 上阴足 $a3$，过阴点 $a0$ 的直线与过阴点 $a1$ 的直线相交得影点 $a2$；过 $a2$ 点作向下垂直线与过阴足 $a3$ 的直线截得影点 $a4$ 点，连接各点完成家具 A 的灯光阴影透视。

(3) 求室内家具 B 的灯光阴影透视，如图 6－56 所示，作图步骤如下：先由光源 $A0$ 引直线连接 $V1$ 灭点，交于左侧主墙边线，求得侧光足 $A2$；再由光源 $A0$ 引直线过家具 B

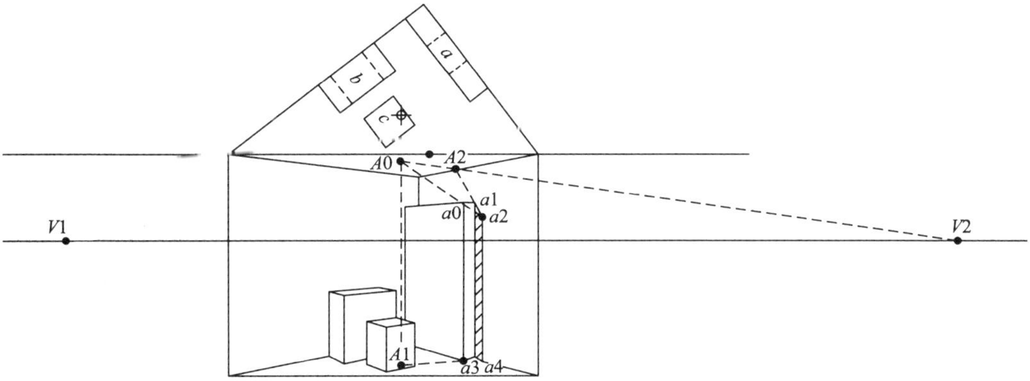

图 6－55 A 的灯光阴影透视

上阴点 $b1$，侧光足 $A2$ 引直线过家具 B 上阴点 $b0$，光足 $A1$ 引直线过家具 B 上阴足 $b2$，过阴点 $b1$ 的直线与过阴足 $b2$ 的直线相交得影点 $b3$；过 $b3$ 点引直线连接 $V1$，与过阴点 $b0$ 的直线相交截得影点 $b4$ 点，连接各点完成家具 B 的灯光阴影透视。

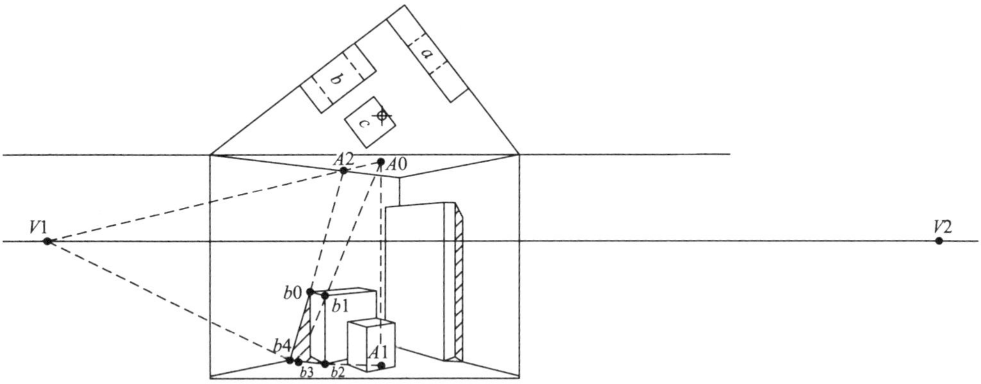

图 6－56 B 的灯光阴影透视

(4) 求室内家具 C 的灯光阴影透视，如图 6－57 所示，作图步骤如下：由光源 $A0$ 分别引直线过家具 C 上阴点 $c0$、$c1$、$c2$，与光足 $A1$ 过家具 C 上各阴足所引直线相交，截得影点 $c3$、$c4$ 等，连接各影点(或由 $c3$、$c4$ 引直线连接 $V1$、$V2$ 灭点)完成家具 C 的灯光阴影透视；完成该平行室内阴影透视。

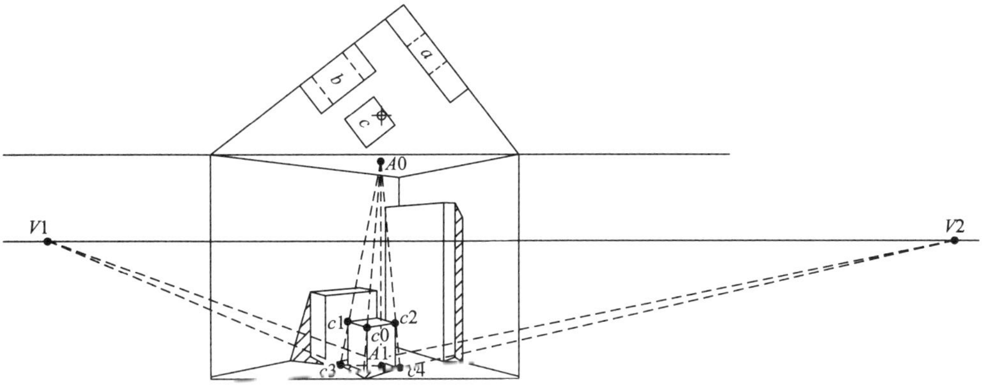

图 6－57 C 的灯光阴影透视

习　题

1. 根据平行透视应具有的消失特征特点，以身边的教学教室的室内布局为表现对象，用距点法绘制出该教室的室内平行透视图(视平线高度、视点位置、室内静物布局自定)。

要求：符合平行透视消失特点，能够准确表现室内平行透视，视点位置、画面展示角度合理，较好地展示出室内空间布局和各物体之间的空间位置关系。

2. 根据成角透视应具有的消失特征特点，以一普通家居客厅的室内布局为表现对象，用测点法或辅助灭点法绘制出该室内成角透视图(视平线高度、视点位置、室内静物布局及画面角度自定)。

要求：符合成角透视消失特点，能够准确表现室内成角透视，视点位置、画面展示角度合理，较好地展示出室内空间布局和各物体之间的空间位置关系。

3. 根据倾斜透视消失特征特点，以生活中常见的楼梯为表现对象，绘制出楼梯成角状态下的倾斜透视图(视平线高度、视点位置、楼梯与画面所成角度自定)。

要求：符合倾斜透视消失特点，能够准确表现楼梯透视，视点位置、画面展示角度合理，较好地展示出楼梯的空间关系。

附　　录

本章引言：

室内设计工程制图最终是一门实践课程，以理论指导实践，并在实践中求证与发展，进而形成规范，才能使室内设计工程制图逐步形成法规。设计制图的核心在于发现问题，并用制图规范解决问题的过程，不同项目，侧重不同，收取的案例以期能与教学相对应，达到启发思维的目的。

以下附录的相关案例从不同侧面反映了室内设计工程制图实践过程，以帮助学生更容易理解室内设计这门职业并更加明确教学内容的目的所在。

某博物馆施工图样

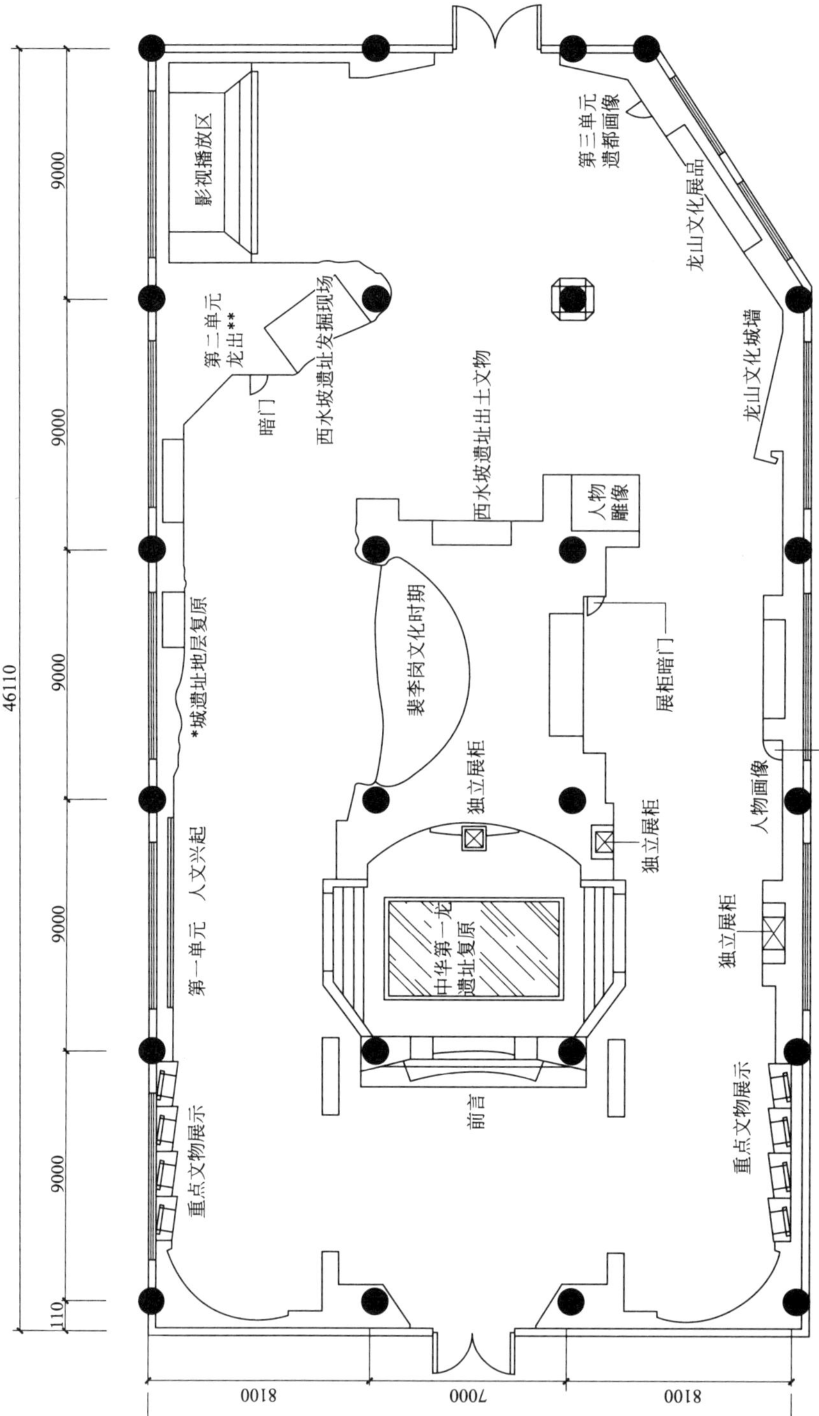

××展厅平面布置图 1:150

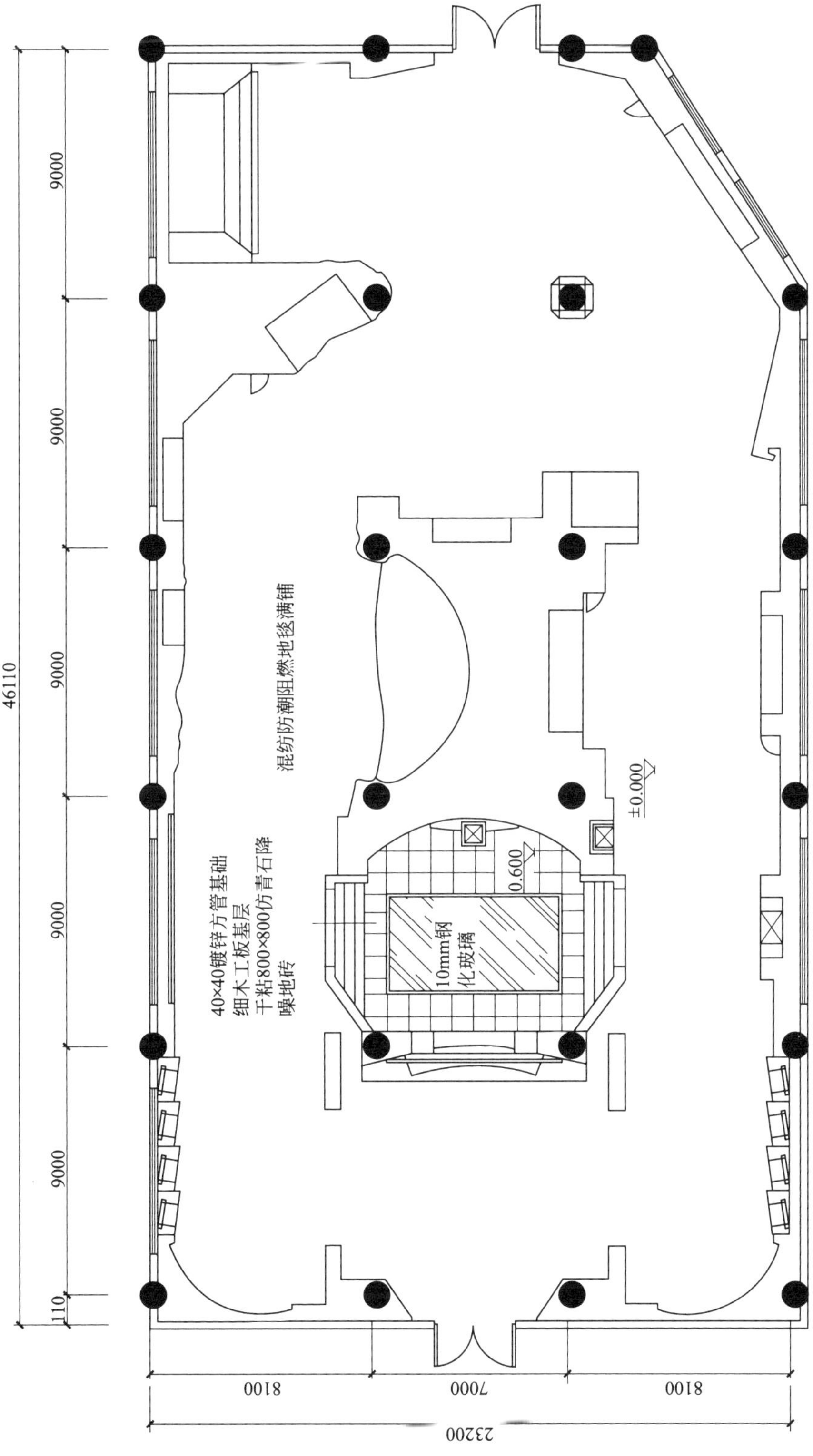

××展厅地面铺装图 1:150

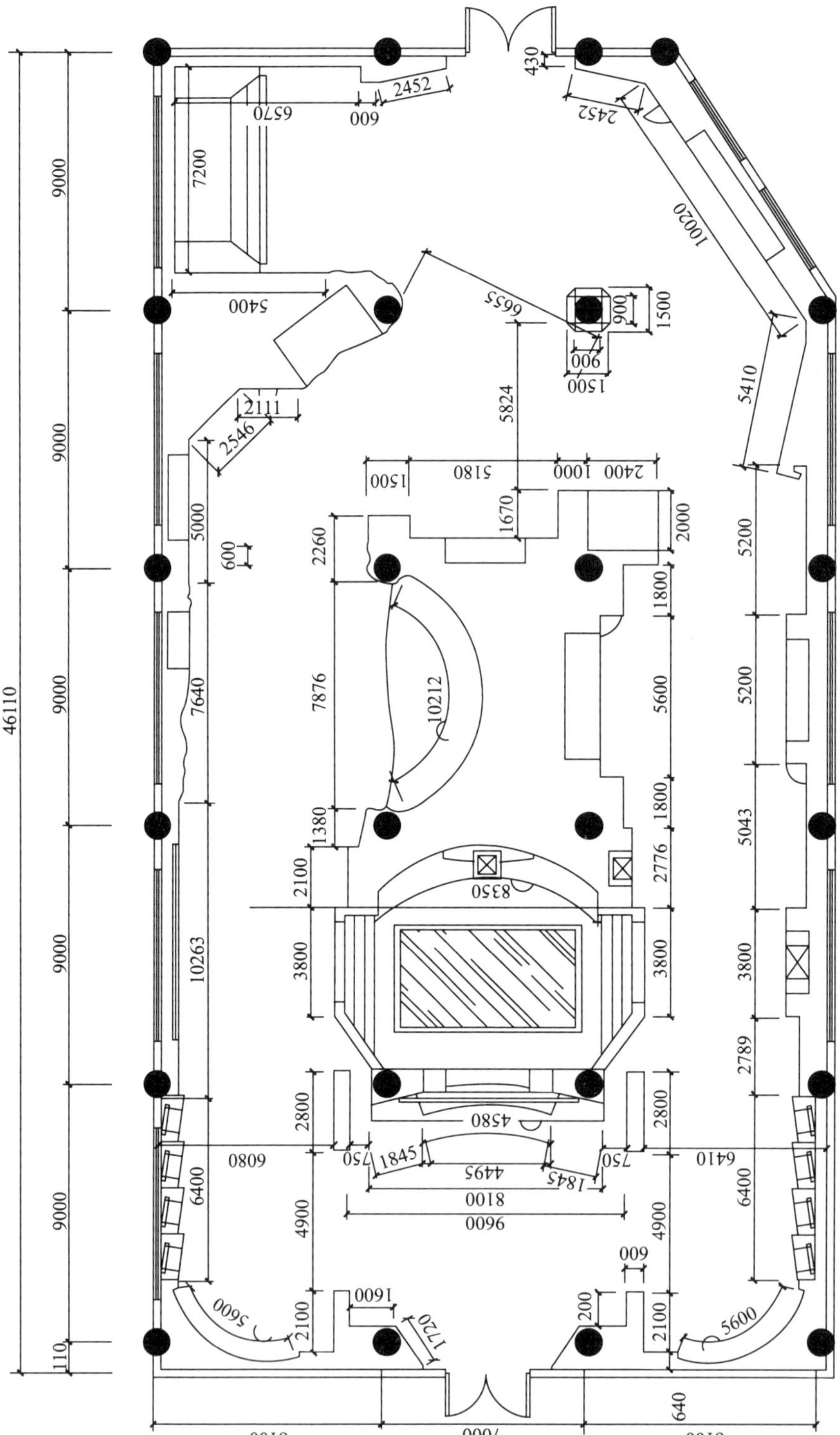

××展厅尺寸定位图 1:150

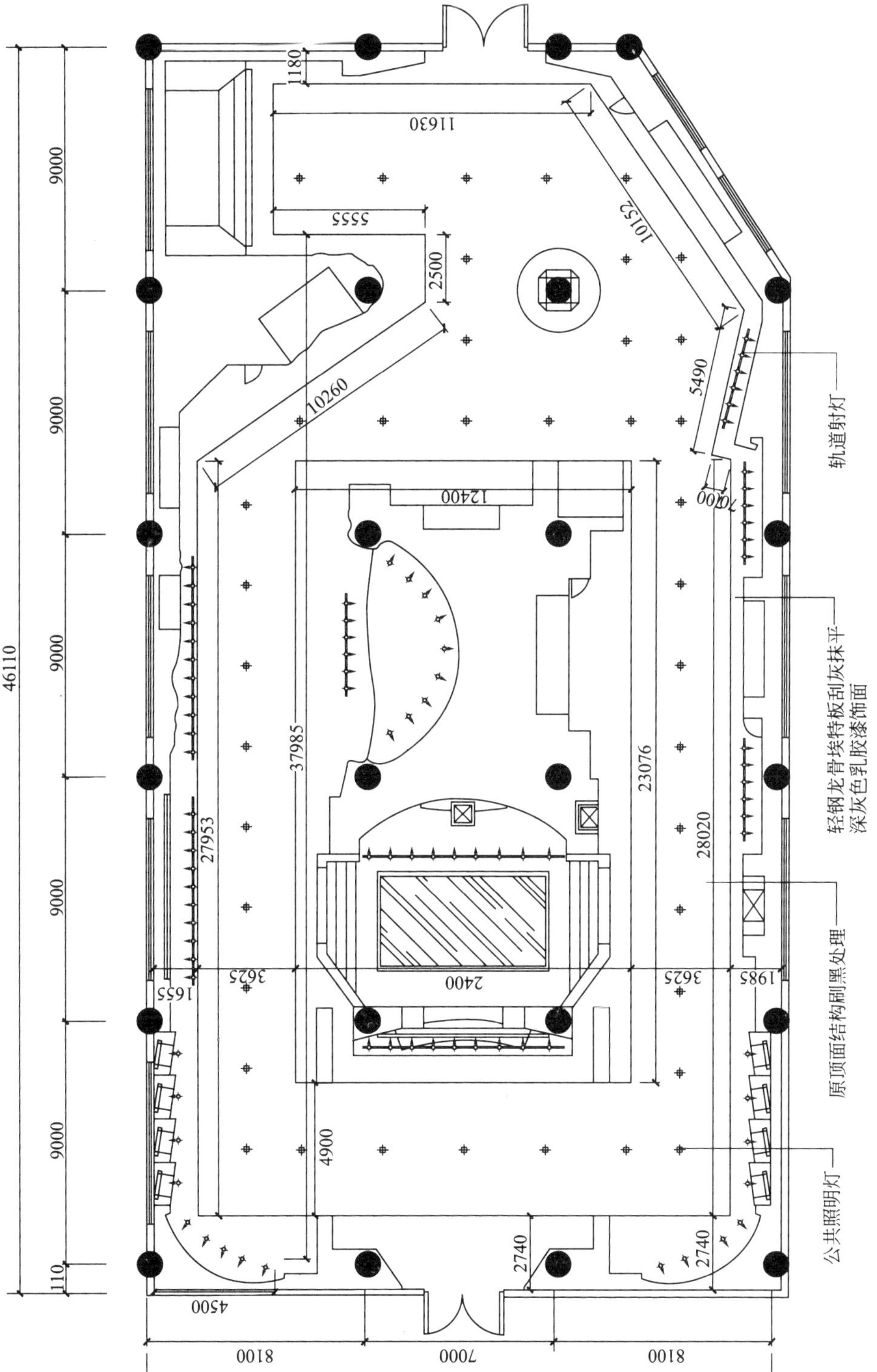

××展厅天花平面图 1:150

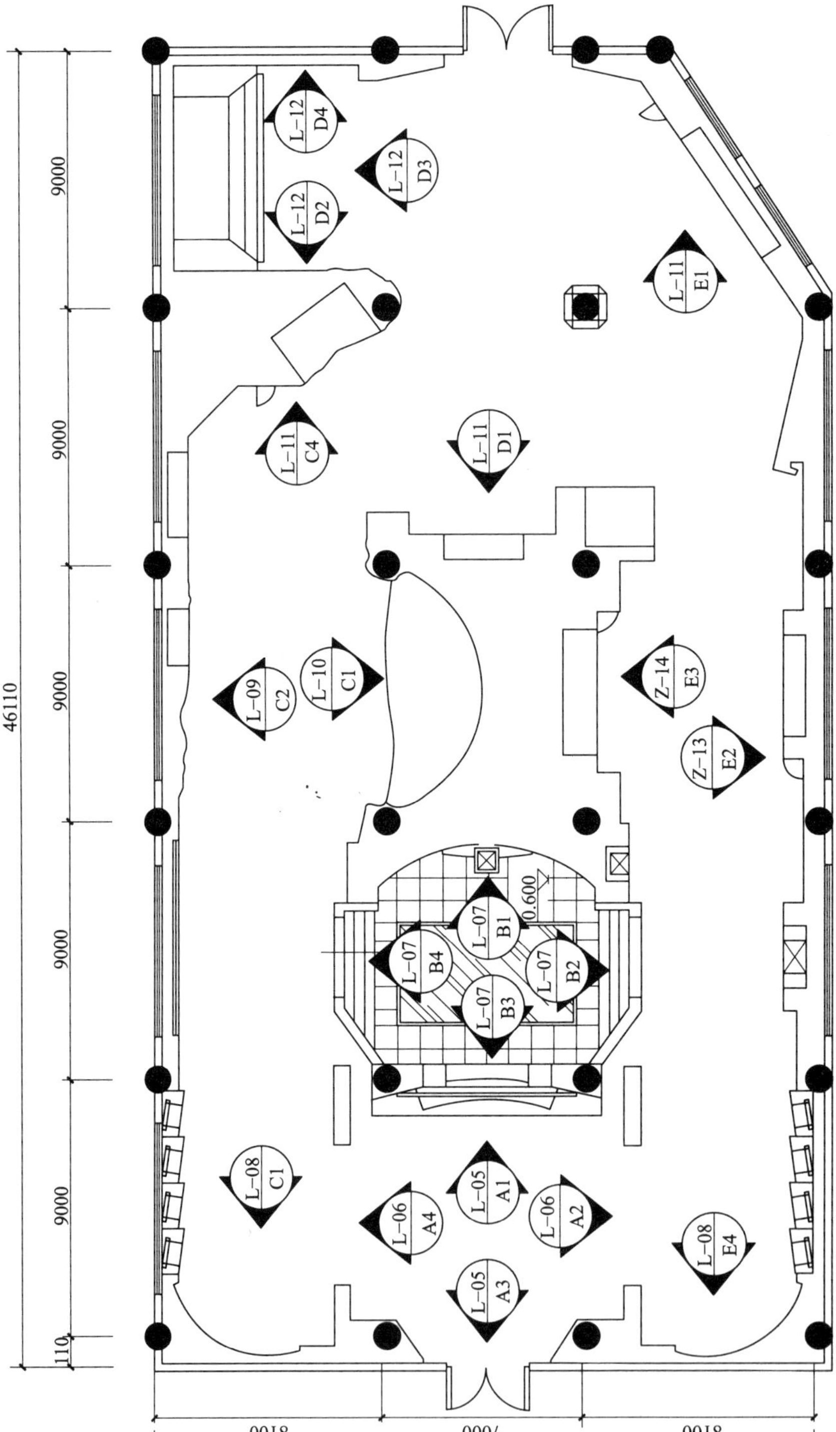

××展厅立面索引图 1:150

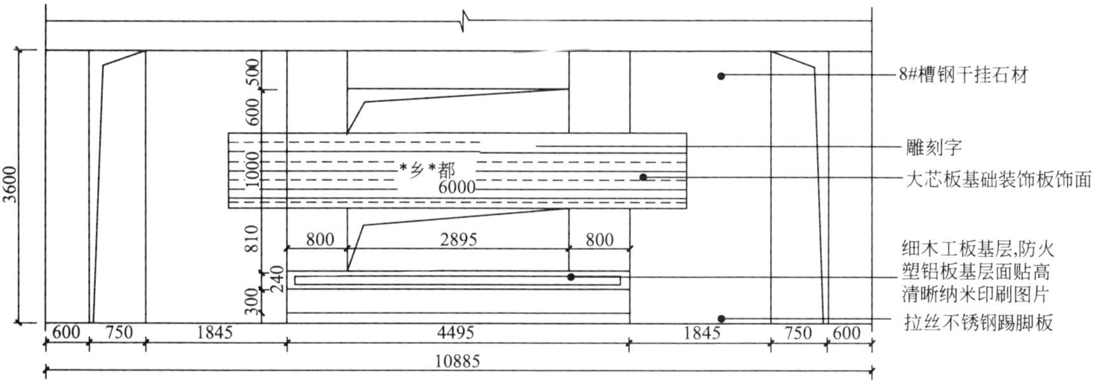

××展厅A1立面图 1:50

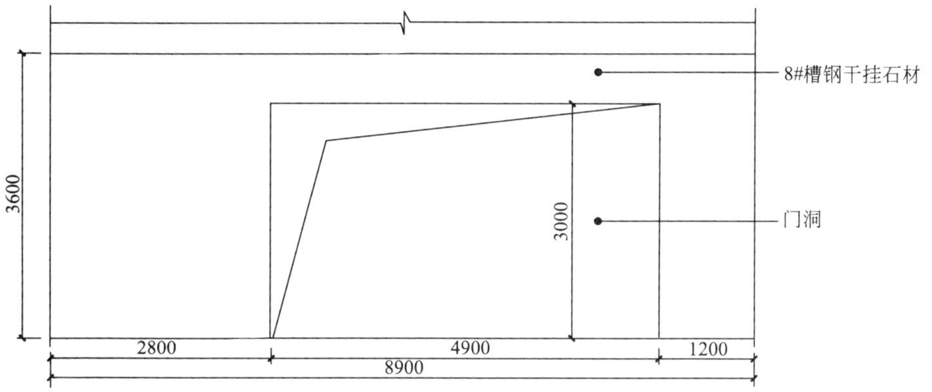

××展厅A2立面图 1:50

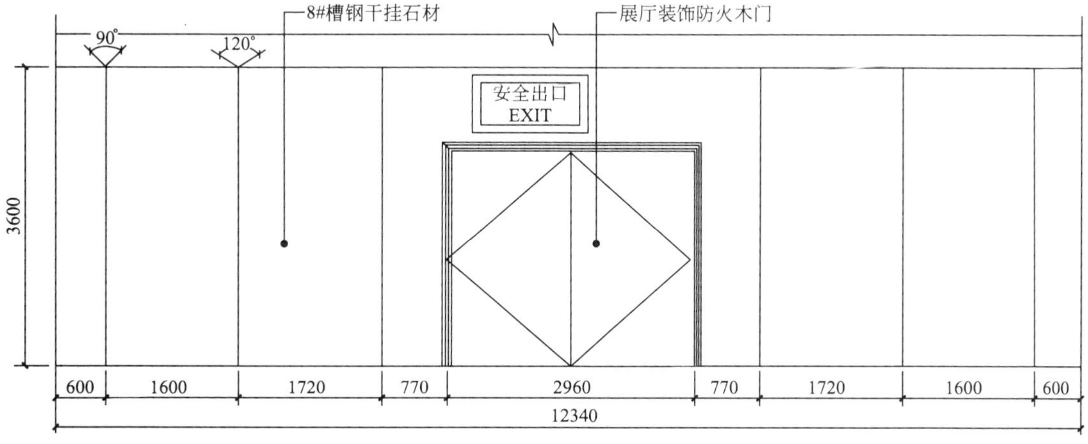

××展厅A3立面图 1:50

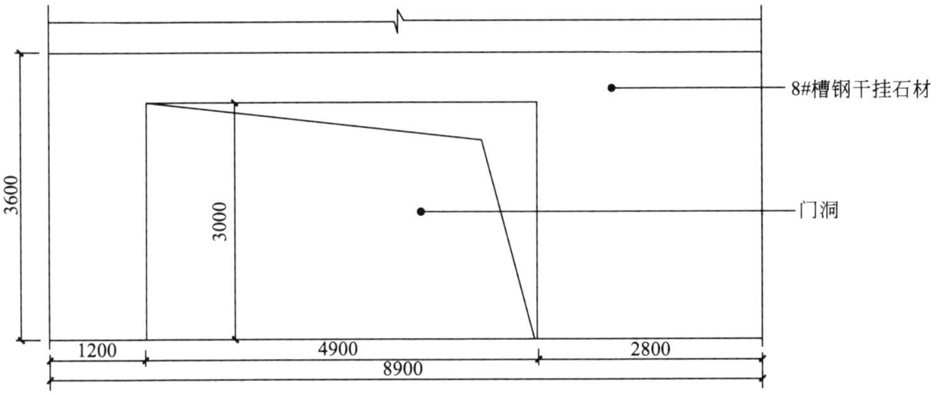

××展厅A4立面图 1:50

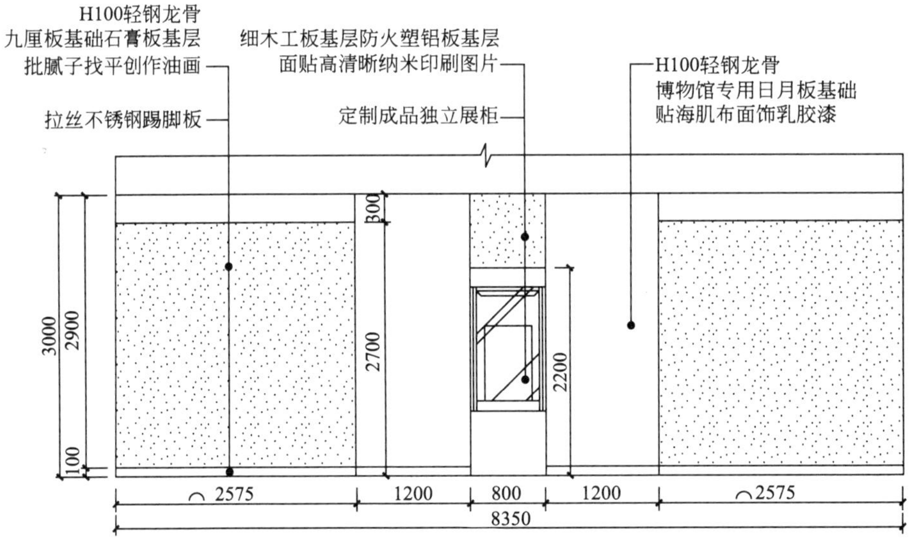

××展厅B1立面图 1:50

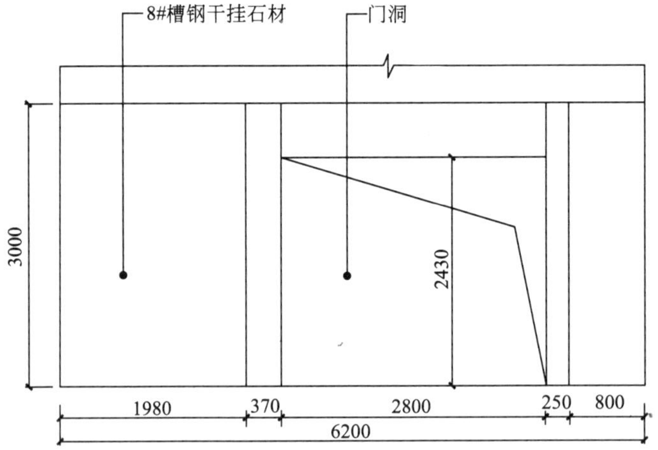

××展厅B2立面图 1:50

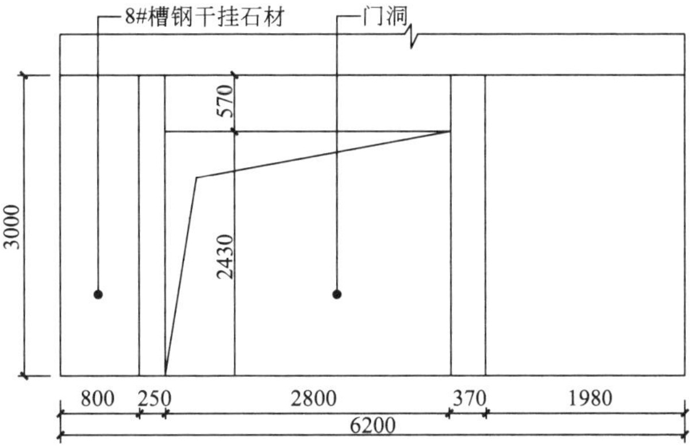

XX展厅B3立面图 1:50

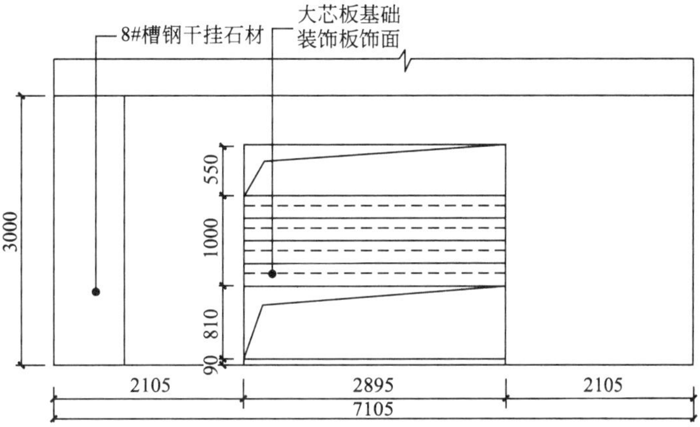

XX展厅B4立面图 1:50

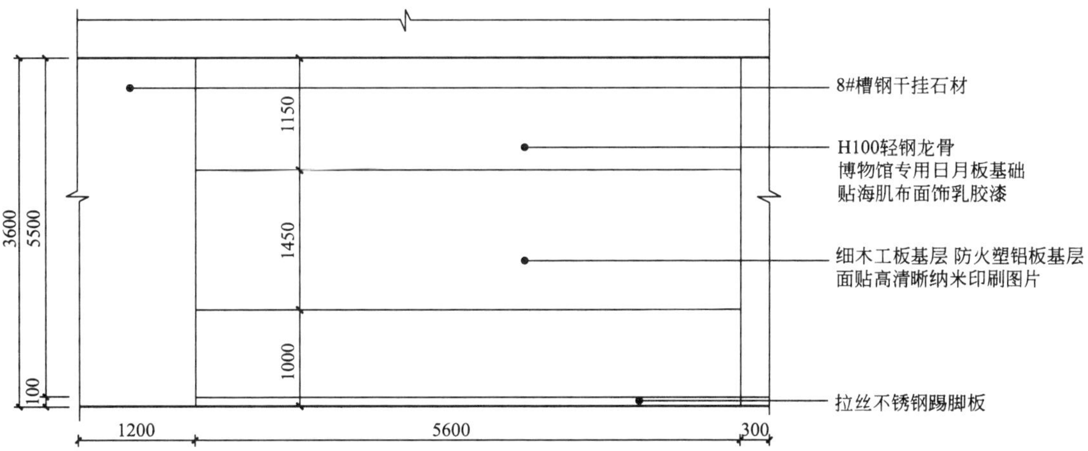

XX展厅C1立面图 1:50

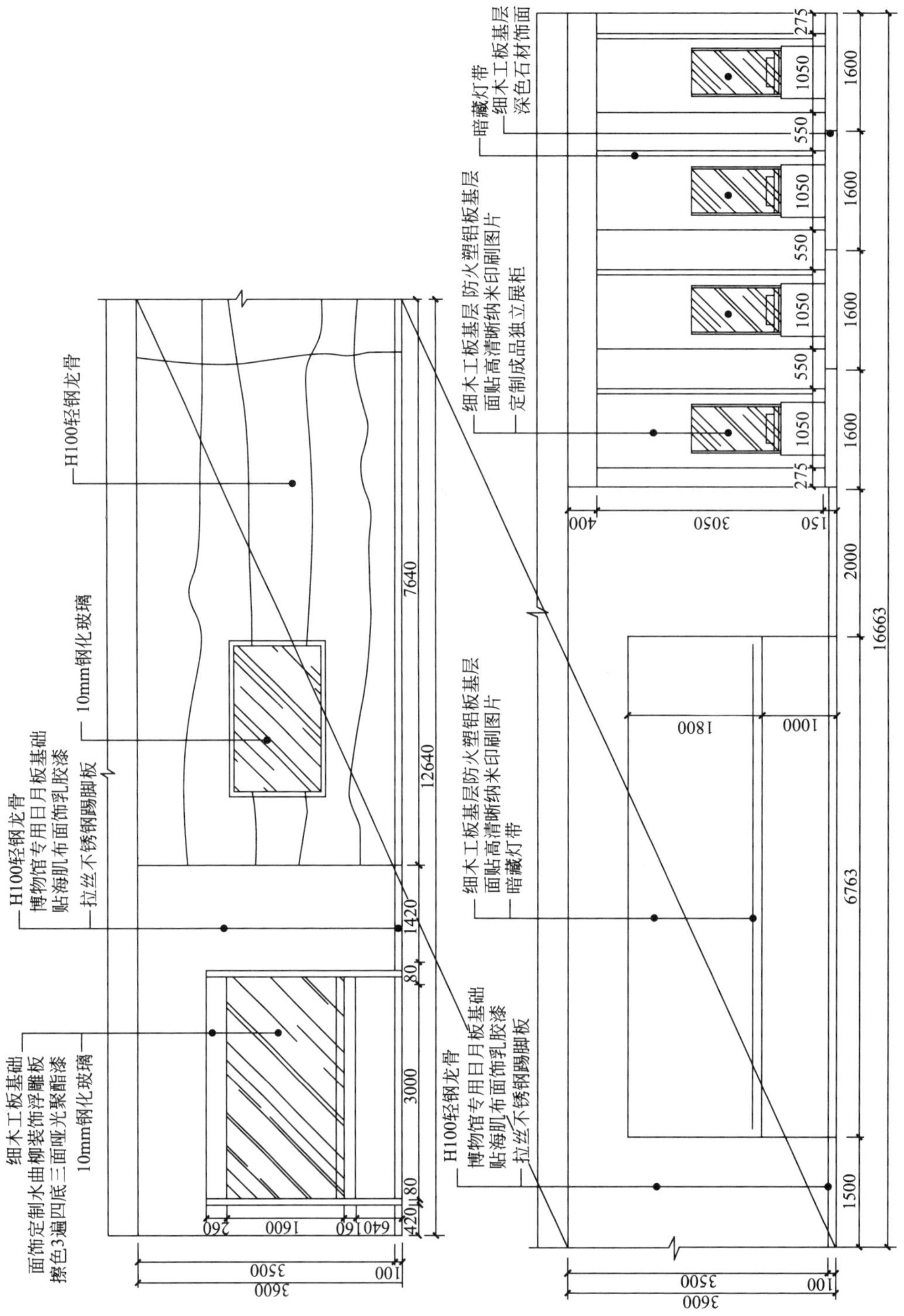
细木工板基础
面饰定制水曲柳装饰浮雕板
擦色3遍四底三面哑光聚酯漆
10mm钢化玻璃
H100轻钢龙骨
博物馆专用日月板基础
贴海肌布面饰乳胶漆
拉丝不锈钢踢脚板
10mm钢化玻璃
H100轻钢龙骨
H100轻钢龙骨
博物馆专用日月板基础
贴海肌布面饰乳胶漆
拉丝不锈钢踢脚板
细木工板基层防火塑铝板基层
面贴高清晰纳米印刷图片
暗藏灯带
细木工板基层 防火塑铝板基层
面贴高清晰纳米印刷图片
定制成品独立展柜
暗藏灯带
细木工板基层
深色石材饰面
3600
3500
100
260
1600
640
160
420
80
3000
80
1420
12640
7640
3600
3500
100
1500
6763
16663
2000
1800
1000
400
3050
150
275
1050
1600
550
1050
1600
550
1050
1600
550
1050
1600
275

××展厅C2立面图 1:50

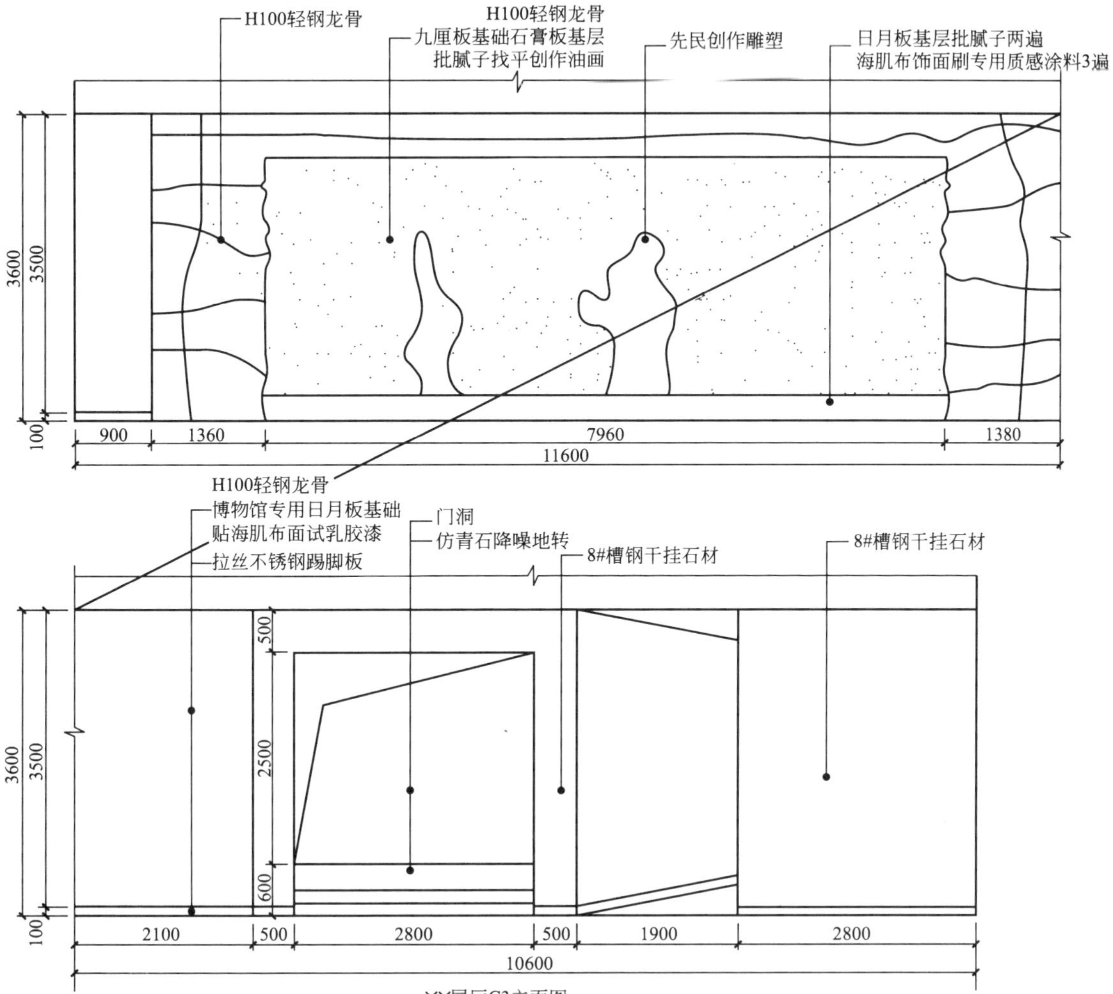

××展厅C3立面图 1:50

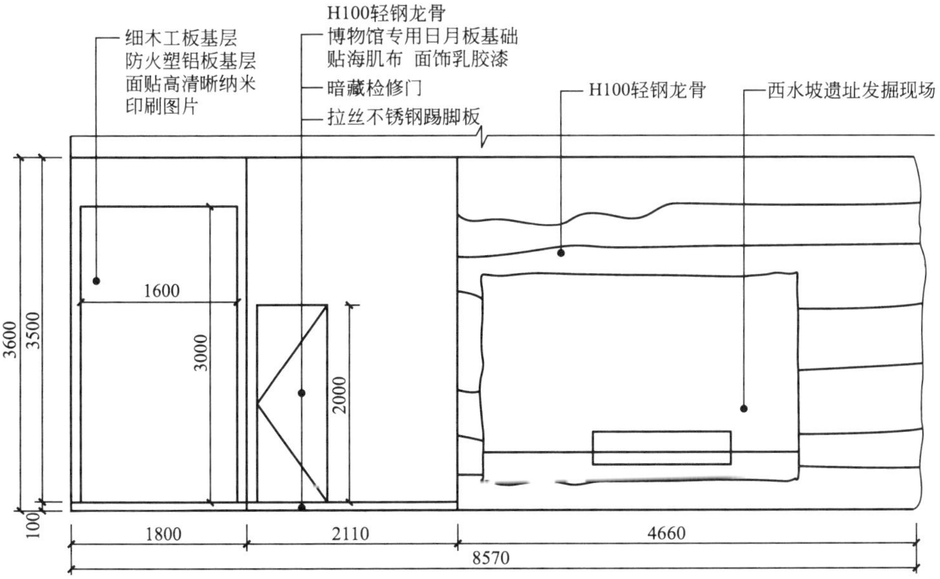

××展厅C4立面图 1:50

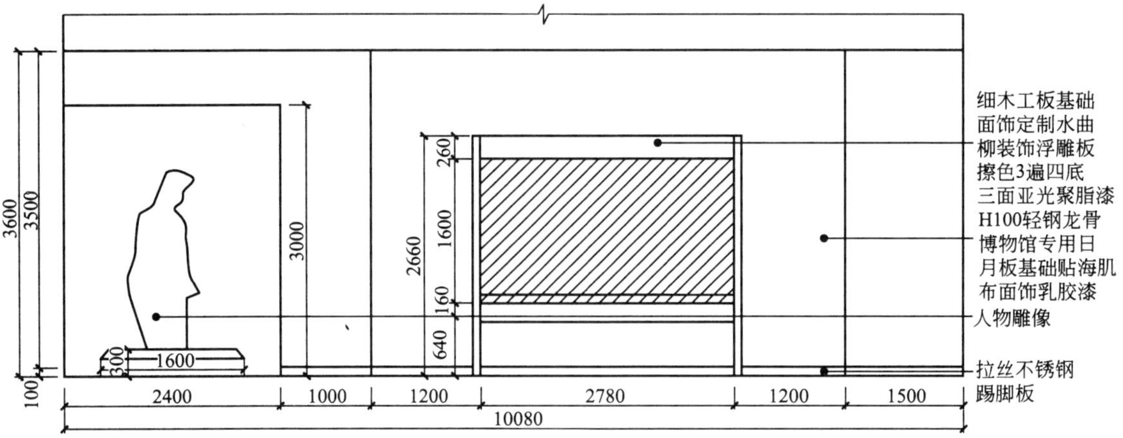

××展厅D1立面图 1:50

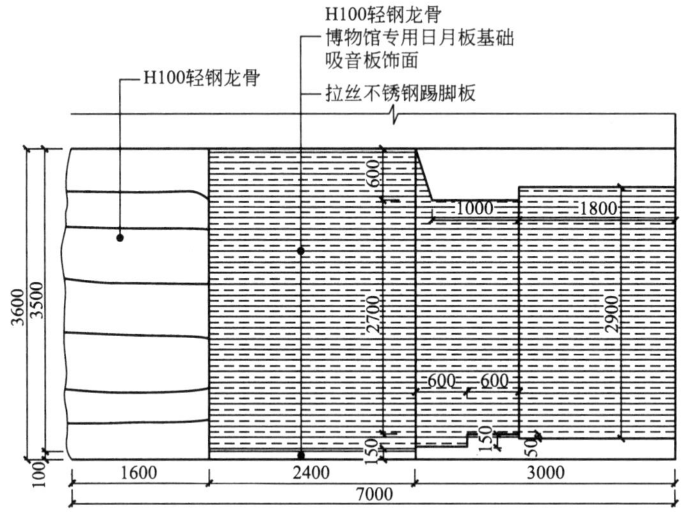

××展厅D2立面图 1:50

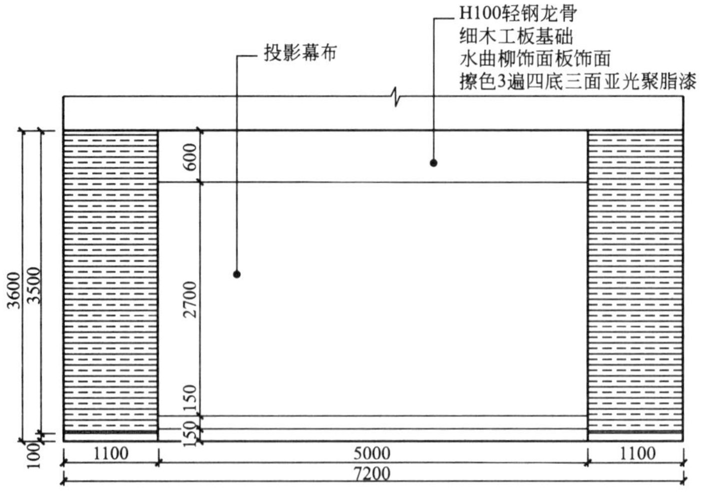

××展厅D3立面图 1:50

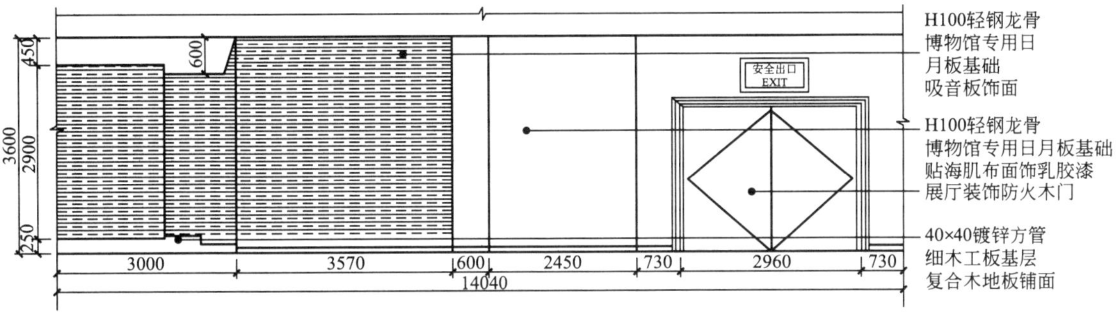

××展厅D4立面图 1:50

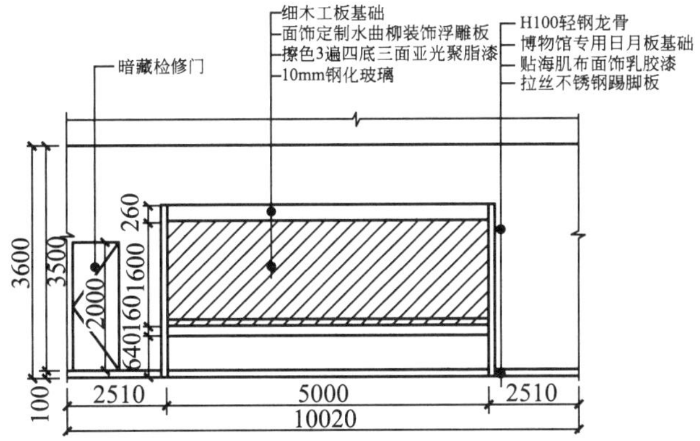

××展厅E1立面图 1:50

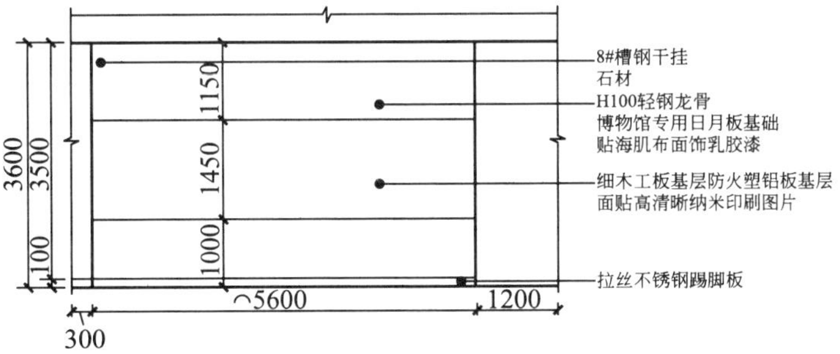

××展厅E4立面图 1:50

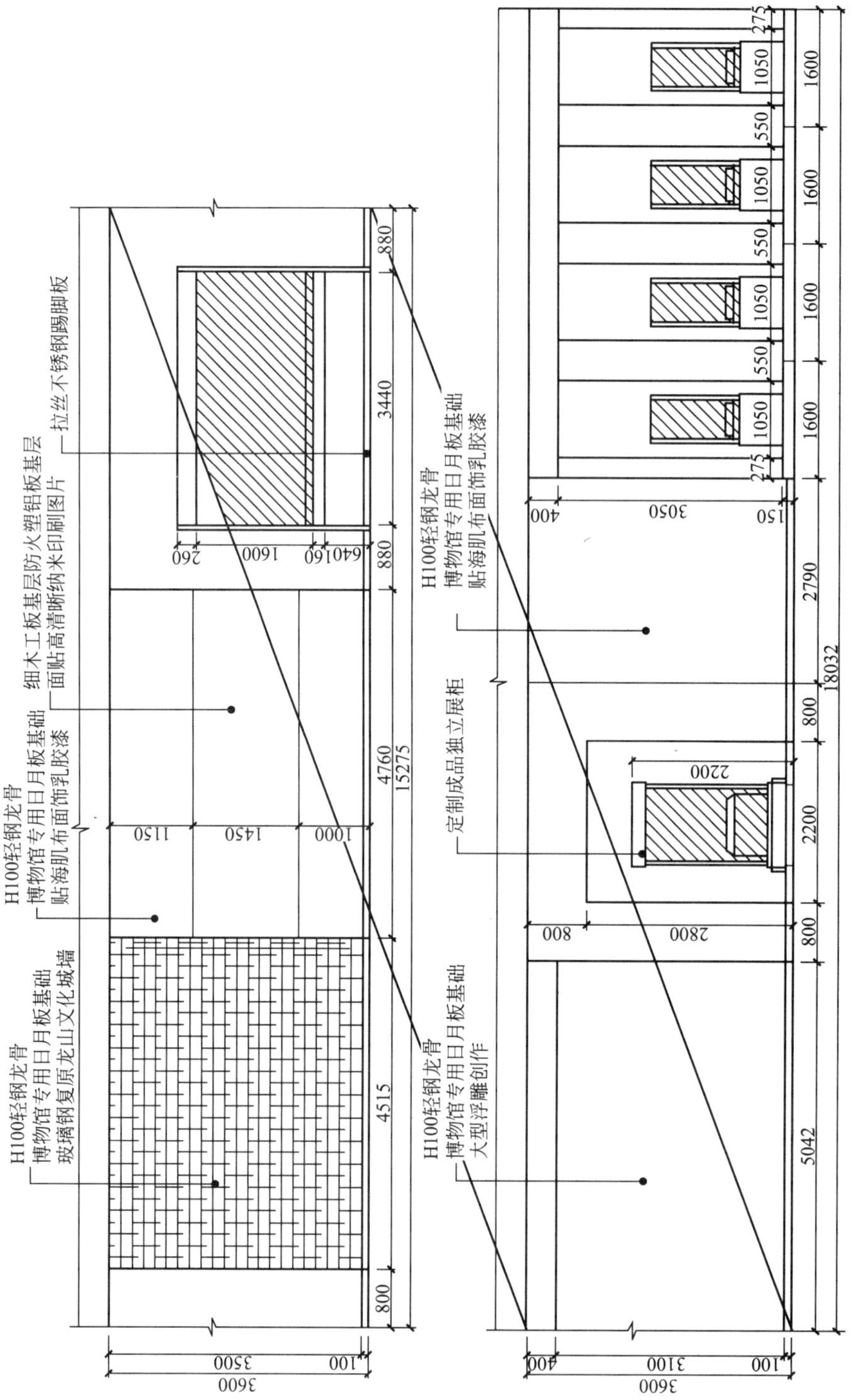
拉丝不锈钢踢脚板
细木工板基层防火塑铝板基层
面贴高清晰纳米印刷图片
H100轻钢龙骨
博物馆专用日月板基础
贴海肌布面饰乳胶漆
H100轻钢龙骨
博物馆专用日月板基础
玻璃钢复原龙山文化城墙
H100轻钢龙骨
博物馆专用日月板基础
贴海肌布面饰乳胶漆
定制成品独立展柜
H100轻钢龙骨
博物馆专用日月板基础
大型浮雕创作

××展厅E2立面图 1:50

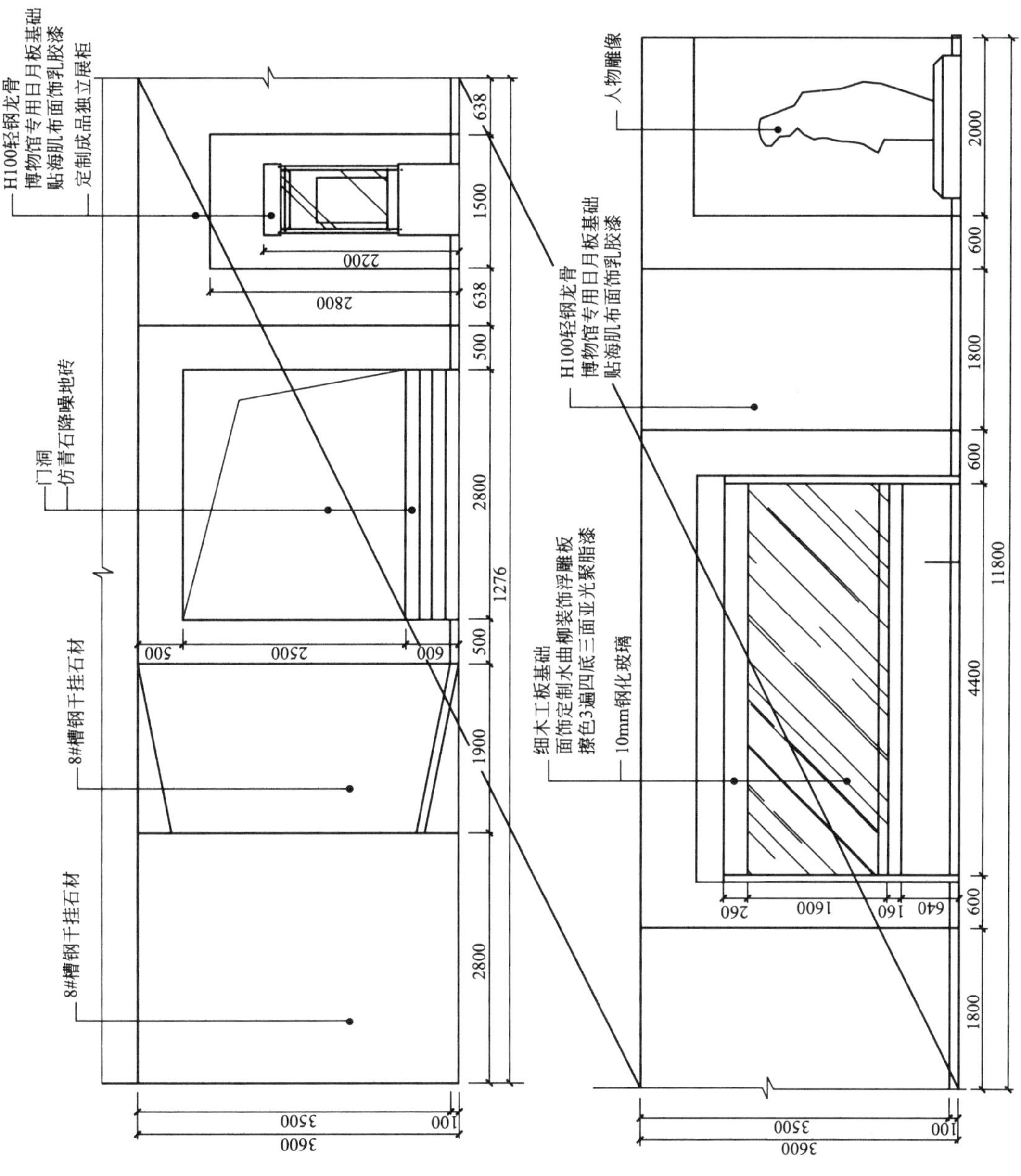
H100轻钢龙骨
博物馆专用日月板基础
贴海肌布面饰乳胶漆
定制成品独立展柜
门洞
仿青石降噪地砖
8#槽钢干挂石材
8#槽钢干挂石材
人物雕像
H100轻钢龙骨
博物馆专用日月板基础
贴海肌布面饰乳胶漆
细木工板基础
面饰定制水曲柳装饰浮雕板
擦色3遍四底三面亚光聚脂漆
10mm钢化玻璃

××展厅E3立面图 1:50

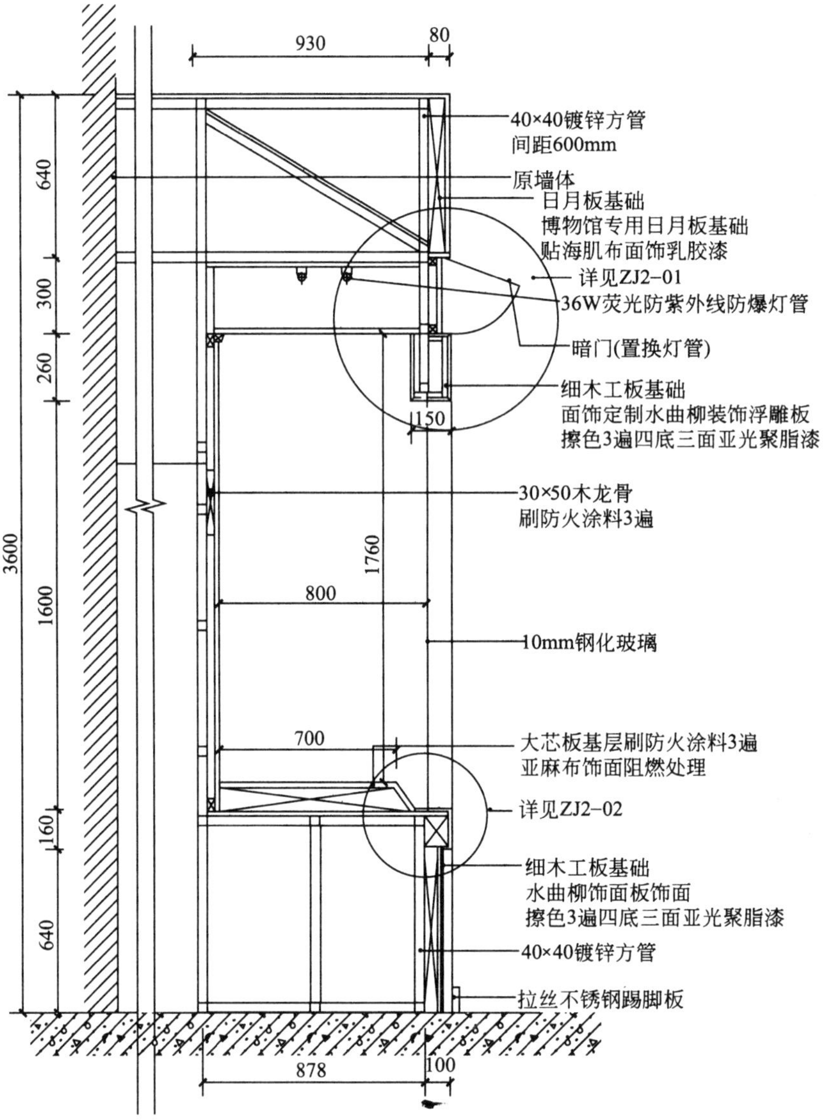

930
80
40×40镀锌方管
间距600mm
原墙体
日月板基础
博物馆专用日月板基础
贴海肌布面饰乳胶漆
详见ZJ2-01
36W荧光防紫外线防爆灯管
暗门(置换灯管)
细木工板基础
面饰定制水曲柳装饰浮雕板
擦色3遍四底三面亚光聚脂漆
150
30×50木龙骨
刷防火涂料3遍
1760
800
10mm钢化玻璃
700
大芯板基层刷防火涂料3遍
亚麻布饰面阻燃处理
详见ZJ2-02
细木工板基础
水曲柳饰面板饰面
擦色3遍四底三面亚光聚脂漆
40×40镀锌方管
拉丝不锈钢踢脚板
3600
640
300
260
1600
160
640
878
100

1
L-14
剖面图 1:20

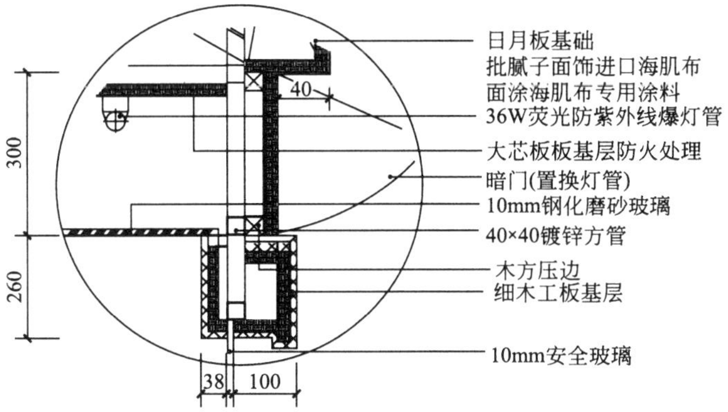

ZJ2-01大样图 1:8

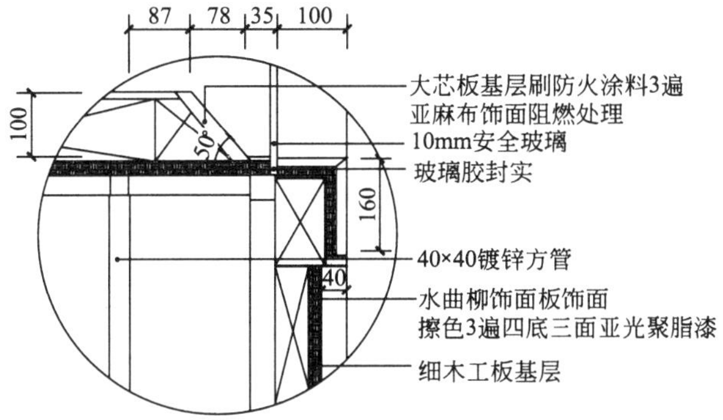

ZJ2-02大样图 1:8

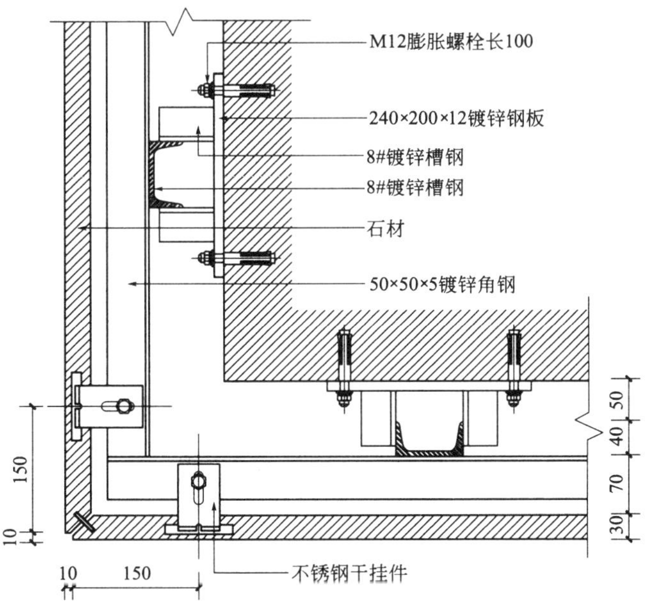

阳角大样图 1:8

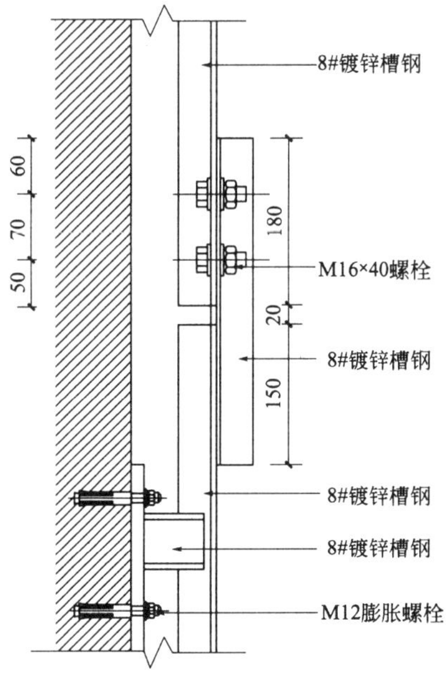

伸缩节大样图 1:8

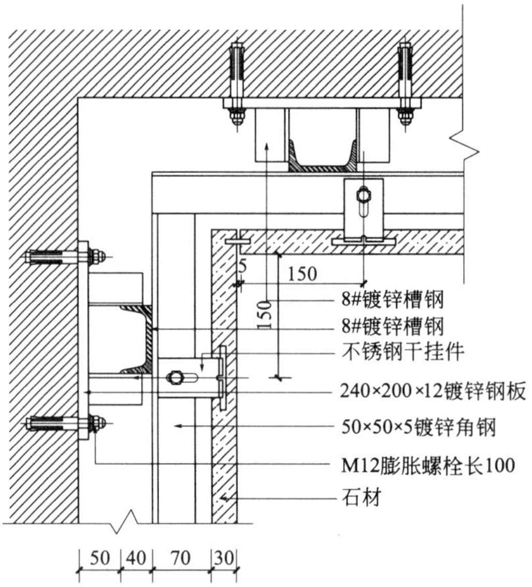

阴角大样图 1:8

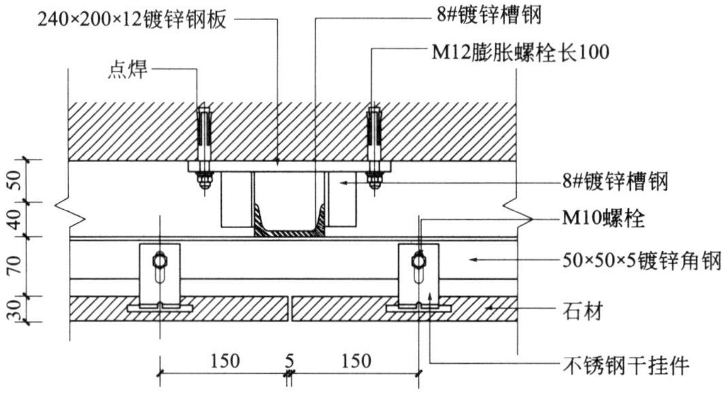

竖向标准大样图 1:8

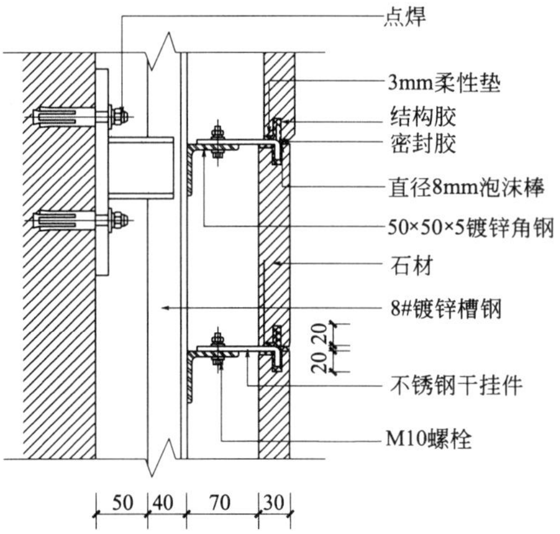

横向标准大样图 1:8

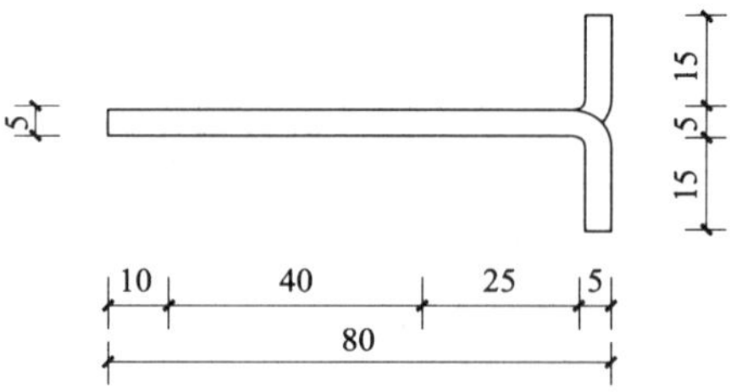

不锈钢挂件大样图 1:8

参考文献

[1] 段齐骏．设计图学［M］．北京：机械工业出版社，2003．
[2] 江景涛．画法几何与土木工程制图［M］．北京：中国电力出版社，2010．
[3] 何培斌．建筑制图与识图［M］．武汉：武汉理工大学出版社，2008．
[4] 王喜仓，于利民．工程制图［M］．北京：中国水利水电出版社，2009．
[5] 陈文斌，章金良．建筑工程制图［M］．上海：同济大学出版社，1997．
[6] 吴平．建筑装饰设计与构造图集［M］．北京：中国建筑工业出版社，1995．
[7] 赵晓飞．室内设计工程制图方法及实例［M］．北京：中国建筑工业出版社，2001．
[8] 丁源，姚翔翔．装饰制图与识图［M］．南京：东南大学出版社，2001．
[9] 张绮曼，郑曙旸．室内设计资料集［M］．北京：中国建筑工业出版社，1991．
[10] 刘甦，太良平．室内装饰工程制图［M］．北京：中国轻工业出版社，2005．
[11] 李国生．室内设计制图与透视习题集［M］．广州：华南理工大学出版社，2010．
[12] 李国生．室内设计制图与透视［M］．广州：华南理工大学出版社，2010．
[13] 徐长玉．装饰工程制图与识图［M］．北京：机械工业出版社，2005．
[14] 刘林，邓学雄．建筑制图与室内设计制图习题集［M］．广州：华南理工大学出版社，2006．
[15] 赵晓飞．室内设计工程制图方法及实例［M］．北京：中国建筑工业出版社，2007．
[16] 叶铮．室内建筑工程制图［M］．北京：中国建筑工业出版社，2004．
[17] 张小平．建筑装饰制图［M］．北京：中国建筑工业出版社，2005．
[18] 霍维国，霍光．室内设计工程图画法［M］．北京：中国建筑工业出版社，2011．